NOMADLAND

无依之地

[美] 杰西卡·布鲁德　著
陈雅婷　译

江苏凤凰文艺出版社
JIANGSU PHOENIX LITERATURE AND ART PUBLISHING, LTD

图书在版编目（CIP）数据

无依之地 /（美）杰西卡·布鲁德
(Jessica Bruder) 著；陈雅婷译. — 南京：江苏凤凰
文艺出版社，2019.6

书名原文：Nomadland:Surviving America In The
Twenty-First Century

ISBN 978-7-5594-3302-2

Ⅰ. ①无… Ⅱ. ①杰… ②陈… Ⅲ. ①社会问题－研
究－美国 Ⅳ. ①D771.28

中国版本图书馆CIP数据核字(2019)第022453号

江苏省版权局著作权合同登记：图字10-2019-308号

NOMADLAND: SURVIVING AMERICA IN THE TWENTY-FIRST CENTURY
By JESSICA BRUDER

书　　名	无依之地
著　　者	[美] 杰西卡·布鲁德
译　　者	陈雅婷
责任编辑	孙金荣
特约编辑	邱涵斐　杜玉华
责任校对	苑浩泰
版权支持	张晓阳
封面设计	仙　境
出版发行	江苏凤凰文艺出版社
出版社地址	南京市中央路165号，邮编：210009
出版社网址	http://www.jswenyi.com
印　　刷	三河市金元印装有限公司
开　　本	880毫米×1230毫米 1/32
印　　张	10.5
字　　数	254千字
版　　次	2019年6月第1版 2019年6月第1次印刷
标准书号	ISBN 978-7-5594-3302-2
定　　价	39.00元

（江苏凤凰文艺版图书凡印刷、装订错误可随时向承印厂调换）

序言

Nomadland

我写这些文字的时候，他们正散布在美国的各个地方——

在北达科他州的德雷顿市，一位67岁的前出租车司机正在一年一度的甜菜收割季里劳作。气温跌破冰点，他从日出之时一直工作到日落之后。大量卡车从农田里开出来，他就帮着从卡车上卸下数吨重的甜菜。晚上，他就睡在自己的货车里。优步（Uber）公司将他挤出了出租车市场，令他无力负担房租，之后，这辆卡车便成了他的家。

在肯塔基州的康博斯维尔市，一位66岁的前总承包人正在亚马逊公司的仓库里上通宵班，装载商品，推着手推车在水泥地上走数英里（1英里≈1.61千米）。这份工作单调乏味，而她挣扎着准确地扫描每一件物品，希望自己能避免被开除。到了早上，她便回到自己那小小的拖车式房屋里，它正停泊在一个房车停车场里。停车场与亚马逊公司签约，专门用来安顿像她一样的流浪工人。

在北卡罗来纳州的新伯尔尼市，一位女性住在泪珠型拖车式房屋里，房车很小，甚至能用摩托车拉走。她正和朋友一起，边找工作边当沙发客借宿陌生人家的沙发。而就算拥有硕士学位、就算上个月填了上百份求职申请，这位来自内布拉斯加州的38岁女性依旧找不到一份工作。她知道丰收季的甜菜地正需要人手，但去应聘就意味着她得穿越半个美国，而她身上没有那么多钱。她之所以会搬进那辆拖车式房屋里，是因为几年前丢掉了在一家非营利组织里的工作。她的职位被削减，且又有贷款要偿还，这让她无力再负担房租。

在加利福尼亚州的圣马可斯，一对住在1975年产GMC房车里的30多岁夫妻正经营着一个附带有儿童乐园和宠物动物园[1]的路边南瓜摊。他们有5天的时间，在一片空荡荡的泥土地上从零开始把这一切设置好，几个星期后，他们就要去卖圣诞树了。

在科罗拉多的科泉市，一位在维护露营地时弄断了3根肋骨的72岁货车住客正住在亲人家里养伤。

世上一直不乏漂泊者、流浪者、流浪工人以及他们无处安歇的灵魂。但现在，在公元第二个千年期里，有一类新型流浪族群正在诞生。他们从未想过自己有一天将流离失所，最后却驱车上了路。他们放弃了传统意义上的房屋和公寓，转而生活在被某些人称为“轮房地产”的地方——货车、二手房车、校车、微型露营车、拖车式房屋，或是老旧的轿车。他们逃离摆在原本那些中产阶级面前的不可能的选择，诸如——

[1] 一种小型动物园，儿童可以抚摸、喂养园中的小山羊、小狗等动物。——译者注

你是选择先吃饱饭还是护理牙齿？先付房贷还是先付电费？买车还是买药？交房租还是还贷款？买暖和的衣裳还是给代步车加油？

对于很多人来说，他们一开始的答案好像很激进。

既然你没法给自己涨工资，那不如砍掉最大的开销？不如牺牲固定的住所，换一个车轮上的生活？

有人说他们“无家可归”，但这些新的流浪者拒绝这个标签，因为他们有避风港，也有交通手段，所以他们找了个新的词来指代自己，挺简单的一个词：“无房可归”。

远远看去，你可能会误以为他们是退休后享受无忧生活的房车旅行者。当他们偶尔奢侈一下，去外面看电影或用餐时，他们也与普通人无异。他们的心态和外观大致属于中产阶级，他们去自助洗衣店洗衣服，为了洗澡便利而加入健身俱乐部。他们之中的很多人，是在经济大衰退中花光了存款后才转而住在了街上。为了填饱肚子并挣油费，他们从事重体力活，每天工作很长时间。在这个薪资低迷和房价上涨的时代里，他们将自己从房租和房贷的镣铐中解放出来，摆脱困境。他们，正在美国的土地上寻求生存。

可是，与其他人一样，对他们来说，仅“生存”是远远不够的。于是，从前那没有退路的努力转变成不满的呐喊，因为生而为人意味着渴望高于生存的东西。我们渴求希望，不亚于渴求食物和居所。

而路上存在着希望。希望是前驱力的一个副产品，是一种机遇感，宽广如这个国家本身；它是一种深入骨髓的信念，相信更好的终将会降临，它就在前方，在下一个小镇上，在下一份工作中，在下一次与陌生人的相遇里。

有时候，与他们相遇的陌生人中也有流浪者。不管是在网络上、工作中还是深山老林的营地里，每当他们相遇，聚落就开始形成。他们之间有一种共同的理解，一种亲切感。如果有人的车子坏了，他们就会募捐一些钱。有一种感觉在他们之中传递：有什么大事正在发生。这个国家在变化，旧有的结构在瓦解，而他们正站在新事物的正中央。这种感觉对于围坐在夜半营火旁的他们来说，几乎有一瞬像是看到了乌托邦。

我写下这些文字的时候正值深秋。不久，冬天就要到来，季节性的工作将要开始惯例性的解聘人员。流浪者们将收拾好行装，然后回到他们真正的家——公路上，如血管里的红细胞一样穿越国土。他们将出发寻找朋友和亲人，或仅仅是一个暖和的地方，有的人则会驱车横穿整个北美大陆。他们会记录自己走过的路，这些记录放映出来就如一部关于美国的电影：快餐店和购物商场；大地在霜冻下休眠；汽车经销商店，超大型教会，持续整晚的晚餐；毫无特色的无垠大地；养殖场、废弃的工厂、住宅区、大型商场；雪山顶。路边的景象飞速掠过，天色渐渐转暗，直到疲乏降临到每个人的身上。他们顶着惺忪的睡眼驶下公路，在沃尔玛的停车场里，在荒郊的街道上，又或在卡车休息站里，伴着发动机空转的声音入眠。接着，到了清晨，在被人注意到之前，他们又再度驶上高速公路。他们驾车前进，感到安心，因为他们知道——

美国永远都有免费的停车位。

目录

Nomadland

Nomadland

Nomadland

第一章

挤挤客栈

从洛杉矶出发，沿着 210 号山麓高速公路向内陆行驶一个小时之后，向北行驶的人们眼前便会出现一片连绵的山峦，令人不由得停车欣赏。这片山峦是圣贝纳迪诺山脉的最南端，美国地质调查局形容它是“高耸险峻的峭壁”。它是在七百万年前沿着圣安德烈亚斯断层开始上升的一片岩层，由于太平洋板块和北美洲板块的摩擦，现在依然在以每年几毫米的速度长高。然而，当你径直驶向这些峰峦时，它们的成长速度却似乎远快于每年几毫米。你会不自觉地正襟危坐，胸中汹涌出一阵悸动，如同氦气充盈在你的胸腔里，仿佛下一刻便会被摄去心神。

琳达·梅一手紧握方向盘，一手拿着一架粉红色的望远镜看着越来越近的山峰。她将银色长发用塑料发夹绑在脑后。她驶下了山麓高速公路，开上 330 号公路（也叫城河公路）。宽广平坦的路面绵延几英里后逐渐缩小成曲折的双向单车道，并开始上坡，径直通往圣贝纳迪诺国家森林公园（这一片原野比罗得岛州还要大）。

这位 64 岁的奶奶开的是吉普大切诺基舒适版越野车，这是她从二手市场买来的，在那之前，它被严重损坏过后又被抢救了回来。车的引擎故障灯很不稳定，经常在完全没故障的时候闪烁。发动机盖上的白漆已经重新喷过一次，仔细一看可以发现它和车身差半个亮度。但是，经过几个月的修理，这辆车终于又可以上路了。一位修车工给发动机换上了新的凸轮轴和液压挺杆。琳达尽量把车打理干净，拿着旧 T 恤和杀虫剂，运用生活小技巧把朦胧的车头灯擦亮。之后，这辆车的后面便开始拖着琳达的“家”—— 一间小小的黄色拖车式房屋。这样的经历，这辆大切诺基自出厂以来还是第一次。琳达把这间拖车式房屋叫作“挤挤客栈”（如果参观者们第一次听到这个名字表示不理解时，她就会把这个词放到句子里说明，“里面还有空间，挤挤就进去了”，然后微笑，眼角出现深深的笑纹）。这间拖车式房屋是由玻璃纤维做的老古董，1974 年出产，型号是 Hunter Compact II，最初的宣传语声称这是一个“平坦大道上如幼猫相随，坎坷小路上如猛虎相追”的“让旅行充满快乐的黄金发明”。在这 40 多年里，挤挤客栈就像一个迷人、复古的生命供给胶囊：一个圆角斜边盒子，形状让人联想到从前汉堡店里用的塑料外卖盒。屋内总长 10 英尺（1 英尺 ≈ 0.30 米），和一个多世纪以前载着琳达的曾曾曾祖母横穿美国的篷车差不多。它有 20 世纪 70 年代的独特触感：有夹层，内墙和屋顶用奶油色的人造皮革贴好，地板上则铺着芥末和鳄梨图案的油毡，屋顶的高度则刚好够琳达直起身。通过竞拍花 1400 美元买下这间拖车式房屋后，琳达在 Facebook 上这样形容它：“里面高 5 英尺 3 英寸（1 英寸 ≈ 2.54 厘米），而我身高 5 英尺 2 英寸，尺寸正好合适。”

琳达正拉着挤挤客栈去“汉娜平原”，那是位于大熊湖西北部松树林里的一处露营地。现在已是 5 月，她计划在那里待到 9 月之后。和那些每年去圣贝纳迪诺国家森林公园游玩、享受温暖天气的游客不同，琳达是去那儿工作。这是她第三次在夏季被聘为露营地管理员。这是一项季节性的临时工作，说是管理员，其实同时也是门卫、收银员、场地管理员、保安、迎宾员。她充满工作热情，而且作为回流员工，她今年还会得到每年的惯例涨薪，这让她的时薪涨到了每小时 9.35 美元，比去年高了 20 美分（当时加利福尼亚州的最低薪资是每小时 9 美元）。她和其他露营地管理员是被“自由”雇用的，根据这家公司的书面雇用规则，他们可以随时无理由解聘这些“自由”雇用的员工。尽管如此，他们已经告知琳达，她这次可以期待每周满 40 小时的工作时间。

有一些首次担任露营地管理员的雇员会期待这是一场去人间天堂旅游的带薪假期。这也不能怪他们，因为招聘广告里登着几张照片，满眼是闪闪发光的河川和开满野花的草地。加州土地管理公司拥有那块露营地的特许经营权，这家公司也是琳达的雇主。它在一本宣传册子里的广告页印着一些灰白头发的女人在洒满斑驳阳光的湖边惬意地微笑的情形。她们手牵着手，好像是好朋友在夏天一起出来露营。“一边露营，一边赚钱！”另一家正在招聘露营地管理员的公司——美国土地与休闲公司打出了诱惑十足的横幅招聘广告，大标题下是公司开出的保证书：“我们的员工说：‘这比退休生活还要有趣！’‘我们建立了一生的友谊。’‘我们正处于几年来最健康的时刻。’”

而当新人们见识到这份工作的阴暗面时，他们总会犹豫，有些人则干脆辞职，不然他们就得照顾醉汉、忍受吵闹的露营人、从篝火坑里铲出大堆的灰烬和碎玻璃（粗暴的露营者喜欢把瓶子丢进火里让它爆炸），还有每天 3 次清理户外厕所。很多露营地管理员最讨厌打扫厕所，可琳达却泰然自若，甚至要求自己必须将这项工作做好。“我希望它们保持整洁，因为客人们要用，”她说，“我没有洁癖，戴上手套干就是了。”

琳达开上了圣贝纳迪诺山脉，山谷的景色虽然壮美却会令人分心。路边很狭窄，只有一块狭小的边缘能被称作路肩。在有些路段上，你甚至看不见其他往来的车辆，绵延曲折的路面上只有空荡荡的冷风呼啸而过。路标提醒司机“小心落石”和“避免车辆过热：接下来的 14 英里请关闭车内空调”。然而，琳达似乎完全不以为意。20 年来她都如一个长途货车司机一般勤俭节约，这已令她面对任何道路都面无惧色。

而我正开着一辆露营车行驶在琳达的前头。作为一个记者，我已经断断续续和她接触了一年半。没与她在一起的时候，我们非常频繁地通电话，以至于每次给她打电话的时候，我都暗暗期待听到她那熟悉的问候语。那是一声音乐旋律般的“你——好——啊”，与一个婴儿玩躲猫猫时所说的“I see you!（看见你啦！）”是同一个音调。

在研究一本关于一个正在壮大的亚文化群体——美国的流浪者——的杂志时，我首次见到了琳达。这些流浪者住在路上。[1] 和琳达一样，这些游荡者中的许多人都在试图逃脱一个经济上的悖论：房租在上涨，薪资却是固定的；一股势不可当的力量遇上了一个固定的客体。他们感到自己像被老虎钳钳住了，将自己所有的时间投进那些令人精疲力竭、令人麻木的工作里，薪水却只够勉强负担房租或房贷，而无法改善他们的长期境遇，也不保证他们今后能够退休养老。

他们会有这些感觉，是因为眼前有无法动摇的事实：薪水和住房成本的差距已经变得非常巨大，对于越来越多的美国人来说，他们那本就难以实现的跻身中产阶级的梦想，已经从困难变成了奢望。在我写这些文字的时候，全美国只有十几个县和一个都会区的拿着最低薪资的工人能够负担一间公平市值租金下的一居室小公寓。美国政府建议住房成本

[1] 当我着手这个故事时，我并没有想到这会变成一项需要用 3 年时间来记述，并进行数百次面谈的大工程。

不要超过总收入的 30%，而如果想要在这个条件下租一间上述公寓，你每个小时就至少得赚 16.35 美元，而这已经是联邦最低薪资标准的两倍还要多了。这结果是很可怕的，特别是对需要付出一半收入来获取住房的那 1/6 的美国家庭来说。对于许多低收入家庭来说，这将意味着，在负担了食物、医疗和其他生活必需品之后，他们将完全没有剩余的资金。

我认识的许多人都认为，他们已经花了太多的时间去输掉一场受操控的游戏。所以，他们想了一个办法黑掉游戏系统。他们舍弃了传统的砖瓦房屋，挣脱了房租和房贷的束缚。他们搬进了货车、房车与拖车式房屋之中，跟着好天气四处流转，然后干些季节性的临时工作来填满自己的油箱。琳达就是其中之一。当她在西部四处活动时，我曾跟着她一起漂泊。

当我开始往圣贝纳迪诺山脉大坡度爬升的时候，从远处望着这些山峦时所感受到的眩晕减轻了。突然，我感到了焦虑。想到要开着笨拙的露营车走那些之字形急转弯，我感到有些害怕。而看到琳达要用她那辆破破烂烂的吉普车拖着挤挤客栈前行，我感到非常害怕。早先，她指示我开在她前面，她跟在后面。为什么呢？难道她觉得自己的拖车式房屋会脱钩后滑？我不知道答案。

通过圣贝纳迪诺国家森林公园的第一个路标后，一辆闪亮的运油车隐隐出现在挤挤客栈后头。当时我正在通过一系列 S 形转弯，所以我有时没法在后视镜里看到跟在后面的琳达，但那辆运油车的司机似乎有些不耐烦，在琳达的后面跟得非常近。我一直注意着她的吉普，而当通过连续转弯，道路变直之后，她的车却没有出现，倒是本该在她身后的运油车重新出现在这直线的上坡路上。

我拐进了避车道，拨打她的手机，希望能听到那一声熟悉的“你好啊”。但等待音一直响，然后转到了语音信箱。我停下车，钻出车外，沿着驾驶座一侧的车身紧张地踱步。我又给她打电话，没打通。此刻又有更多的车驶出了连续弯道，进入直道，并在我身边呼啸而过。我试图忍住不自在的感觉，但随着时间流逝，体内增多的肾上腺素变成了恐慌。挤挤客栈消失了。

———

有好几个月，琳达渴望再次回到路上，开始她作为露营地管理员的工作。她被困在洛杉矶东南方 15 英里外的米申维耶霍市，住在她女儿安德拉和女婿科林租的房子里，还有 3 个十几岁的孙子辈。因为卧房不够，她的外孙朱利安在厨房外没有门的餐厅里打地铺。（这样的安排已经比这家子之前住的那间公寓舒服多了，在那里，她其中一个外孙女得睡在衣帽间里。）

而琳达得到的便是最后剩下的：前门旁边的沙发。这是一座孤岛，虽然她很爱她的家人，在那儿却仍有被搁浅的感觉，特别是当她的吉普车还困在修理店里时。每次当其他家庭成员计划出门而没有带上她时，他们得先经过琳达的沙发才能走出门，而这些事情，已经开始变得有些尴尬了。琳达开始担心，他们会因为撇下她出去玩而感到愧疚吗？同时她也很想念自己的自主权。“我只愿成为自己的房子的女王，不愿意活在其他房子的女王的鼻子底下，即便那是我的亲生女儿。”她这样对我说。

另外，健康问题也让这个家庭不堪重负，情感和财务的双重压力让琳达更难以依靠他们。她的外孙女加比身子很弱，因为某种不明原因的神经系统疾病已卧床超过 3 年，之后她被诊断为干燥综合征，那是一种自身免疫性疾病；外孙朱利安则正在接受糖尿病的治疗；女儿安德拉有关节炎。更为严重的是，她的女婿科林，这个一力承担养家糊口责任的人，最近总是有很严重的偏头痛和眩晕症状，不得不离开了自己的工作岗位。

在某个时点上，琳达曾考虑通过 CamperForce 项目申请一个亚马逊公司仓库的季节性临时工作，这是由亚马逊公司发起的项目，用来雇用流动工人。她一年前已经做过这份工作，但最终却因为经常使用手持型条形码扫描器而受到了反复性动作损伤，这个伤在她的右手腕上留下了一个葡萄大小的肿块。然而，更为糟糕的是，她感觉有一种莫名的灼热疼痛感散播至整条右手臂，从手指到手腕，经过手肘和肩膀，一直传达到颈部。仅仅是拿起一个 8 盎司（1 盎司 ≈ 0.03 千克）重的咖啡杯或一个平底锅就能引发手臂极度痛苦的颤抖。她认为这是一个肌腱炎的糟糕例子，但这并不能帮她消除苦恼。只要这病没治好，她就没法再次上路。

身体抱恙，又被禁锢在“沙发岛”上的她试图思考自己作为挤挤客栈的女主人和唯一住客的未来。和她的家人一起住之前，她一直开着一辆 1994 年的 El Dorado 房车，一边旅行一边工作，但这辆车很费油，并且已经开始崩溃了。所以精简到一辆小拖车式房屋的感觉很好，虽然挤挤客栈还需要进行一些打理才能住人。它之前的主人将它留在俄勒冈海岸咸湿的空气里，这让它的一些金属零部件开始生锈，俄勒冈的锈纹糟蹋了它玻璃纤维制的外壳。于是，琳达开始在自己的“停工期”里清理并改进房车。她的一项任务是调制一种擦洗剂，其中的一种秘密原料是经过搅拌机研碎的鸡蛋壳，她可以用这种擦洗剂来清除锈迹。另一项工作是造一张舒适的床。这间拖车式房屋尾部的墙边有一间小餐室，于是琳达拆掉了那里的桌子，并裁出一张纸板模板固定在长椅上方。当一张大号双层床垫出现在邻居家的垃圾场时，她就把它拣出来，撕开，取出里面的弹簧丢掉，活像一个在给自己捕获的一条大鱼去骨的鱼贩。接着，她取出垫子里的填料，用签字笔在上面做上记号，好让它的形状恰好与之前用纸板做的模板合上，然后用一把地毯刀把多余的部分裁掉。完成之后，她再把垫子的外层套子整齐缝好，再把填料塞进去，做成了一个看上去十分完美的 90 厘米 ×180 厘米的迷你床垫。“我觉得如果再窄，我和我的床伴就睡得不舒服了，”她一边对我说，一边打手势指指自己的骑士查理王小猎犬——可可，“所以我把它做成 90 厘米宽，这样我们俩能一起睡。”

在琳达动身前去汉娜平原的前一天，我问她兴不兴奋。她一副理所当然的表情看着我，仿佛这是世上最明显不过的事情了。“当然！”她说，“我以前没有车也没有钱，一直被困在那条沙发上。”她每个月能领到

琳达旅途中的忠实伙伴可可

524美元的社会保障金，这笔钱能够让她撑到新工作的第一个发薪日。[1]琳达的世界本已缩水成只有一条沙发那么大了，而现在，她已经准备好让它再次铺展开来。她已失去自己本已习惯的自由太久，失去那伴随着公路飞速而来的新奇感太久。是时候启程了。

5月6日的早晨，尽管天有些阴沉沉的，但是很温暖。琳达与她的家人们拥抱、告别。“我到那儿就给你们打电话。”她保证道。她将可可抱上吉普车，然后离开，前往修车店，去给那漏气且已磨平的轮胎打气。接着，她又马不停蹄地去了加油站，给油箱加满油，然后走进店里拿加油小票，又买了几包红万宝路香烟。结账的时候，她和年轻的店员说起自己十几岁的时候去买1/4加仑（1加仑≈3.79升）的汽油的事，而年轻人则点点头。“加一美元的汽油你就能开上一整天。”她对他说，一边摇摇头微笑。

好像没什么事能破坏琳达的好心情，即使她走回自己的车却发现车门上了锁而钥匙却忘在了车里。可可用两条后腿撑着身子，前腿则搭在驾驶座旁的车窗上，摇着尾巴。琳达猜，应该是可可站起来的时候按上了门闩，把门锁上了。不过窗户没有关严实，有一条几英寸宽的缝隙。我回自己的车拿了个长柄点火枪，把手挤进窗户缝，用点火枪顶开锁。于是，旅程再次开启。

此时，挤挤客栈还在佩里斯镇郊外的一个仓库里，那是圣安娜山脉远端的一个小镇。圣安娜山脉是那些将加利福尼亚的沿海地区与内陆自然条件严苛的沙漠地区分隔开来的半岛山脉之一，去那里必须走欧特

[1] 过几个星期琳达就要过65岁生日了，这会让她本就很低的社会保障金再度减少，交完医保后每月就只有424美元了。

加公路，而这条公路是整个加利福尼亚州最为凶险的道路之一，是一位《洛杉矶时报》记者口中“城市扩张、不良驾驶和过时的公路建造技术迎头相撞的地方”。那里蜿蜒的大道上经常挤满了往返于奥兰治县和内陆帝国地区的通勤车辆，万幸的是，正午的交通比较通畅。不久，琳达就通过了这里，穿过了几个如藤壶一般占领埃尔西诺湖西岸的房车停车场。3 年前，她曾住在那里的停车场之一——肖尔埃克斯房车停车场。她以每个月 600 美元的价格租了一间位于公路与湖畔之间的一条沥青小路上的拖车住房。

琳达在一家塔吉特商店买了食物，好坚持到下一次社会保障金到账之前：一大桶桂格燕麦片、1.5 打鸡蛋、碎牛肉、博洛尼亚香肠、汉堡用的面包、金鱼牌咸饼干、花生酱夹心曲奇、西红柿、芥末和一桶半加仑装的牛奶。虽然距离她开始工作的日期还有几天，她还是在停车场里给未来的雇主提前打了个电话。琳达想让雇主知道她是个可靠的人，且是以一种很认真的态度看待这次工作的。她告诉他，她已经在去那儿的路上了，并且计划在天黑之前抵达汉娜平原。

穿过一排装着铁丝网、插着被晒褪色的美国国旗的防风栅栏之后，挤挤客栈就停在 74 号公路北边的保管场里。琳达开车穿过了大门。现场的杂务工是一个叫鲁迪的男人，身材瘦削，留着范戴克式的胡须[1]，他出来迎接琳达。琳达一边打理挤挤客栈准备带它上路，一边试图回忆起所有自己需要做的事情，鲁迪就在一旁一直和她谈笑风生。“我的记

[1] 一种以 17 世纪比利时弗拉芒族画家安东尼·范戴克之名命名的面部胡须款式，同时留着八字胡和山羊胡，而将双颊上的胡须刮干净。——译者注

忆力就跟捕兽夹子一样[1]，外面的知识进不去，里面的又出不来。”鲁迪自我嘲讽道。直到琳达迈出挤挤客栈的门，准备下地的时候，他们俩还在聊天。由于琳达下车的速度太快，让挤挤客栈失去了平衡，令它以一边轮轴为支撑上下摇动起来，远端则在地上发出咔嗒咔嗒的声响。“早上不该吃那个肉桂卷的，是吧？”鲁迪取笑她。琳达则稳住自己，说：“我赶时间啊！”幸运的是，她和挤挤客栈都没出异常。

琳达拴紧了拖车式房屋前部的一个架子，那里放着一对 20 磅（1 磅≈ 0.45 千克）的丙烷罐子，用来给她的冰箱、炉灶和一个小炉子供能。最后，鲁迪帮她将挤挤客栈钩到吉普车上。琳达上车启动，尝试着开车前进。随后，她挥挥手告别，驶出了大门。正如旧时的广告小册子所保证的那样，那拖车式房屋跟在后面，宛如一只小猫。

———

见琳达迟迟没从圣贝纳迪诺的第一串连续转弯中出现，我的大脑开始设想一连串她可能遇到的灾难性事件：也许她的发动机坏了，也许她的车轮胎漏气了——祸不单行啊——或更糟，爆胎。忧虑开始增长。万一是挤挤客栈脱钩滚下了山崖呢？万一像电影《末路狂花》最高潮的一幕那样，一个大弯让她的吉普车飞出了路边，掉进了峡谷呢？

我正准备发动汽车掉头回去找她，这时，我的手机响了。“我马上到。”琳达说。当看到她出现在避车道时，我感到了一阵强烈的安心，

[1]“mind like a steel trap”本是一个褒义短语，形容一个人理解力高，很容易理解复杂的想法和理论。这里是鲁迪自行做了另一种解释来开玩笑。——译者注

可这种感觉很快就消失了。琳达在路边停了车，指着挤挤客栈里的异常之处：本来收纳着丙烷罐子的架子空空如也。在前面的急转弯里，两个丙烷罐子都掉了出来，其中一个被它上面的软管拽着，在后面跟着跑，把挤挤客栈撞了个 4 英寸的口子。而另一个罐子则完全脱了钩，像风滚草一样滚过了公路。当时仍紧紧跟在琳达后面的运油车突然转了个弯来避开脱钩的罐子，然后加速超过了琳达的车。琳达很幸运，她找到了一段有足够空间能让她停车的地方。那个逃脱的丙烷罐子远远滚走之后，终于在公路那头停了下来。琳达掂量了一下现在的情况——自己正处于一段视线不良的弯道外缘，来往的车辆都看不见她，于是她放弃了冲过去把罐子搬回来的想法。“那个丙烷罐子才值 20 美元，而我可是无价的！”她记得自己当时是那么想的。她松开手头这个罐子上的软管，将它搬进屋子里放好。

避免了那个近似灾难的情况后，琳达开始再次爬坡。她驶过阿罗贝尔湖和涌泉城之间的往返车辆。这里的高山斜坡在冬天吸引了大量滑雪者和滑板爱好者，而在这个时节则吸引了许多骑行者和徒步旅行者。她驶过大熊湖那已存在100多年的大坝——融化的雪水会流入它的蓄水库，然后沿着它的北岸穿过白头海雕的栖息地。接下来路过的便是福恩斯金小镇上的水泥浆海湾，这个名字是它的开发者起的，因为他们觉得一个叫“水泥浆”的地方不可能会招来游客。那里的杂货店里有山野探险者所需的全部物资：渔具、啤酒罐隔热套、平底雪橇、轮胎防滑链、睡袋、遮阳伞以及当地的特产——猎枪形状的酒瓶（“它射的不是子弹[1]，

[1] 欧美国家酒吧有个酒水计量单位叫 shot，one shot 大概是一个酒杯底的量。——译者注

是龙舌兰。”结账的店员解释道）。附近的小镇公园里有许多玻璃纤维制的纪念像，全是穿着制服的男人，其中有一个棒球选手、一个印第安酋长、一个牛仔、一个消防员、一个战斗机飞行员、一个海盗，还有一个公路巡警。他们的样子仿佛在合唱《Y.M.C.A.》[1]。“雕塑那么多，”上一次来福恩斯金的时候，琳达大声嚷道，“却为什么一个女人都没有？”接着，她注意到还有其他雕塑：两头牛拉着一辆篷车。琳达觉得，那两头牛应该是母牛，因为它们底下看不到外生殖器，并且全部雕塑里只有它们俩是勤勤恳恳地在工作的。从那时起，每次她经过这公园，都会跟它们打招呼：“嘿，姑娘们！”

途中，琳达路过了一间私人庄园，上了锁的沉重大门上挂着“闲人莫入”的牌子，门后清晰可见打理得非常整洁的草坪，却显得有些格格不入。转上考克西卡车道之后，琳达放慢了车速，缓缓前进。在这里，柏油路变成了崎岖的泥土路，路旁是巨石和开满壶状粉色花朵的石兰灌木丛，两者之中探出西部桂竹香[2]的黄色小枝。此外还有2007年巴特勒山火的残迹：烧黑了的树干如巨大的豪猪刺一样林立着。那场大火吞噬了超过1.4万英亩（1英亩≈4046.86平方米）的森林，同时也祸及汉娜平原，为了修复，汉娜平原的宿营地一度关张，直到2009年才再次开放。琳达渐渐接近了露营地，而她始终保持着低速，将心神集中在颠簸的道路上，躲避硬泥地上的坑洞。挤挤客栈跟在她的后面嗒嗒作响。

琳达到达露营地大门时大概是下午6点，天空还是亮的。汉娜平

[1] 指的是Village People在1987年发表的歌曲，Y.M.C.A.的首字母缩写为基督教青年会的首字母缩写。——译者注

[2] 拉丁文学名为Erysimum capitatum，主要分布于北美，本书采用的译名是根据英文俗名翻译，但严格来说桂竹香并非糖芥属植物。——译者注

原海拔 7000 英尺，比她这段旅程的起始地米申维耶霍市高了很多。这里空气更加寒冷，也更加稀薄。她发现了一个公告板，于是下车过去仔细看。那里写着注意事项，提醒游客们注意毒蛇，离开时务必扑灭篝火（“保证所有的火星都已被扑灭”），并避免自己带来的柴火上有看不见的“偷渡者”：金斑橡吉丁[1]（一种蛀木虫）以及名字中带有“树脂溃疡病”和“栎树猝死病”的凶恶病原体。一张大大的地图上标注了 88 个收费露营地，每晚 26 美元，此外还有未标号地带，位置离入口非常近，琳达从自己站的地方就可以看到。营地里还有一些便利设施：一个铺好路的停车场、汲水点和供电口，以及设有一张桌子和篝火环的野餐区域。而在前面，靠近一块被火蚁占据的腐烂树桩的地方，则有一块标牌写着“露营管理处”。

这里便是琳达接下来 4 个月的家。

除了工作的开始时间，琳达还在为另一个日子计数：她的一个朋友要来和她一起工作。西尔维安妮·德尔马斯，60 岁，之前从未当过露营地管理员，但她对这份工作跃跃欲试。“有琳达在我身边，我可以打败一支军队！”几个月前，她这么说。西尔维安妮住在一辆 1990 年产的福特 E350 面包车里。这辆车以前是接送老年人的客运车，后来又成为一位囚犯工人的工作用车，直到西尔维安妮从克雷格列表网站连同它

[1] 拉丁文学名为 Agrilus coxalis，该中文译名是译者结合英文俗名和拉丁文学名自行翻译的。——译者注

那漏水的气缸垫片、失灵的刹车、开裂的动力转向油管、破破烂烂的轮胎，还有运转时会发出不吉利的刺耳声音的发动机一起买了下来。有时候，当阳光以适宜的角度射进副驾驶座，那里便会清晰地显现出一些早已被涂掉的字母，拼出来便是“霍尔布鲁克老年协会”。

西尔维安妮的两个朋友给她的车起过名字，一个建议叫它“玛丽女王”，另一个提议叫“埃斯梅拉达”。她不想只采用其中的一个，所以她为自己的车起名为“玛丽亚·埃斯梅拉达女王”。她用珠光色的围巾、绣花枕头、圣诞灯饰，以及一个承载着瓜达卢佩圣母许愿蜡烛和古埃及狮首女神赛克迈特的祭坛来装饰车子内部。遭受一系列挫折——车子被偷，手腕骨折，还有一幢位于新墨西哥州却卖不掉的房子之后，西尔维安妮坐上她的面包车出发了。“当你第一次在市中心睡在自己车里的时候，你会觉得自己是一个大大的失败者，或是一个无家可归的人，”她说，“可是，人类有一个特征非常伟大，那就是他们会习惯一切事物。”

西尔维安妮和琳达的第一次相遇是在一年半以前，当时她们都在亚

一路相伴的好闺密：西尔维安妮

马逊公司的仓库里做夜间临时工，琳达就是在那次工作中伤到手腕的。西尔维安妮会解读塔罗牌，觉得迫使她搬进面包车里住的那一连串事件简直就是神的安排，是女神要让她走上流浪者的道路。

西尔维安妮写了一首歌，她给它起名为“房车住客赞歌”。她第一次为我演唱这首歌的时候，“玛丽亚·埃斯梅拉达女王”正停在亚利桑那州一家汉堡王餐厅的停车场里。那时我们正在车里做访谈，西尔维安妮手里剥着炸鸡块上的面包屑，好将鸡块喂给她那只蓝眼睛的猫——莱拉，因为不这样做它就不吃。这首歌的旋律套用《公路之王》(*King of the Road*)，第一版的歌词是西尔维安妮在亚利桑那州的 95 号公路某段人迹稀少的路上写的，之后她又改了好几次。最新版的歌词是这样的：

> 又老又破的高顶厢车，
> 住着就像个细长罐子，
> 无租，无拘，没有男人，
> 居无定所，行无定迹。
>
> 夏天去畅游凉爽森林，
> 冬天去晒沙漠艳阳。
> 我是个有新目标的吉卜赛老妪，
> 公路女王！
>
> 朋友们觉得我是疯子，
> 但我觉得他们的生活太乏味。
> 有时我也许会忧伤，

但这是我选择的生活带来的小小代价。

我发现所到之处都是神圣之地，
只要我们看看四周，
在我们寻找“新地球”的神圣旅途中，
公路女王！

我知道西部五州所有小道。
如果是“蓝色公路”[1]我从不犹豫。
我听说了所有小镇的奇人异事。
我也许去得慢，但我会到达，在我的……

费油的高顶福特车子，
我有时吃惊却从不无聊，
因为我终于斩断了绳索，
不像社会上的那些消费社群。

我有一只大猫让我保持理智，
“莱拉”是她可爱的名字，
不太狂野，也不易被驯服，
公路女王！

[1] 1994 年成立的一支现代蓝草音乐乐队。——译者注

琳达到达汉娜平原的时候，西尔维安妮还在汉娜平原南边两小时车程外的地方。玛丽亚·埃斯梅拉达女王停在她朋友的公寓楼外，而西尔维安妮则在享受洗衣服和洗热水澡的时间（这在房车流浪者之间被称为“私车道冲浪”）。身上只有 40 美元了，但西尔维安妮在等她的信用卡，这是她 10 年以来第一张信用卡。

琳达在露营地度过的前几天非常安静。这几天下了一场雪，地上积了几厘米的雪，所以琳达打开了一个小型供暖器来提升挤挤客栈里的温度。她重新买了个丙烷罐子，还用了一个冰箱贴来装饰冰箱，上面写着“要像比阿姨[1]正看着你一样过每一天”，还配了一张这个女管家在《安迪·格里菲斯秀》里的剧照。此外还有一句话，是一个自称“机动怪人”的作家——兰迪·瓦伊宁的流浪生活颂歌——“一整套东西”。整句话是这样说的：“我与不多不少的一整套东西一起全天候旅行。”琳达喜欢看书，她的某一个同是房车旅行者的朋友向她推荐了《丛林女性：在阿迪朗达克荒野独自生存》，琳达贪婪地把它看完了，并对作者的独立和节俭感到惊异。这本书的作者是生态学者安妮·拉巴斯蒂尔，她受到《瓦尔登湖》的启发，在湖边建造了自己的小屋，木材花费总共才 600 美元。接下来，琳达又开始看《实现构想：如何克服想象和现实之间的障碍》，这是一本给创业者提供自助方法的巨著，琳达详读了这本书，以期能在其中发现一些创造美好未来的建议。可可会跑上它和琳达共享的床垫，到琳达身边躺下，琳达就会和可可依偎在一起。有时，可可会直起身子，极其热情地舔她的脸。“噢，亲亲，亲亲！”琳达对可可说，“你的

---

[1] Aunt Bee，1960 年美国情景喜剧《安迪·格里菲斯秀》里的角色。剧中本名为比阿特丽斯·泰勒（Beatrice Taylor），但人人都叫她比阿姨。——译者注

舌头要舔坏了！过会儿就得翻新一下了！那你猜这个钱得谁来付？”

星期天，西尔维安妮就该到露营地了。琳达去最近的淋浴室冲了个澡，那是一个冰冷的煤渣砖砌小隔间，位于5英里开外的大熊湖岸边的塞拉诺露营地里。为了节水，出水装置每次只会出水一小段时间，而洗澡就意味着得一遍又一遍地按同一个按钮。在停车场的时候，琳达在阳光中梳理了自己的长发，然后像洗发水广告里那样优雅地甩了一下头发，问：“我的头发有亮泽了吗？”

那天下午，西尔维安妮现身了。她穿着一件芥黄色、印有弗里达·卡罗像的T恤，下着拼布长裙、粉红色打底裤，脚上穿着软羔皮制软帮鞋。她拥抱了琳达，然后跑去看了一眼挤挤客栈。“看着比照片上

汉娜平原上盖着白雪毯子的挤挤客栈

小啊！”她说。西尔维安妮高高瘦瘦的，波浪形的夹灰棕发，有刘海，有些卷曲的发丝从她脑后的香蕉发夹逃逸出来，她要进挤挤客栈必须得俯身。琳达跟她描述自己有多喜欢住在那里面，她对自己以前那辆老房车的怀念之处只有浴室和厕所。现在，她拿了一个水桶作为厕所，目前为止，这个还顶用。

露营场管理员的培训时间是周一早上 8 点 30 分，在大熊湖探索中心举行，为期两天。大熊湖探索中心是由美国林务局运营的一个教育机构。为了鼓励参加这次培训的员工们，加州土地管理公司的主管给他们每人发了一包月亮派[1]。大多数员工非常期待培训期间的免费午餐：第一天是热狗，第二天是墨西哥炸鸡。除了食物，每个露营场管理员还会拿到一本褐红色三孔活页夹，这是加州土地管理公司的业务手册，共 350 页。此外，主管们还非常细致地说明了他们未来工作的纲要。主管还鼓励他们积极寻找露营场内的“微型垃圾”——保鲜膜碎片、铝箔碎片、香烟头以及其他废料，并保持每个露营地都没有“绊倒风险”，比如从森林里那些高耸入云的杰弗瑞松树上掉下来的、西柚一般大的松果。同时，他们也听了一些“警示性故事”——用来警示他们避免犯错的故事。有一次，一个倒霉的员工在从营火环里铲出灰烬时，忘记先检查还有没有留下没烧完的炭火，结果就把他的高尔夫车给烧了。还有一次，一个露营场管理员爬上垃圾桶顶部去接一条防熊链，结果摔断了一根肋骨。“那是我！”琳达大声叫道。这令她的老板有些懊恼，因为他说故事的时候没意识到当事人就在场。那次事故发生在去年夏天，那时

[1] 美国的一种零食。——译者注

琳达在加利福尼亚州的马默斯湖工作。有好一段时间，这个伤口令琳达做什么事都疼：呼吸、打扫、在凹凸不平的路上开高尔夫车、弯腰，甚至和来露营的人一起笑。她的朋友和家人执意让她去看医生，医生检查出她的肋骨断了，并要她不要再举超过 10 磅重的东西。

星期三早上 8 点，琳达和西尔维安妮开始了她们第一天的工作。她们的制服是统一的：下身穿棕色裤子，上身穿卡其色防风夹克，衣服左胸上绣着一个山顶徽标。制服的颜色令她们在不守规矩的露营者们看来竟与联邦森林护林员有些许相似。西尔维安妮已经花了 4 个多小时来完成她清晨的养生活动——先吃草药给身体排毒，然后冥想，接着吃早餐。她的全部饮食都必须不含糖、肉类、乳制品或精制谷物。这是一个治疗程序，西尔维安妮希望借此来治愈她右眼下的基底细胞癌。琳达和西尔维安妮的高尔夫车上载满了各种工具：两把耙子、两把扫帚、一把铲子、一个装灰烬的铁桶，还有装满了清洁用具的塑料桶。此外，车上还放了一堆广告传单，介绍利用各种交通工具游玩的昂贵方案，包括滑翔伞、直升机、赛格威电动车、索道、越野四驱车和一艘名叫“自由小姐号”的明轮船。西尔维安妮才刚刚学会驾驶高尔夫车，所以她兴奋地爬上了驾驶座，琳达则坐在副驾驶座。这天早晨很冷，但天气晴朗。阳光穿过松叶洒在地上，乌鸦站在树枝上呱呱叫着，白眉山雀唱着一首 3 个音符的歌，音调和《三只盲鼠》（*Three Blind Mice*）3 个词一模一样。树底下长着鲜红的赤雪藻，芦笋形状的茎秆会利用一种真菌从针叶树的根部汲取养分，并在晚春时节开花。现在，它们的顶部已开始穿过细密的松针了。高尔夫车所到之处，西部篱蜥掠过砾石堆，地松鼠钻回了它们的地洞。

你能轻易地判断出，琳达再做这一类的工作时有着丰富的经验和技巧：在给屋外厕所消毒时，她先在厕纸上面盖了一层纸巾，以防厕纸被消毒剂弄湿；她说过想弄点 PAM 牌喷雾式食用油（WD–40 牌渗透润滑油也行，但是 PAM 牌的比较便宜），因为如果把坐便器内壁部分涂上一层油，污渍就不容易粘在上面；倒出一个厕所垃圾桶里的垃圾之后，她展示了一个快速给它套上新垃圾袋的方法，用这种方法套上的垃圾袋边缘不容易滑下垃圾桶沿；用耙子将野餐桌旁的垃圾耙到一起时，她总是每耙一下后就抖一下手腕。“这样他们就看不出你在哪儿停下来，”她解释说，“这样更自然一些。”

某个露营地很乱，泥地上到处都是一个被解体的睡袋的碎片和被撕碎的厕纸片，还有一些泡面包装袋，用来烹饪的火焰也没有熄灭。琳达和西尔维安妮轮流汲水扑灭火焰，被蹿上来的烟雾和蒸汽熏得直咳嗽，最后余火刺刺地响着被熄灭了。她们用铁铲搅拌一下那些黏稠、沸腾的火灰，确保所有火花都被熄灭，不会复燃。驻扎在这个营地的是几个二十几岁的年轻人，那天晚些时候，他们远足归来，回到了他们那浸满水的营火坑。他们很冷。虽然天气预报说会下雪，他们中却有人穿着短袖且没有带夹克，还有人则只穿了一双室内拖鞋就去远足了。琳达后来找到了他们，他们试图重新点燃火堆但运气不佳。“你们离开的时候，得先确保营火已经先被扑灭且凉透了，”她耐心地解释道，“幸好发现火没灭的是我们而不是护林员。不然护林员们就要找你们算账了。”这些年轻人一再道歉。“抱歉，女士，”他们说，“真的太抱歉了。”

每周有两天，琳达和西尔维安妮两个人要负责整个汉娜平原的打扫和管理。余下来的 3 天，她们俩和另一个熟悉这片区域的管理员一起进行，每人负责不同区域。她们绝大部分工作时间都用来打扫汉娜平原的 18 个户外厕所和 88 个露营地。除了保洁工作，她们还要负责登记来这里露营的露营者们，收取费用，给被预定的露营地放上“预定”标识，为露营者提供远足建议，处理小争端，铲出营火灰烬，以及完成日常文书工作。露营者们会到她们这儿来买 8 美元一捆的柴火，这些柴火都被集中保管在管理处的一个上了锁的笼子里。不过他们一般会听取琳达和西尔维安妮的建议不买任何东西，转而去森林里捡柴火，并遵守捡柴火的“三‘已’原则”：已死的、已落地的和已与树木分离的。有时，几回合之后，琳达就会喘不过气而需要去小睡一下。

在“露营管理处”的牌子旁生活并不简单，因为这意味着你需要随时满足露营者的需求。什么时候下班？如果有工作还没完成，而正好有一个管理员当班，那这个管理员就得去完成那项工作。如果有卡车的露营者在晚上 11:30 到达了汉娜平原，他们会直接去“玛丽亚・埃斯梅拉达女王”叫醒西尔维安妮来帮他们办理入驻手续。露营管理员还需要保证夜间的“安静时间”，并处理噪声投诉。琳达试图先发制人，用一种友好的方式来解决问题。比如，当有一群看上去很爱吵闹的人到了这里，她就会告诉他们：“我们希望你们玩得开心，但晚上 10 点以后，我们希望你们能非常安静地开心。”而当看到一个到处是啤酒瓶的露营地时，她不会勒令此处的露营者们清理干净，而是提出一个非常有帮助的提议：“我帮你们拿些大垃圾袋过来吧。”

公司雇琳达和西尔维安妮每周工作 40 个小时，但这没有任何保证。工作了半个月之后，她们的上司告诉她们，由于露营场的预约减少，所以公司需要减少支出。接下来的两周，琳达和西尔维安妮预定的工作时间变成了原来的 3/4，这让琳达每周的工资下降到 290 美元以下。（西尔维安妮的就更低了，因为她不是老员工，没有涨过薪。）

琳达和西尔维安妮没有抱怨这份低薪体力劳动的不稳定性和无边界性，但有些露营打工族却心生怨言。很多露营地管理员表示，他们的实际工作时间总是比有薪的固定工作时间长，这让他们非常沮丧。有一个 60 多岁的露营地管理员，他首次为加州土地管理公司工作是在 2016 年，而他曾在工作岗位上给我发过电子邮件。“做露营地管理员是一次错误，”他写道，“‘管理层’会给你很多鱼龙混杂的信息。我的工作时间是每周 30 小时，可有几周我甚至工作了 45 小时以上。后来我把这些额外工作都推了回去，现在他们要我做的事情减少了。”然而，他的上司们并没有为他以前做的额外工作支付薪酬。

这个情况和另一对 65 岁左右的露营地管理员在 2014 年对一家合法媒体网站透露的一样。格雷格和凯茜·比利亚洛沃斯两夫妻曾说，他们给加州土地管理公司和另一家特许经营商——千条小径（Thousand Trails）工作时，夫妻俩被要求不要在考勤卡上写超过 8 小时的工作时间。“我最想把这个情况告诉其他老年人，让他们不要干这个。这种事情真的太离谱了，特别是当这个情况归根结底要算到和这些公司签订合同的联邦政府头上的时候。”格雷格对记者说。

还有一位露营打工者曾在 2015 年为加州土地管理公司工作，却在 Yelp 网站[1]上给了这个公司一个差评，声称她和丈夫在特定日期里每天要工作 12 个小时以上，但填写工作卡时，他们却不被允许填超过 8 小

[1] 总部位于美国旧金山的商户点评网站。——译者注

时的工作时间。“他们强迫迫切需要收入的老年人，这是不对的，有关部门应该对此展开调查！”她写道。

聘用私有领域的特许经营者来管理公共露营场的美国林业局也收到了投诉。我依据《信息自由法案》向太平洋西南区域办公室提交了请求，以便查看这些投诉。最终，当这些文件到我手上时，检察官已经把投诉员工们的姓名、年龄和联系方式打上了马赛克。在其中一封投诉信中，一位在加州土地管理公司工作了 14 年的员工说，在高温下工作时，公司不为员工提供饮用水。“就连野外工人都有阴凉处可以休息，有凉水可以喝。为什么自己公司的员工反而没水喝了？”信里写道。这封信还同时重新叙述了一位露营地管理员的艰辛劳动。那位露营地管理员要在 43 摄氏度的大热天里独自管理两个露营场——位于内华达山脉山脚下的上咖啡露营场和下咖啡露营场。据称，这位管理员已经“因为中暑虚脱而被救护车运送就医两次”，并且，这位员工“已严重超时工作，但露营场经理却不准他在工作卡上写真实的工作时间以隐藏超时工作的事实。我敢肯定，其他员工也遭到了如此待遇”。

在另一封投诉信里，一位曾隶属加州土地管理公司、在红杉森林公园工作的前露营地管理员这样写道：

> 我受到了非常严酷的流动工人待遇……按照约定，我的时薪是 8.5 美元，每周工作 40 小时。而实际上，我每周的工作时间通常达到 50 到 60 小时，可我拿到的却还是 40 小时的薪水，没有加班费，甚至有时连规定工时的报酬都没有完全支付。鉴于如上情况，加州土地管理公司所给的薪资并没有达到最低工

> 资水平。我所称的“工作”并不包括待命时间，而是 8 小时的高强度体力工作，包括用耙子耙除垃圾，清除杂物，打扫休姆、公主、石溪、10 英里和兰德斯莱德 5 个露营场，每天数次清理数个户外厕所、篝火坑、灰尘飞扬的道路等。接着为客人办理登记手续直到晚上 9 点。我开始工作的第一个星期，他们就让我干了 6 天，每天工作 11 到 12 个小时……在几次讨论中，我终于把这些问题都说了出来，而我的“上司”却叫我“废物”，叫我“闭上你的臭嘴”，以及“滚回俄勒冈去吧”。

我给加州土地管理公司写了封信，讨论这些不公之事。公司的董事长埃里克·马特给我回了信。“我向您保证，我们的公司政策（所有员工都可以拿到一份副本）、培训和标准操作程序都与这些员工所说的情况相反。”他回复我，接着说，加州土地管理公司调查了其中至少 3 个投诉，但都无功而返。（不过，其中一个声称自己超时工作的员工确实按照他所述的超时工作时间拿到了相应的赔偿。）而且他说，上述所举的最后一个案例，也就是控诉一个经理少付薪酬且叫员工“废物”的案例，则促使美国林业局自己开展了一次调查。

但联邦官员们的说法却不一致。当我拿着这些员工的投诉信前去质问美国林业局时，他们却说当局并不直接对此类事情进行调查，相反，他们会将这些信件转交给相应的特许经营商——在这个案例里，“相应的特许经营商”就是加州土地管理公司。尽管美国林业局负责发行和更新这些特许经营许可，并且对公共土地的管理状况负有最终责任，但对于此类事件，他们就是如此处理的。

“林业局没有权力处理涉及违反劳动法规定、歧视以及其他私营企业的投诉案件，也不能对此进行调查。”官方发言人约翰·C. 海尔三世在电子邮件里如此解释。

在随后的一通回访电话里，我问他是否真的想让那个解释成为林业局的完整回复。我对他说：“他们是与你们签约的承包人，看似在你的控制之下，实际却似完全没有控制。这很异常。”

海尔三世说他已经查看过林业局的协议，上面只说了转交所有信件。除此之外，他再没有什么可说的了。

———

琳达越来越习惯汉娜平原，我在那儿观察了她工作的最初两个半星期。晚上，我们会在她的拖车式房屋里坐好几个小时，她则分好几次一点点吐露了自己的人生故事。她是 3 个兄弟姐妹里最大的，虽然她的双亲有很多缺点，琳达还是非常喜欢他们。她爸爸酗酒，断断续续在圣地亚哥造船厂当机械工，而她妈妈则长期罹患抑郁症。一家人在不同的公寓之间流转，曾一年之中就搬了 7 次家。某天，为了节约开支，他们离开了加利福尼亚一段时间，举家迁往南达科他州的黑山地区居住。在坐车东行期间，琳达和她父母、两个弟弟、所有行李以及一条名叫彼得·琼斯·佩里的腊肠犬一起坐上了一辆卡车。那段时间，琳达的妈妈拔了一些牙齿。“我爸爸买不起假牙给妈妈，”她回忆说，“当时我们坐在一辆平板卡车里，后面载着我们所有的家具。我妈妈没有牙齿，车上挤着 3 个孩子，还有只狗。”

时间流逝，琳达爸爸的脾气越来越暴躁。有时吃晚餐时，他会拿起公用的大汤勺狠狠敲在小儿子的头上。他暴揍琳达的母亲，把她摔在凳子上，然后“像个布娃娃一样摔来摔去”。在他们某次打架的时候，当时7岁左右的琳达爬上卧室里的上铺床，缩在了靠里的角落里。在那儿，她向自己起誓：自己以后绝不要遭受那样的对待。

与此同时，琳达还饱受阅读障碍的折磨，但没有一个人知道这件事。她的成绩单寄回家时，老师们总会写些类似“琳达很聪明，但却不肯用功”的话。琳达觉得自己好像一只鸭子，站在岸上的人以为她只是随波逐流，没有做任何努力，而在水面下，她的双脚其实在拼了命地划水。

她高中辍学，却最终拿到了普通教育发展考试证书[1]。此外，她还获得了施工技术证书及一个副学士学位[2]。她做过卡车司机、酒吧服务员、总承包人、地板公司所有人、保险经理、建筑检查员、美国国税局的客服代表，在创伤性脑损伤医护机构里当过护理员，在一项面向老年人的政府计划里当过犬类饲养员和犬舍保洁员（她身上到现在还有一个被狮子狗咬伤的伤疤），还在狩猎小屋里给鸭子和鹌鹑拔过毛。琳达养大了两个女儿，几乎都是靠自己一个人拉扯大的。

我认真地听她诉说，尽量记住她说的话。我希望这能帮助我回答几个令我烦恼不休的问题：为什么一个一辈子勤勤恳恳的64岁女人最后却没有房子或一个永久的居所可住，只能依靠变化莫测且薪资低廉的工作来生存？为什么她只能生活在高海拔的山野里，吃住于一间拖车式房屋，命运却掌握在她的雇用者手里？因为只要他们想，他们就可以少算她的

[1] 北美的一项考试，通过后可以拿到美国或加拿大的高中文凭。——译者注

[2] 通常是指社区大学或两年制专科学校颁发给毕业生的文凭。——译者注

工钱，甚至解雇她。对于像她这样的人来说，未来究竟是什么样子的?

我没能顿悟，却不得不离开这里回家。我把多余的食物都留给了她们：一些冷切肉、西红柿、鸡蛋、培根、芝士、羽衣甘蓝、汤羹、胡萝卜和墨西哥玉米粉圆饼。大部分食物都被琳达拿走了，因为西尔维安妮需要限制饮食，大部分东西她都不吃。

“这可帮了大忙了，”琳达坦诚地说，“下个发薪日之前我兜里只剩10美元了。”

我收拾行李准备离开的时候，琳达和西尔维安妮堆起了一处篝火堆，引火物则是一堆旧资料——记录露营地的预约情况的每日住宿报告。这些报告本是应该被烧毁或撕碎的。我问她们，如果这些每日住宿报告能给天堂捎信的话，它们会报告些什么呢？“我们在露营！我们很开心！淋浴场已经打扫得一尘不染了！”琳达回答。

夕阳西下，寒意渐趋浓厚。琳达和西尔维安妮已经把自己裹进了帽衫和羊毛内衬工作夹克里。她们一边打战，一边说着“该吃晚餐了”。今晚不会再有露营者来了，因为她们已经在门口挂上了“营地已满”的牌子。

于是我跟她们说了再见，发动了露营车。这两位露营场管理员站了起来，对我挥手告别。“别让那些露营的人把林子烧了！”我对她们大喊。琳达摇摇头，也大声喊道：

“那我可就失业了！”

Nomadland
第二章

地球之船

2010 年的感恩节，琳达·梅还不是流浪者，她孤单地坐在自己在亚利桑那州纽河畔的拖车住房里，这就是她住的地方。60 岁了，这位银发奶奶因为付不起水电费而遭遇停水断电。她找不到工作，失业补助金已经用完了。她曾在大女儿家住了几年，那时她做了一系列低报酬的工作。之后，大女儿一家搬进了一间比从前住所更小的公寓里。他们全家 6 口人，公寓却只有 3 间卧房，空间根本不够，所以她不好再回去和他们一起住了。她被困在这昏暗的活动住房里，无处可去。

“我要喝掉所有的酒。我要打开丙烷罐子。我会昏死过去，然后一切都结束了，”她这样对自己说，“如果我又醒了过来，那我就点燃一支香烟，把一切都炸上天。”

她的两条小狗——可可和涂鸦正盯着她。她犹豫了——她真能想象它们也被炸上天的样子吗？不可能。所以她放弃了，转而接受一位朋友的邀请去他家一起吃感恩节晚餐。

但那一瞬间，那让她看见自己生命终局的火光的一瞬，是她难以忘怀的。琳达认为自己是个“开心快乐的人”，她从没想真的放弃生活，一了百了。“我只是太难过了，看不见出路。”她之后回忆道。总得有些改变。

几年之后，琳达再一次几近破产，那时，她在加州埃尔西诺湖的家得宝公司（Home Depot）担任收银员，时薪 10.5 美元。有几个星期，她的排班总共只有 20 到 25 小时。她在小镇另一头的肖尔埃克斯房车停车场租了一间拖车住房，每月 600 美元租金，而她赚的钱只够勉强负担租金。尽管她在求职简历里写了自己有两个建筑学证书，还在拉斯维加斯的家得宝公司工作过一年半，她仍然等了几个月才得到目前这份工作。她在拉斯维加斯的家得宝公司工作时，担任的是稽查员，时薪大约 15 美元。她很喜欢这个职位，因为她可以一对一地解决客户的问题。然而，当她经历过那些之后，再来做一个收银员便感觉非常落魄。不过，她依旧试图充分重视这项工作。“我有那么多经验，他们却让我当收银员，”她回忆道，“所以我就想，‘行啊，那我就成为这里最出色的收银员！’”琳达和自己的客户们聊天，讨论他们买这些要做什么，然后尽可能地帮助他们。有一次，一位顾客来柜台结算一根木料，说是要用在屋顶上。琳达发现他拿错了木料，便给这位顾客推荐了另一种叫作“定向刨花板”的材料，说这种材料能更好地契合他的需要（还少花 500 美元）。为什么家得宝要把琳达这种才能浪费在收银员岗位上？“我觉得他们有一点年龄偏见。”她提出。

琳达不止一次想，有多少人能经得起变老呢？她一生做过很多工作，其中却没有任何一种工作能带来哪怕一点点持续的经济保障。“一直没能成功给自己弄个养老金。”她说。

琳达知道自己再过不久就能领社会保障金了，不过她从来没注意过自己的年度报告，所以在她某次读了自己的年度报告，并得知自己每月只能领约 500 美元保障金时倍感吃惊……这还不够付她的房租。

作为单身母亲，琳达一个人拉扯大了两个女儿。她知道勉强生活的滋味，毕竟她的母亲也让她尝了不少此类艰苦——她曾经拿一个 1 磅重的汉堡充当琳达和她的弟弟们一周的食物；明明说晚餐是意大利肉酱面，却满眼不见一点儿肉星，这时孩子们就会讽刺他们的妈妈，说她把绞碎的牛肉放在袜子里，然后在铁锅上面挥了很久，好给食物附着上点肉的味道；偶尔，他们家里会再来一个父母出了事的陌生孩子，这时，琳达就会挖苦她妈妈只要“把袜子里的汉堡再在锅上面晃一圈”就可以招待这个新来的孩子了。

可能是因为这样，琳达才会同情那些运气不好的人。在20世纪90年代早期，她在亚利桑那州的布尔海德市经营着一间地毯瓷砖商店，叫作切罗基人室内设计。每天商店关门之后，无家可归的人会聚集在店面背后一个未上锁的水龙头那儿，往自己的水壶里灌水。“你们可以装水，”她对他们说，“记着在装满水后关紧水龙头就行。别忘了！”由于店面是小木屋结构，所以有一个门廊，走廊上还有许多柱子撑着天花板。当有人开始在那儿过夜，她就委派他们当代表。“好吧，如果你要在这儿过夜，你就是我的守夜人。”她说，并建议如果有警察来驱赶他们，他们也这么和警察说。

其中有一个男人以前是修剪树枝的，他跟琳达说想要摆脱流浪生活。他觉得自己可以通过为这座城市干活而挣些钱，因为政府会找人去清理杂草丛生的房屋建筑。于是她帮他募捐了一些东西来供他起步：耙子、一台割草机，还有点汽油钱。然后，他们一起驱车去找那些杂草丛生且政府已发出竞标公告的土地。琳达凭借自己的执照，帮他拉到了一些合同。

接着发生了两件坏事：一是她的地毯瓷砖商店破产了，原因是她的商业伙伴做了假账，私吞了一些盈利留作私用；二是那个前树枝修剪工放着琳达给他找的工作不管，逃之夭夭了。有人给他提供了另一份工作，去拉斯维加斯漆一幢房子，他就甩下这边的摊子，跑去那边了。

然而，琳达还是觉得自己很幸运。“感谢上帝，我还有经济来源，”她回忆道，“我那时没有谋生途径，可手上却有好多合同。”不久，她就在炎热的夏天推起了割草机。有时候，温度会飙升到将近 49 摄氏度，所以她去了解了中暑的症状：“如果你在太阳底下暴晒却突然感到冷，那你得赶快离开那儿！”那些合同每个都让她挣了 150 美元左右。她经常清晨就起床工作，到正午才休息一会儿，下午又回去继续清扫，把垃圾碎屑都装到垃圾袋里。

“第一次，我还没拿到钱，身上也没钱把这些垃圾带到垃圾场丢掉，所以我们把它们带到了湖边，点了把火。那天风很大，”她回想起那次去米德湖时的情景，“风带起那些干草吹向了对岸，然后护林员走过来说，‘你不能这么做。’而我则在想，‘我都已经做了。我已经在往火上丢泥土了，我在扑灭它。’”

“从那时起我就想，我不能在将近 49 摄氏度的天气下在外面耙草。我去上大学不是为了这个！”琳达回忆道。她在大学里念的是施工技术。此外，她的大女儿和大女婿同时找到了新的工作：大女儿在餐厅里工作，大女婿则是代客泊车服务员。琳达不久就在内华达州新兴的赌博城镇——劳克林镇上的河畔赌场里找了份卖香烟的活计。（这个小镇是以河畔度假酒店的所有者唐·劳克林的名字命名的，据说他本来想把这个小镇叫作“赌场”，却被美国邮政局断然拒绝。）琳达对自己能得到这次机会感激不尽，于是给唐·劳克林送了两打玫瑰。然后她就被叫进了他的办公室。“这是什么意思？”他困惑地问她。

“这是我打从心底里对你的感谢，唐，”她说，“没别的意思。我只是想谢谢你给我这份工作。我没想要别的东西。”在赌场里，琳达用肩带式的贩卖托盘出售糖果、花朵和香烟。一开始，由于托盘实在太重，琳达只好戴个腰撑来借力。甚至，就算戴了腰撑，她还是非常费劲。“我本来穿 12 码[1]的衣服，开始卖香烟之后缩到了 10 码。”她回忆说。

琳达以每朵 96 美分的价格批发玫瑰，然后以 4 美元的价格卖出，而客人们经常会给她 5 美元，多出来的 1 美元为小费。她整箱整箱地批发香烟，然后以每包赚 50 美分的价格卖出去。渐渐地，她开始了解赌徒了，比如有一个男人经常头疼，甚至肯花 5 美元买一盒只值 25 美分的阿司匹林。生意好的时候，琳达一晚上能赚 200 到 300 美元。此外，她还开辟了第二条赚钱道路，那就是雇人清洁赌场里的假花，自己则负责监督他们。

然而，河畔赌场这位香烟女孩的全盛期因为自动贩卖机的到来戛然而止。唐再次把琳达叫到办公室，告知她，她的职位已经被淘汰了，但是他不想解雇她，所以让她去找总经理戴尔，让戴尔给她找一个新岗位。于是琳达找到了戴尔，开门见山地直奔主题。

“在这里什么职位赚得最多？”她问。

“要么是发牌手，要么是鸡尾酒侍应女吧。”戴尔回答。

“那我还是做鸡尾酒侍应女吧。”琳达说。

她的新工作是有制服的：上身是一件娇小的燕尾服，腰部佩戴腰带，下身则穿高叉舞蹈三角裤、尼龙袜、高跟鞋。这身制服比较暴露，没有留给人太大的想象空间，而这让琳达感到紧张。“我甚至不确定自己能

[1] 美国的 12 码衣服约等于中国的 175/96A，后面 10 码约等于中国的 170/92A。——译者注

不能穿它！”她想，但她决定试一试。当她首次穿上了这套制服，她的上司说她很美，出乎琳达意料的是，她也觉得自己很美。在赌场上班的时候，她觉得自己被保镖保护着，因为他们不会允许赌徒们对鸡尾酒侍应女不敬。“我见过保镖们抓着他们的后衣领，用他们的脸开门。”她说。

琳达深情地回忆自己在河畔赌场工作的那几年时光。直到现在，她还存有一张那时候的照片，照片里她穿着全套制服，留着短发，科罗拉多河就在她身后流淌。但是，那时她已经40多岁了，她可选择的工作并非随着经验的累积而逐渐增多，反而随着年龄的增长逐渐减少。看来，她没法逃脱从事低报酬工作的命运了。

琳达很喜欢这套鸡尾酒侍应女的制服

等她过了 60 岁，问题渐渐浮现：自己如何负担得起不工作的生活呢？在她生命中的大部分时间，她每月靠着薪资生活，没能存下任何存款。而她唯一的安全保障——社会保障金，则低得可怕。每月只有 500 美元的退休生活会是怎样的悲惨模样？

同时，琳达对将来有一个长期梦想，且这里面并不包括诸如在佛罗里达一处封闭式小区养老或打几轮高尔夫之类的陈词滥调。她希望自己能利用泥土和垃圾建造一处地面上的住所。

她想建造一处自给自足的“地球之船”：一种用易拉罐和瓶子等废弃材料搭建、将填了泥土的轮胎作为承重墙的被动式太阳能住所。地球之船是由新墨西哥州的激进派建筑师迈克·雷诺兹发明，他从 20 世纪 70 年代就开始探索完善此类住所，而且将它们设计成能不依靠任何市政供气、供电、供水系统而完全自给自足的建筑物。用于建造它的轮胎墙充当电池角色，白天吸收太阳光热量，晚上则释放出来，借此调节室内温度。雨水和融雪水会经由屋顶漏入储水器中，通过过滤和循环为住户持续提供生活用水，用于日常饮用、洗濯、浇灌室内植物和蔬菜，以及冲厕所。电力则由太阳能电池板提供，有些地方也会依赖风车来转换风能。

除了实用性，地球之船也有许多梦幻般的格调——尖顶与角楼、圆柱与拱形、色彩斑斓的土墙，还有嵌入的一排排瓶子来模仿彩色玻璃的效果。建造地球之船不需要精湛的技术，这使得许多业余建筑人员也可以胜任建造任务，同时也给创造力的发挥留下了空间。大多数地球之船点缀在新墨西哥州陶斯城外的沙漠里，聚集在一个叫“大世界地球之船社区”（Greater World Earthship Community）的细分区域里。整片区域看起来就像一个由苏斯博士[1]、安东尼·高迪[2]和《星球大战》里的众多设计师共同制造出来的月球殖民地。

地球之船那创造一个独特、自给自足且符合生态平衡的住所的理念深深吸引了琳达。“它不是量产的，”她说，“而是如生活在一件艺术品之中，而且我可以靠我自己的双手建造它。”她对地球之船的狂热始于 1989 年，那年，电影《荒野大镖客》的演员丹尼斯 · 威弗搬到科罗拉多州，给自己造了一个地球之船。他拍了一部纪录片来呈现它的建造过程。这部纪录片在公共电视台上播放了好多年，以此将地球之船的理念传达给主流美国人。纪录片一开始，这位灰发演员站在一堵矮墙上，正用一把锤子将泥土填进轮胎里。他抬起头，然后别有深意地向镜头走来。“你想住在一幢不交电费，没有空调、没有暖气却在最冷的冬天或最热的夏天里也依旧舒适无比的房子里吗？”他问，“你觉得我在讲疯话？”接着他高兴地加入了施工团队阵营。他为伐好的木料削去树皮用作屋顶横梁，接着，又给摞好的轮胎和易拉罐涂了厚厚一层一种泥土和沙子的混合物，这将成为他以后家里的卧室墙。

并非所有人都明白，为什么这个演员如此热切地想住在一堆美化后的轮胎堆里——当地人把它称为“米其林[3]公寓”。在美国著名脱口秀节目《今夜秀》上，主持人杰 · 雷诺问他，是不是他每次出去倒垃圾的时候，邻居都会以为他在扩建。“清洁工来的时候，他该怎么辨别哪些

[1] 美国著名作家、漫画家希奥多 · 苏斯 · 盖索的笔名。苏斯博士以儿童绘本最为出名。——译者注

[2] 安东尼 · 高迪 · 科尔内特，西班牙建筑师，新艺术运动的代表性人物之一，以其复杂、新颖、独树一帜、个人色彩强烈的建筑作品知名，被誉为“上帝的建筑师”。——译者注

[3] 米其林公司，全球最大轮胎制造商之一。——译者注

是垃圾，哪些是房子的一部分？” 主持人打趣道。

虽然用的材料简陋，但丹尼斯·威弗那 900 多平方米的住宅的建造费用却高达 100 万美元。这是一个极端例子，有人也许会称之为“有钱名人的地球之船”。大多数地球之船的建筑费和一幢传统房子差不多，而一个新西兰家庭曾用少于 20000 美元的预算成功建造了他们自己的地球之船。“我相信孩子们的力量。”这个新西兰家庭的男主人在网络上留言说。他很为自己的 5 个孩子自豪。他还说，刚开始，他说想建造地球之船时，他妻子觉得他是疯了。在西雅图，一群地球之船狂热者决定依靠废弃材料和志愿者的免费劳动在一位朋友慷慨出让的私人停车道上建造一个缩小简化版本的地球之船，当地一份另类周刊报纸称它为“地球小艇”。这个小型建筑目前还在建造之中。

除了南极洲之外，地球上的每一个大洲都存在着地球之船。在全球游走的赈灾志愿者们在重大灾害——如 2010 年海地地震、2013 年第 30 号台风“海燕”在菲律宾造成的灾难，以及 2014 年印度洋海啸等——的废墟上建造了它们。目前最声名狼藉的地球之船建造者也许要数“天堂之门”[1] 邪教团体的成员了。他们曾在新墨西哥州的活动场地里建造了一所轮胎房子。1997 年他们集体自杀之后，媒体的狂热报道随之而来，在这当中，迈克·雷诺兹对全美国保证，地球之船与这起事件无任何瓜葛。他对美联社说，“疯狂的神秘学成员也需要住的地方”，和普通人没什么不同。他还说：“我们教人与这颗星球联系在一起，而不是离开。”

[1] 是美国一个以圣地亚哥作为主要活动区域的邪教组织，相信海尔—波普彗星后跟着一艘宇宙飞船，而自杀能够进入该艘飞船以逃避末世。成员因此在 1997 年 3 月组织集体自杀。——译者注

琳达是雷诺兹的一个狂热仰慕者。她钦佩他能努力为自己的梦想拼搏，对抗那些维护晦涩难懂的房地产调控规定的官僚。迈克·雷诺兹的奋斗事迹被拍成纪录片《垃圾勇士》而记录了下来。

“你难道不想探寻一下迈克·雷诺兹的想法吗？他从70年代起就一直在为此奋斗，”她热情地说，“他的建筑师执照被吊销过一次，因为他最开始造的几幢房屋是失败品。”

最近，雷诺兹声称，他的地球之船住房能够在不受市场操控的前提下满足人类基本的生活需要。“我们得为人们找到安全的生活资料，确保其不受名为‘经济’的猛兽侵害，”他网站上的一篇声明里这样写道，“经济是一场游戏，而可用于游戏的应该是非生活必需品（如摩托车、电脑、电视机等）。一个人赚钱养家，维持生存，有避风之所……这些不应该被经济体所操控。”

大约10年之前，琳达开始在网上四处搜寻地球之船的平面图、系统图和内部照片。她把最喜欢的那些图打印出来，装订在一本木纹塑料封面的三孔活页夹里。琳达Facebook的个人主页放的照片是一幢建在沙漠树丛中的地球之船，沐浴在新墨西哥州粉色的夕阳中。“这是我的梦想之屋。”她在这张照片旁边写道。此外，她还加了说明文字，来解释这张图片：“地球之船是用废弃轮胎、瓶子和易拉罐制造的。它们能自给自足，不连入公共水、电、气网络，以太阳能/风能满足能源需求，水则来自雨水、雪融水等。水会被循环使用四次，还有室内花园用来种植食物。这意味着你可以自由生活，摆脱各种账单的困扰。我说过多少遍我必须这样做才能负担得起房贷？”

琳达希望找一处土地廉价且建筑法规宽松的地方。雷诺兹将这样的地方称为“自由的口袋”。对于怎么找免费建筑材料，以及怎么找志愿者来帮忙，琳达有个大概的想法。可困在低薪酬工作里、薪资全用来付房租、社会保障金低之又低的琳达如何能着手这项富有野心的计划呢？她需要一条新的生存途径、一个战略来使自己一边维持收入，一边继续削减本就很少的生活开支。也就是说，她需要一座通向地球之船的桥梁。

琳达知道自己等不及了。她不会越活越年轻，而要创造她的新家则需要她的体格足够强壮。此外，积累所需的资源也需要时间。但是，如果她能够推迟这项项目，它的意义就不仅仅是一个时髦的退休住宅了。地球之船是她最后的寄望，是一座能存在 100 年以上的纪念碑。“我会用自己全部的知识、技术和热情去建造它，这样我死后就能留下些持久的东西，”她说，“我想把它留给我的孩子和孙子辈们。”

琳达渴望自给自足。她解释说，地球之船有独立的系统来提供食物、电力、气候控制和生活用水，几乎像一个相互合作的有机体一样运作。如果她能够创造并维护这样一个住处，那它也会反过来照顾她。这种稳定性令人感到安心。毕竟，琳达正慢慢老去，渐渐成为一个风雨飘摇的群体中的一员。根据 2015 年的统计数据，有 1/6 的独居老年女性生活在贫困线以下，而将近老年女性人口两倍的美国女性（271 万）比相应阶层的男性（149 万）要贫穷。此外，关于社会保障金，女性收款人每月的社会保障金平均比男性少 341 美元，因为女性的工资税贡献总额比男性要少。这是性别工资差距所造成的后果，却没有得到充分的重视。2015 年，女性的收入依旧仅有男性的 80%，且更容易成为幼儿和老年家庭成员的免费护工。（除了养育她的两个女儿，琳达后来还与母亲同住以便照料，因为其母亲在 20 世纪 90 年代中期患上了恶性脑瘤。）女性的终生收入少于男性，储蓄也就自然少于男性。然而，女性平均寿命却比男性多 5 年，意味着她们本就少于男性的收入要支持更长时间的生活。

2012 年 6 月 1 日，琳达过了 62 岁生日。第二个月，她的第一张社会保障金支票躺在了邮箱里。“我该等到 65 岁再领社会保障金的，”她后来反省道，“可是我的保障金太少了。所以我想，反正不管他们怎样计算我的保障金，也不见得等几年再领就会多一大笔钱。”

可不管她几岁领保障金，她面前都有一个问题：“我该怎么做，接下来才能安心养老不用工作，而且还不会成为孩子们的负担？”琳达知道，她想把地球之船作为长远的解决方案，可是，她又该怎么做才能达成这个目标呢？

Nomadland

第三章

在美国求生

2010年的感恩节，琳达放弃了炸毁自己拖车式房屋的想法，此后正好一周，恩派尔小镇接到了一则坏消息。恩派尔位于内华达州西北，好似一个攀在黑石沙漠背部的肿块，是一个有着300人口的工厂村庄。这是美国最后几个传统公司所在地的城镇之一，所有者是美国石棉公司（USG），一家石膏板制造商。这里是美国制造业传奇全盛期的一个活化石，那时候，工厂给员工提供了切实的中产阶级地位，并给了他们一个切实的机会，让他们可以养活自己的家庭，不用担心被取代。

恩派尔位于“石膏矿”以北6英里处。石膏矿是塞莱尼特山脚下的一处露天石膏矿。在那里，矿工们会引爆铵油炸药（一种硝酸铵和燃油混合而成的爆炸物质），从5个阶梯状矿坑（最大的一个直径800米）中炸出大块的白色矿石，由拖运卡车沿公路运到小镇边缘的一间石膏加工车间，每车载60吨矿石。在加工车间里，工人们把矿石磨成粉，放入巨大的锅里加热到500摄氏度高温，然后铸成美国西部家庭里随处可见的墙板形状。

恩派尔的工厂周边，单层小屋沿着5条主要的住宅区街道排列，路旁还种着杨树、榆树和雪白杨等行道树。USG给员工补贴房租，员工租一间公寓每月只需110美元，独栋房子也只需每月250美元。（一个石膏加工车间的机械工每小时大约赚22美元，设备操作员赚得稍微少一点。这意味着一个员工一般工作一天或两天就能负担当月房租。）此外，USG 还为员工提供免费的电视、下水道系统、垃圾场和上网服务。这里的员工消费低且收入稳定，外界普遍存在的“月光族”概念在这里却有些像异国他物。恩派尔的时间好似停留在了 20 世纪 50 年代，仿佛战后经济的发展从未停滞过。“这是个存钱的好地方。”在这里工作了 15 年的安妮・玛丽亚・迈克斯对我说，她负责在工厂实验室里检验石膏板。

根据 USG 公司发行的内部杂志——《公司要闻》（*Gypsum News*）1961 年 6 月刊的报道，恩派尔小镇最繁荣的时候有 750 名住民，且“住进恩派尔小镇的工友们就如一个幸福大家庭”。尽管小镇人口在现代化进程中逐渐减少，到 2010 年时已不到鼎盛时期的一半，住民之间的和睦气氛却未曾改变。恩派尔的住民彼此都认识，因而习惯夜不闭户，车钥匙也总放在车里，不锁车门。“没有黑帮，没有汽笛声，也没有暴力。”托尼亚・林奇热烈地赞扬道。她与丈夫一起住在镇里，是一个生产主管。由于恩派尔与外界太过隔绝（有许多年，477 州道上用一块两层楼高的路牌来标出恩派尔的所在，上面写着“欢迎来到偏僻之壤”），镇上的住民们只得自娱自乐或相互娱乐。这意味着，镇上有许多街区聚会，每人各带一道菜参加百乐餐，或是聚在一起玩一种叫“邦科”的骰子游戏，结伴去高原的沙漠荒野里狩猎鹿、羚羊和石鸡—— 一种羽毛呈灰色与肉桂色、翅膀上有条纹、嘴为大红色的鹧鸪。镇上许多人家都有异常茂盛的草坪以抵制沙漠化的侵蚀，同时也可以提升市民的自豪感。恩派尔的青草所到之处便是这个小镇的领土，而领土之外，则是黑石沙漠里连绵的黄沙，直到地平线那头。在卫星图片里，恩派尔小镇也非常明显，它是棕黄荒地里的一点绿星。

然而，与世隔绝也有它自己的缺点。“我们有邻里守望项目，”工厂的维修班长阿伦·康斯特布尔讥讽地说，“不管你想不想让邻居帮你盯梢，他们都会盯着你的梢。”这已是当地几十年来的生活方式了，同事们都会住得比较近。1923年，工人们在某处搭了一个帐篷居住，这个地方后来便发展成了这座小镇。恩派尔在太平洋波兰水泥公司的要求下开采矿石。据说，恩派尔是美国持续时间最长的生产矿，最早可以追溯到1910年。

到了2010年12月2日，这段历史突然中断了。穿着钢头鞋、戴着安全帽的工人们在早上7点30分聚集到了社区大厅里，参加一场强制出席的会议。迈克·斯皮尔曼——石膏车间里一位说话谦和的经理传达了一则残酷的决定，令聚集在大厅里的人们都震惊不已：恩派尔要废弃了，所有人必须在第二年6月20日之前离开。宣告的声音停止后，随之而来的是沉默，接着便是大家脸上的泪水。“我站在92个人面前，对他们说：‘你们失业了，同时也失去了现在住的房子。’”迈克回忆着，长长地叹了口气。这天剩下的时间，工人们可以自由活动。他们走出大厅，再度走进寒冷又阴沉的冬日清晨，回到那不久将不再属于自己的家里，他们无法独自承受这条新闻的沉重，便将它透露给了家人。

市值40亿美元的USG在2010年损失惨重，截至当年第三季度末市值已蒸发了2.84亿。公司当时的CEO威廉·C.富特将公司财富的减值归咎于“持续疲软的市场条件和异常低下的发货量”。这句行话之下隐藏的则是一个简单的故事：人们对恩派尔小镇所制造的东西的需求不够高了。墙板供应商的财富是与国内建筑工业联系在一起的，而房地产市场的崩溃所带来的经济暴跌持续得太久了。所以，虽然经济衰退给很多城镇造成了伤害，却还不足以致命，而恩派尔小镇却会因此完全消失。

2011 年 1 月，我为了做杂志报道前去恩派尔小镇搜集素材。以前曾是品控主任的卡文・赖尔告诉我，他开始在这座工厂里工作的时间是 1971 年 6 月 1 日，他是总领班。“我在这儿待了 39 年零 7 个月，”他平淡地说，“从没请过假，也从没受过伤。”鉴于他是这里最长的连续工龄纪录保持者，众人便推选他作为代表来关停生产线，以示敬重。这位 62 岁的老人站到工厂里一条传送带后面，他的儿子曾在这条传送带上做过机修工作。老人举起他的右手，同事的眼光都聚集在了他的手上。随后，他按下停止按钮，流下了热泪。“一个制板车间里，你能听到的最糟糕的声音，就是沉默，”卡文解释说，“在这里，你不仅是在造石膏板，更是在建设美国。”而恩派尔，他又说，这是一个保证稳定收入的同时能在大自然里养育孩子的好地方。他计划把栽在院子里的玫瑰拔起来带走，因为这座小镇大概不久就会被野草侵吞。“这里估计会变得跟电影《隔山有眼》里的情形一样，”他冷静地说，“它会变成 2011 年的内华达鬼镇。”

从工厂可以望见工人圣约瑟夫（St. Joseph the Worker）天主教堂，那里正在举行它最后的弥撒。教堂收到了一块新的木质指示牌，这是 61 岁的教区居民汤姆・安德森刻的，他曾在工厂里做了 31 年的全职电工。他和十几个邻居一起参加了这次弥撒。弥撒将要结束之时，牧师问大家，是否还有人想做特别祷告，于是一个穿着薰衣草色公主裙的 6 岁小女孩开了口。“我想为那些难以找到地方住的人们祷告，”她迟疑地说，“还有那些需要房子住的人。”全场鸦雀无声。

小镇南边的采石场里，道路已经被许多巨大的碎石墙切断，以防车辆进入。不久后，恩派尔其他的消亡征兆也开始出现。小镇四周都围上了顶上有带刺野玫瑰的 8 英尺高的铁链栅栏。当地人说这儿像个集中营。这些刚失业的人弄了个临时纪念活动——站在邮局对面将安全帽甩进树冠当中。（USG 的安全帽曾给它的佩戴者们带来骄傲，因为它就如公司的制服一般。很多安全帽都被贴上了贴纸，有些还画上了画或其他永久性的标记，使得它们变得个性化。此外，像卡文那样为公司工作了 25 年以上的元老还有特别的金色头盔。）

慢慢地，大移居开始了。曾随着房地产市场的崩溃而被摧毁的经济如今见证了金价的飞涨。另外，内华达州的矿山也在招工。十几名住在恩派尔的工厂员工离开小镇，去了巴里克黄金公司工作，因为它拥有附近的几个矿场。而这群无依无靠的工人中的另一些人，生活却更为艰辛。

“我投了好几份简历，目前全都石沉大海，”前供应链经理丹·莫兰说，“搞不好我最后得去砍柴火谋生。”22 岁的莫妮卡·贝克是在恩派尔长大的，由于工厂承诺会给她工作，所以她带着两个孩子从欧湖岛搬了回来，没曾想却遭遇了工厂停工。“对这件事我真的很恼火，他们一直跟我说会保证我的工作的。”她说。她听说金矿在招人，但莫妮卡对于在一个被污染的水池边工作有一些顾虑，因为工厂排出的汞已经令整个内华达北部地区的鱼都无法食用了。她认为自己应该去往南 70 英里处的芬利城碰碰运气，那里有连锁商店。在那儿，她就能赶上美国经济的热潮：远离制造业，向零售业和服务行业进军。“我会在沃尔玛或劳氏找份工作。”她说。

直到 6 月底，大量工人家庭还在往外迁出。当最后一个家庭启程，这个小镇就被密封在了上了锁的铁门后头，只剩监视摄像头还在运转，以及那块“禁止擅入”的标志牌。镇上的小屋和公共泳池、两间教堂、一个邮局，还有一个九孔高尔夫球场都空空如也，慢慢破败。就连代表这个小镇的邮编——89405，都被废除了。为了抑制杂草生长，小镇引进了 20 多只山羊来啃草。它们漫步在这座荒废的小镇里，犹如一群有生命的割草机。几年之后，来到这里的人会把这个地方比作切尔诺贝利，那里也有许许多多被打断的生活。在镇上工厂的办公室里，办公桌上还留着统一样式的咖啡杯，日历也停留在工厂被关闭的那一天。

而小镇却在一个怪异的地方存活着。在 2017 年，你打开谷歌街景地图，将自己的替身置身于环城街上，到处转悠转悠看看停着的车辆、户外家具，还有在自己的院子里悠闲地灌溉草坪的人们。这些被照片保存起来的街景自 2009 年起就未曾更新过。

———

恩派尔小镇渐渐死去，而在它南边 70 英里处，另一座截然不同的公司小镇却正在兴起。它在很多方面看起来与恩派尔正好相反。比如，它提供的并非中产阶级的稳定性，这里的人们都是“无产阶级”：短期受雇，并以此来赚取低报酬的临时工人。更具体地说，这里的住民是上百个住在房车里、拖车式房屋里、面包车里甚至几个帐篷里的流动工人。每年早秋，他们便渐渐开始占据芬利城周围的房车停车场。琳达现在还不知道这个地方，但不久，她就会成为其中的一员。住在这里的人中有很多已经六七十岁，要么快到退休年龄，要么早已过了退休年龄。

绝大多数人从数百英里外赶来，忍受了例行犯罪背景清查和尿检药物测试的侮辱，只为得到一份时薪 11.5 美元并有加班费的临时仓库工作。他们计划在这里待过早冬，即使绝大多数人的轮上之家并没有条件支持他们在零下的严寒中生存。

他们的雇主是亚马逊公司。亚马逊公司招收这些员工是 CamperForce 项目的一环，这是一个由流浪者组成的劳力部门，流浪者们作为季节性临时雇工，在几个被亚马逊称之为“配送中心”的仓库里工作。圣诞节前的 3 到 4 个月是消费热潮，这被称作“旺季”。与其他上千个传统意义上的临时雇员一起，这些流浪者雇工被聘来满足旺季时的订单发货需求。

亚马逊公司没有向媒体明确披露自己在这个项目里的招工人数，但我有一次随口问了一位亚利桑那州亚马逊招聘处的 CamperForce 经理有关这个项目的规模问题，她估计有 2000 多人。（这是 2014 年的事了。2016 年，亚马逊的旺季前招聘比以往都早，因为“今年的订单数量达到了新高”，这是这个项目的一位前管理员在 Facebook 上透露的。）

雇员们每次轮班持续 10 小时或以上，在这个过程中，有些人要在水泥地板上走超过 15 英里，还要弯腰、蹲下、够高处的东西、爬楼梯以扫描、整理和装配商品。而当假期里的手忙脚乱结束，亚马逊就不再需要 CamperForce 项目了，这些临时员工便会被遣散。于是，结束工作的工人们驱车离开，这被管理者们开心地称为“尾灯游行”。

与我保持长久联系的第一个 CamperForce 员工是一个男人，我叫他唐·惠勒（这不是他的真名，原因我会在之后叙述），我与他保持联系了好几个月。在其主要的职业生涯里的最后两年，唐是个软件部门主管，经常去香港、巴黎、悉尼和特拉维夫出差。他在 2002 年退休，这意味着他终于可以长久待在一个地方了，于是他和妻子一起待在加州伯克利的一所20世纪30年代建造的西班牙殖民复兴风格的房子里。同时，这里也让他痴迷于极速赛车。他买了一辆红白相间的 Mini Cooper S 型车，将马力加大到最高 210 码，持续训练，直到他获得美国房车锦标赛职业级系列总排名第三。

然而，飞驰的时代从不久留。当我开始和唐互通电子邮件时，他已经 69 岁了，离了婚，待在芬利城的亚马逊仓库附近的沙漠玫瑰房车停车场。那幢房子给了妻子，而 2008 年的股市崩溃又让他失去了所有储蓄。他被迫卖掉了那辆 Mini Cooper。

唐现在和一头 15 磅重的名叫杰克·拉赛尔的斗牛梗一起住在一辆 1990 年产的美国清风房车里。他把它叫作“埃莉”——取自它的产品型号“300LE”，仪表盘上贴着塑料草裙舞女孩，放下的百叶窗前挡着赛车海报。在以前的生活里，他每年要花大约 10 万美元，而现在，他已学会了如何只花 75 美元撑过一周。

2013 年的假期季结尾，唐估计自己在亚马逊仓库里每周上五次夜班，每次都到临近日出才下班，而需要加班的夜班则持续 12 小时，其中有 30 分钟吃午饭的时间以及两次每次 15 分钟的休息时间。绝大多数时间里他都站着，卸货以及扫描商品。

“工作很累，但薪酬不错。”唐说。他头顶上的头发已经掉光，戴着镶边眼镜，下巴上的山羊胡子已雪白。他右边臀部的髋关节做过置换，因为他在俄勒冈露营场里做另一项临时工作时摔下了小货车。唐无法忍受那些抱怨者，但和绝大多数同事一样，他也在掰着手指数着到 12 月 23 日还有几天，因为这是 CamperForce 工作季的最后一天。

唐对我说，他是一种正在扩散的现象的一部分。他和大多数 CamperForce 的临时员工——还有其他许许多多的临时工人——把自己称作“露营打工族”。虽然我已偶然听过那个词，但唐对其的解释却是最有艺术性的。他用 Facebook 的站内信直接发消息给我，说：

> 露营打工族是在美国境内各地做临时工作以换取免费的露营场地（通常也同时获得电力、水源和排污系统的支持）的房车旅行者，有时也同时获得一份固定薪金。你可以把露营打工族看作一种现代现象，但我们的历史很长很长。我们曾跟随罗马军队，在他们的军营里磨砺宝剑或修理装备。我们也漫步在美国的新城市里维修钟表与机器、修理厨具、建造石墙、勤劳耕耘，以换取相应的报酬和我们喝的所有烈性苹果酒。我们带着自己的工具和技能坐着马车向西迁移，磨刀、修理一切坏掉的东西、帮人清理土地、给小屋盖顶、耕种土地带来收获，只为了一餐饭和几个零花钱，然后就去干下一项工作。我们的祖先是修补匠。
>
> 现在，修补匠的马车已升级成舒适的大客车或拖挂式房车。我们大多数已经退休，并精通一生做买卖所需要的技能。我们能帮你管理商铺、清理你家的前后院、做货车或叉车司机、分拨与打包商品以供运输、维修机器、修理你的电脑和网络服务、帮你收割甜菜、美化你家的地面或清理你家的浴室。我们是高科技时代的修补匠。

我遇到的其他露营打工者都有他们自己的一套说法来描述自己。许多人虽然说自己“退休了”，却到了七八十岁仍然在工作。其他人称自己为“旅行者”“漂泊者”“橡胶轮流浪汉”，或让人有些哭笑不得的——“吉卜赛人”。旁观者给他们取了绰号，有的叫他们“经济大衰退时代的穷苦流浪工”“美国难民”“富人漂泊者”，甚至“现代水果流浪汉”。

但不管你怎么叫他们，露营打工者四处循环旅行，从东海岸到西海岸，甚至北上加拿大，以从事工作。这是一个由上百个在名为“车轮上的工作者”或“露营打工族新闻”等网站上投放分类广告的雇用者们创造出来的灰色经济。每年的不同季节，漂泊者们被雇去佛蒙特州摘覆盆子、去华盛顿摘苹果，或去肯塔基州摘蓝莓。他们在鱼苗孵化场当解说员，在全美赛车比赛场检票，在得克萨斯油田当门卫。[1]（“在那里工作太恶心了！”一位露营打工者说，她和她丈夫曾在得克萨斯州的冈萨雷斯做过门卫。在那里，他们全天上班，日薪 125 美元，折算下来时薪只有 5 美元。但是这项工作却非常累人，因为他们只能断断续续地睡觉，每次都睡不长。“整个夜晚进出的所有车辆——包括车牌和姓名牌，你都得记录下来。我和我丈夫离开那儿的时候，已经像个行走的僵尸了。”）每当亚利桑那州的凤凰城开始春季棒球训练营，他们就在仙人掌联盟的棒球比赛期间从事薪资低廉的工作。他们要去竞技表演和在 2017 年美国橄榄球超级杯大赛上摆货摊（“应聘者必须习惯拉客推销。”招聘启事上说）。

[1] 其中有些露营打工者成了 2010 年的美国国内重要新闻，那时候美国劳工部声称这些露营打工者的雇主，也就是设于科珀斯克里斯蒂的门卫服务公司，错将本应是“员工”的他们归属为独立承包人，而因此欠他们 620 万美元未付。之后，一位美国联邦法官解除了这一项命令。

他们受持有美国林业局和美国陆军工程兵团颁发的特许经营权的私人企业的招募，去上百个露营场和房车停车场工作，从科罗拉多大峡谷到尼亚加拉大瀑布。

节假日，他们在路边货摊工作，万圣节时卖南瓜，美国国庆时则卖烟花。（“露营一星期就睡在一帐篷的爆炸物旁边……我是不是疯了？”一个边打工边露营的寡妇说，她正准备去做一项卖烟花的工作。）有人会卖圣诞树。（“试试露营圣诞树吧！”一则针对房车旅行者的广告招徕道。“不要闹情绪。”另一则广告则抱怨道。）有人在商场里摆小货摊，为时思糖果公司和希科利农产品卖应季商品。其他人则被雇去检查天然气管道是否有泄漏，他们拿着检漏仪—— 一种探测碳氢化合物浓度以防止爆炸的仪器，沿着埋地管道跋涉好几英里。

佛罗里达州渔猎局雇他们管理一个检测站，在那里，他们称量野猪和鹿的尸体重量，并从尸体上面切下一些生物样本（特别是鹿的下颌骨）送检，以观测动物的年龄及当地动物族群的健康状况（南达科他州的一个野鸡狩猎小屋已开放了它的“鸟类处理”部门）。

露营打工者们还在美国各地的游乐场运营摩天轮，从田纳西州的多莉山主题公园到艾奥瓦州的探险世界，从纽约的达里恩湖主题公园到新罕布什尔州的故事王国。（“露营者不仅能够和来自世界各地的人们相识并一起工作，而且每天都能经历孩子们梦想成真时那纯洁的喜悦之情！”一则故事王国主题公园的招聘广告如此保证。）

而酬劳呢，有些企业给时薪。佐治亚州的一个农场雇用露营打工者来“每日实地训练美洲鸵”。它免费提供带有水电供应的房车停放处，来换取每周 20 到 24 小时的免费劳动力，超出时间则每小时补贴 7.5 美元。其他雇用者则只提供另一种形式的食宿：一个停车位。这个停车位的路面不一定是铺好的，但大多是水平的，比较平坦，并带有水管电线等，来供应水电和排污设施。（此类无薪岗位所做的一则分类广告问道："你会划船吗？喜欢划船吗？"他们在寻找一位"志愿者"为加州圣路易斯港区开水上巴士。这份工作的每周工作量高达 40 个小时，相对地，员工能得到一个免费的露营地点，但没有金钱报酬。）还有就是每年的甜菜收获季。9 月的最后一周，美国冰糖公司把上百个房车旅行者带去蒙大拿州、北达科他州和明尼苏达州。天气好的时候，他们全天候工作，每次轮班持续 12 小时。他们的起薪是每小时 12 美元，有加班补贴，同时还有一个标准停车场可供使用。

美国车轮流浪者的数目并没有清晰的数字。漂泊者是人口学家的噩梦。在统计数字上，他们与其他人口混合在一起，因为法律要求他们维持一个固定（也就是虚假）的地址，因此不管他们漫游的范围多广，在官方记录上都"定居"在某个地方。你上报的定居之处就是你注册车辆并接受车检、更新驾驶证、纳税、选举投票、担任陪审员、注册健康保险（除非你参加了老年医保）以及履行其他没完没了的责任的地方。这样一来，居无定所反倒意味着你可以住在任何地方，至少名义上是这样的。很多人选择定居在麻烦最少的地方——佛罗里达州、南达科他州，以及得克萨斯州这些不征收州所得税的地方深受他们的喜爱，并使用邮件转发服务来与他人保持联系。在当地的汽车旅馆住一晚，再去注册一个南达科他邮件转发服务，然后再去州公共安全部门办理手续就好了，非常简单。

虽然没有明晰的数字证据，但有事实证据表明，在房地产市场崩溃后，美国的流浪者便开始急剧增加，并一直保持增长。“我们发现，2008 年以后，来找我们的人明显变多了。我有一个名单，上面记着对招聘信息有兴趣的人的名字。但由于人太多，我只好将这份名单控制在 25000 个名字之内。”休闲资源管理公司的董事长沃伦·迈耶对半岛电视台的记者说。这个公司管理 110 个露营场，雇用约 300 个露营打工者。“大多数来求职的人都是夫妻，所以实际上总共有 5 万人左右在竞争我手上有的 50 个岗位，”他又说道，“而在 2008 年的时候，我还不得不找到这些退休人员的聚集地去求他们为我工作。”

美国露营场公司（KOA）是露营打工者的一个主要雇主。它的一位发言人告诉美国退休人员协会，KOA 每年都要为它在美国各地的度假酒店和特许经营区雇用约 1500 对夫妻。在自己网站上公布热门工作列表的月刊杂志《露营打工族新闻》声称，它的会员已经达到了 1.4 万名，且随时都在增加。

同时，《纽约时报》在 2011 年下半年声称“现在，住在自己的车里很流行”。并预计 2011 年将会有 120 万住房被转手，厢式货车的销量将上升 24%。

在招募露营打工者的所有项目中，最激进的招聘方要数亚马逊 CamperForce。某场招聘宣讲会上所用的幻灯片里说：“杰夫·贝索斯预计，到 2020 年，美国每 4 个露营打工者中就会有一个曾为亚马逊公司工作过。”为了找到雇员，亚马逊公司在全国各地十几个州里对流浪者的友好活动上（大多是房车展销会和公路拉力赛）设置了招募处。招募人员穿着 CamperForce 的 T 恤分发“正在招募”的传单，同时送上些小礼物，比如促销贴纸、记事本、纸扇、润唇膏、风景挂历、水杯隔热套—— 一种能令啤酒罐保温的氯丁橡胶瓶套。这些东西上都印了 CamperForce 的标志：一辆车身上印着亚马逊“微笑”标志的房车剪影。

最近，这个标志以及一个指向 CamperForce 招募网站的网址出现在一大块遮光罩上，可以用来遮在停好的房车的挡风玻璃上。2015 年的时候，这些还是给数目稀少的 CamperForce 员工的礼物，并力劝他们在四处旅行时使用它们。同时，只要员工们成功推荐一位新人去亚马逊公司工作，这位推荐人就能得到 125 美元（比 2012 年提高了 50 美元）的推荐奖金。

CamperForce 的招聘人员会在全国各地的房车展销会上分发促销产品

同时，CamperForce也给潜在员工发送电子版新闻邮件，上面刊载有这个项目的老员工给出的建议，比如：

> 唐纳·邦尼特说："不要穿新鞋子工作！工作之前一定要先把它弄破。"
>
> 乔伊丝·库利说："最重要的建议是要保持积极心态。我们不能指望别人为我们准备好一切，而是要自己努力争取。"
>
> 卡罗尔·佩蒂说："最好在一开始就对这事抱有正确的态度。这是一项工作，不是职业。"
>
> 乔治·纳尔逊说："顺其自然，不要抱怨。这不是我们的专职，而只是一个季节性的临时工作。"
>
> 布赖恩·纳尔逊说："作为一个拣货员，我把工作想成是'有人付钱让我运动'。如果要拿的两个货物之间距离很远，那就快走。这样你一方面能消耗更多的卡路里，一方面还能使工作更熟练。"
>
> 莎伦·斯科菲尔德说："在打包、搬运盒子等过程中你的手会有轻微割伤或擦伤，但亚马逊公司提供手套，你可以借此保护你的手。买个好的护手霜，充分按摩你的手。"

新闻邮件同时还会推荐亚马逊仓库附近员工下班时可以去逛逛的好去处。"10月，芬利城会庆祝'艰苦时代舞蹈'，"其中一篇文章推荐说，"参加者会穿着大萧条时期和'艰苦时代'的服装。"另一则针对堪萨斯州科菲维尔的员工的文章说："公园里有坚果树，你们可以免费捡到黑胡桃、美洲山核桃和糙皮山核桃。去年有一对夫妻露营者捡到并出售了超过 100 磅的美洲山核桃！”

一份亚马逊招聘的介绍资料里警告 CamperForce 的候选者，亚马逊的仓库内部温度有时会超过 32 摄氏度，而他们可能要在这种环境下一次性抬起 50 磅重的物品。CamperForce 项目的新闻邮件总是重复亚马逊公司的励志口号：“认真工作，玩得开心，创造历史。”他们强调这个项目的无形报酬：“你的周围会充满 CamperForce 项目的同事，他们聚集在一起结交新朋友，重新认识老朋友，分享美味的食物、动人的故事，一起度过一段好时光，这比金钱更重要！”[1] 在一个叫作“亚马逊 CamperForce 社区”的 Facebook 私群里，一位女性说自己在那里干了 3 个月，体重轻了 25 磅（约 11 公斤）。另一位员工回复她：“每天都要走半个马拉松的距离，减肥可容易了。额外福利：你还累得懒得吃东西！”另一位员工夸口说自己在 10 周的工作期间走了 547 英里，而这个记录不久就被另一位员工超越，他上传了一张配有自己运动手环记载的运动数据的图片，显示他在 12.5 周里走了 820 英里。

我想亲眼看看那种新型的公司小镇，于是把这个想法告诉了一位前 CamperForce 招聘官，他建议我最好在 10 月底造访那里，因为那时“员

[1] 但并不是所有人都会将这过分情感化的驱动力视为优先事项。《亚马逊公司里露营打工者的底线：钱》——《露营打工族新闻》某期里关于 2014 CamperForce 封面故事的标题这样写道。这篇报道里采访了 CamperForce 里的一些员工。

工们还不至于太疲惫不堪”。

我采纳了他的建议，并在2013年万圣节的前一周到达了芬利。那时候，距离亚马逊公司仓库35英里外的停车场都已经被这里的工人们挤满了，包括里诺城里大塞拉利昂度假酒店及赌场的房车停车区域。（琳达也在这一大群人之中。她待在法伦镇附近，但我那时并不知道，直到3个月后才与她在亚利桑那州相识。）这些房车停车场中有许多在几个月前就已经被预约满，候补名单也很长。最受欢迎的停车场是沙漠玫瑰房车停车场，因为它与亚马逊公司仓库之间的通勤距离最短。这是一小块碎石地，旁边是50号公路，头顶上噼啪作响的高压线横穿而过。CamperForce的员工们已经放上了门垫，摆上了露天家具。他们在杨木上挂上了风铃和野鸟喂食器，并升起了旗帜，上面印着“美丽美国”“世界的某处正时值五点”等句子。有些人摆出了自制的院子艺术品，其中有一件是倒置的转向柱上顶着一个甜瓜大小的飞行眼珠，两旁则焊着几个餐叉作为它的翅膀。其他人则挂起了万圣节装饰：干草捆、晒干的玉米秆、一个亮粉色的南瓜。在装饰他们自己的停车位之前，他们便融入小小的社会交易里，这让这个地方开始像一个社区了：与他人约定合伙用车以节省汽油费用，在简陋餐馆里交换建议来度过休息日。（他们的最爱？是芬利城里派捏克劳辛赌场里的特制金色松饼：用两个鸡蛋和两份脱脂乳制成的松饼配上培根、香肠或火腿，再加上炸薯饼或家常炸土豆片。一份只要2.7美元，老人还能再便宜10美分。）

我一直以为大多数房车旅行者都是退休老人，无所事事地驱车周游美国，看看风景，享受他们工作了几十年挣来的放松时间。毕竟，房车是一种“休闲车”。然而，那种无忧无虑且有养老金的退休人员当然也有，但也有新一类的长期旅行者加入了他的行列。举例来说，住在沙漠玫瑰的大部分人不会考虑休闲娱乐。这些新来到这里的人专心致志于“加工硬化”：一段时间的水土适应期，这段时间里每次轮班只持续半天。而再早一点到达的员工们则已经在竭尽全力跟上仓库里的工作节奏了。

“这是我有生以来第一次做工厂里的工作。我对它产生了新的敬意。”琳达·切瑟对我说，她曾经是华盛顿州立大学的学业顾问。当时，她正在沙漠玫瑰的洗衣房里晒衬衫。在这里，书架们撑起了一座适度超前的图书馆，一幅1000片的野花地拼图被拼好了一部分。琳达68岁了。她告诉我，她很感激布洛芬止痛药。“早上上班之前吃4粒，晚上下班回来再吃4粒。”而对有些露营者来说，吃布洛芬还不够。68岁的卡伦·钱伯伦以前是一个公交车司机，她臀部髋关节因为病变而通过手术置换入了两个人工假体。她对我说，在CamperForce干了5个星期以后，她不得不退出了这个项目，因为她的膝盖受不了长时间站在水泥地上。我曾访问过另一个亚马逊营地——科菲维尔的大酋长房车停车场。在那次访问中，我认识了肯尼·哈珀，不久他就退出这个项目了。之后在一封邮件里，他跟我解释说：“我的左肩受不了了，没法再做这项工作了。”其他员工则提起过“扳机指”，这是一种因重复性工作——比如长时间使用条形码扫描仪——而引起的肌腱问题。我曾参观过很多房车，大多数囤着许多药品，犹如一个移动药店，有止痛膏、用来浸透疲惫双足的洗脚盆、泻盐，以及许多瓶品萘普生和布洛芬等止痛药。就算员工们的药吃完了，也没问题，因为亚马逊仓库里的壁橱上放有非处方药类止痛药。

CamperForce 雇工肯尼・哈珀在访问后不久便退出了这个项目

“这一大群都是无家可归的难民！”和妻子安妮塔到达芬利城加入 CamperForce 时，鲍勃记得自己曾在妻子面前这样猜测。阿珀利家的这两位成员本以为自己退休后会住在一条帆船上，并靠卖掉他们位于俄勒冈比佛顿的三居室房子完成这个梦想。他们在市场最高值的时候用 34 万美元买下了那幢房子，之后又为了它花了 2 万美元。接着，房地产泡沫破灭，这幢房子的市值锐减至 26 万美元。房市崩溃之前，他们的日子还过得去。鲍勃是一家木材公司的会计，虽然他很讨厌这份工作，但它带来的薪水能够支撑一家的开销。安妮塔则是一位室内设计师，还兼职当看护工。两人都无法想象他们余生都要为了比房子本身价值还高的房贷服务。所以，他们买了一辆 2003 年产的红衣主教牌（Cardinal）拖挂式房车上路了。“我们就这样一走了之，”安妮塔说，“我们告诉自己，‘我们不奉陪了。’”

这件事，鲍勃归罪于华尔街的那些浑蛋。谈到自己丢弃房子的决定时，他几乎有些失去理性。他总是急于辩解自己缴费总是很及时，个人信用也保持得很好。他失败的地方在于太过相信房地产的价格会一直飙升。“我从来没见过房子贬值。”鲍勃摇着头说。他把自己人生里“逐渐明朗的现实”比作自己在《黑客帝国》的世界里醒来：逐渐明白你曾经所在的那个快乐、可预见的世界只不过是个海市蜃楼，是用来隐藏一个残酷又糟糕的社会的谎言。“大多数人都在其中感到宽慰的所谓安全感，我不敢断定它不是个幻觉，”他说，“当你发现你信以为真的东西其实并不是真的，你就会失去方向。因为你信以为真的想法根深蒂固，所以需要非常强烈的冲击才能撞开它。”我认识这对夫妻时，他们都还要再过几年才能领取社会保障金。鲍勃计划通过不断参加 CamperForce 的季节性临时工作直到 65 岁。安妮塔没能达到去亚马逊仓库工作的条件，因为她没有高中文凭，所以她只能为邻居们干零活。他们所在的营地，还有其他几个 CamperForce 员工，已经建立起了一个小规模经济，经营的人则是 CamperForce 员工的居家伙伴。他们在洗衣店的公告板上推销自己的服务——遛狗、做饭、缝补、室内装潢修理，或为新手提供绘画课程。

阿珀利夫妻并非我在亚马逊 CamperForce 员工里找到的唯一一对丧失抵押赎回权的受害人。我与来自内华达州、堪萨斯州和肯塔基州的数十个员工交谈，关于金钱问题的故事蔓延丛生。有时候，我觉得自己正漫步于后大萧条时期的难民营中，如果他们被所谓的“失业型复苏”驱逐出传统劳动力市场，他们就会被送到这里。有时候，我则感觉自己是在与囚犯交谈。我不禁想略过客套话，直接问：“你为什么被送到这里？”

在我遇到的这些人中，有的是因为投资失败而赔掉了个人储蓄，有的则是眼睁睁看着 2008 年股市崩溃时自己的 401(K) 计划养老金蒸发殆尽。有些人没能给自己创造足够的安全保障来承受一些本可以承受的创伤：离婚、疾病、受伤。还有些人则遭到了裁员，或是自己的生意在经济萧条中倒闭。此外，虽然 50 岁以下的工人不多，但我仍旧见到了他们。他们向我描述了他们丢掉的工作（原本的、曾找到过的或从事过的），以及借了学生贷款读书却发现自己的学位缺乏含金量。很多人希望这漂泊生活是一种逃离，如果不这样做，他们的未来将空空如也。

最开始的时候，CamperForce 项目只是个实验，只是正好与房地产崩溃撞到了一起。亚马逊公司分布广泛的仓库缺乏足够员工来满足圣诞发货需求的问题已有经年，所以他们尝试了各种各样的招聘活动，甚至派车邀请了住在四五小时车程之外的人过来参加。接着，在 2008 年，一个临时工服务中介——迅疾就业服务公司（Express Employment Professionals）带了一大群房车旅行者到堪萨斯州科菲维尔的亚马逊仓库，以应对圣诞节前的忙碌时刻。亚马逊公司对此很满意，于是给这个项目取名 CamperForce，设计了商标，并将招募员工的仓库范围扩大到芬利城和肯塔基州的康博斯维尔，并且不再通过临时工服务中介而是直接招聘。不久后，管理者们召集了一队能够加以信任的 CamperForce

老员工，称他们为“客场队”，派遣他们去加利福尼亚州的特雷西城、田纳西州的默弗里斯伯勒，以及新泽西州的罗宾斯维尔新开的设施里培训员工。2017 年上半年，亚马逊公司推广了它在康博斯维尔、默弗里斯伯勒和得克萨斯州圣马科斯的哈斯利特的仓库展开的最新一轮的 CamperForce 招募。（内华达州芬利城的设施已经关停了，取而代之的是一个在里诺的新设施，但那里不招募 CamperForce 员工。）

露营打工者是一种“即插即用”的劳动力，对寻找季节性临时工的企业来说是方便的象征。他们在被需要的时间和地点出现。他们会将自己的房子一起带来，将房车停车场转变为短暂的公司镇，一旦工作结束便马上腾空。他们不会久留到能够加入工会。他们所从事的工作使他们的身体疲惫不堪，有些人下班后累得甚至不想参与社交。

在福利和保护方面，他们的要求也很低。相反，在我采访露营打工者的第一年，我所采访的露营打工者中，有超过 1/5 的人都非常感激他们的短期工作表现出来的稳定性。比如，57 岁的乔安妮・约翰逊在亚马逊公司位于康博斯维尔的仓库里冲上楼时被绊倒了，头撞上了传送带的支撑杆。她去紧急救治中心——亚马逊内部的医疗机构包扎了之后，就冲进了急诊室。这件事故给她留下了黑眼圈，以及沿着发际线缝的 9 针。“他们让我继续工作，没有开除我。”约翰逊诚挚亲切地回忆说。她受伤后的第二天，人事部代表拜访了她与自己 67 岁的丈夫一起居住的房车，丈夫以前也是一个露营打工者。对老板保证自己绝对不再跑着上楼梯的约翰逊十分惊讶：“我们觉得那是世上最令人震惊的事情之一，他竟然抽出时间，亲自跑来探望我们的情况。”

我有些疑惑，为什么亚马逊这样的公司会欢迎年纪较大的人来做本该适合年轻人做的工作？“那是因为我们太可靠了，”约翰逊解释道，“我们知道只要你全身心投入一件工作，你就会把那项工作做到最好。除非确实有需要，我们不会请假。”（在养伤期间，约翰逊只请了一天假。那一天的薪资被亚马逊扣除了。）

CamperForce 的人一再重申，他们相信年纪更大的员工的职业道德更强。“我们有一些 80 多岁的员工，他们的工作做得非常棒，”一位负责康博斯维尔的 CamperForce 项目的管理员凯利·卡尔默斯在《露营打工族新闻》举行的一次线上求职讲座中说，“露营打工者族群普遍年龄较大，这最大的好处就是你们已经工作了一辈子，明白什么是工作，所以工作专心致志，以及，你们知道这是一场马拉松，而不是一次短跑冲刺。这有点像龟兔赛跑。我们也有一些年轻员工，他们总是匆匆忙忙，草草了事，而你们工作时却有条不紊，按自己的步调工作着。不管你信不信，到了下班时分，你们和那些年轻人完成的工作量是差不多的。”

除此之外，由于雇用各个种类的弱势群体——包括领取补充性保障收入（SSI）[1]的老年人以及领取救济金的人，亚马逊得以享受联邦税收优惠，价值为付出工资薪酬的 25% 到 40%。了解这一点的 CamperForce 成员完全明白这些动机。“亚马逊之所以能够接纳这些缓慢且效率低下的劳动力，原因就是就业机会税务抵扣，”一位流动工人在她的博客“暴行故事”中写道，“他们让我们一年中有 3 个月不需要政府援助，于是，我们就成了他们的减税工具。”

[1] 美国发放给收入不足者的社会福利金。——译者注

———

亚马逊公司并非唯一一个摆出亲和老人态度的公司。在一次为年度甜菜收获季招募帮工的线上招聘宣讲会上，迅疾就业服务公司的一位合伙人斯科特·林格伦表扬了老年房车旅行者的坚定不移。

“我们发现露营打工者们有非常好的职业道德，为此我们为你们喝彩，”他说，“我们知道你们一生都在辛勤工作，也知道你们一定会完成工作。你们是我们最出色的员工群体之一。”

一位 77 岁的露营打工者戴维·罗德里克很赞同这种说法。他对我说：“他们喜欢雇用退休的人，因为我们靠得住。我们会准时上班，卖力工作，基本上就是个奴工。”接着，他回忆起了 2012 年的事。那时，他和他那已 70 多岁的妻子住在一辆 15 年的 Lazy Daze 房车里，在加利福尼亚州的圣马特奥市活动中心卖圣诞树。他的工作包括把最高 9 英尺的针叶树搬到客人的车顶或卡车上，每周工作 6 天，每天工作 8 到 10 小时。“我喜欢这项工作的贩卖部分，但这背后的砍树和搬运木材的工作真的非常需要年轻人的体力，可我们之中的许多人是已退休的老人。”他评论道。

当我和戴维在沙漠玫瑰房车停车场相遇时，要不是他身上穿的那件蓝绿色的 CamperForce T 恤，这位白发苍苍、留着山羊胡的老爷爷根本让人想不到是一名流动工人。戴维年轻时在一所加利福尼亚州的社区大学教化学和海洋学，之后，他建立了一个领先的生态旅游公司，接着又在约旦做国务院英语语言学者。（戴维之后又被请到沙特阿拉伯和科威特当老师，但随后管理员们就发现他已经 70 岁了，超过了地区退休年龄，于是两项工作邀请都被解除了。）

但是戴维存起来当养老金的储蓄消失了。他很早就离过婚，那次离婚迫使他提前取出自己在加利福尼亚社区大学的教学中慢慢积累起来的养老金，不然，那笔钱到现在已经价值50万美元了，而当时，它仅为2.2万美元，还得与他的第一任妻子进行分配。之后，戴维第二次结婚，但结婚对象的财务也受到了损失——1991年美国执行寿险公司的崩溃使得她在第一次婚姻里损失了65万美元的养老金。美国执行寿险公司的那一次崩溃是当时保险行业历史上最大的一次失败。

戴维向我展示了他每天在亚马逊仓库得做好几百次的蹲伏动作。他说自己很幸运，因为他妻子在做这些的时候会感到疼痛，而自己则不会。他估计，自己在亚马逊公司工作的收入只有他巅峰时期的1/5。

“对我来说，要找到工作并不困难，但是薪水却低得可怕，”戴维说，“这是退休人员的新时代了。”

像戴维这样的员工在讲述着他们的故事的同时，亚马逊营地越来越像一个全国性灾难的缩影。房车停车场里挤满了从中产阶级狠狠摔落下来的工人们，他们曾视中产阶级的安适为理所当然。他们是近几十年来每每折磨美国人的经济灾难的典型承受者。每个人背后都有自己的故事。

70岁的查克·斯托特就是其中一员，他在亚马逊仓库当拣货员，且估计自己每天在从架子上拿出商品到打包发货的过程中要走13英里。“人们把这叫作‘监狱’，因为你走路的时候会排成一列纵队，打卡报到，然后做你自己的事情。”他对我说。查克曾在麦当劳公司干了45年，他是一名白领员工，20世纪70年代晚期在麦当劳公司的全球总部担任产品开发主任。但是在 2011 年，他和他 57 岁的音乐老师妻子——芭芭拉在股市里损失了 41 万美元，于是只好宣告了破产。他和妻子失去了他们在赫伦潘特高尔夫球场的房子——位于南卡罗来纳州的一个封闭式小区。后来他们搬进了一辆 1996 年产的国家海风牌（National Seabreeze）大客车，他们给它取名为 TC。天气好的时候，他们把 TC 解释为“Totally Comfortable”（完全舒适）；天气不好的时候，它就是个“Tin Can”（马口铁罐子）。车厢里面有一个十字绣，上面绣着，“有拥抱的地方就是家”。做完亚马逊公司的工作后，他们的下一项工作是在奥克兰运动家队的春季教学比赛时销售啤酒和汉堡。

还有一位菲尔·得皮尔，他是一位 48 岁的“沙漠风暴行动”[1]战场老兵。“我一直告诉自己只要忍这两个月就好，”他说，“军队生活我都熬过来了，在亚马逊公司我也能熬过来。”2008 年股票市场危机后，银行收走了他们抵押的房子，之后菲尔和他的 46 岁妻子罗宾便开始了露营打工生活。大宗商品涨价所带来的激烈竞争压垮了菲尔的密歇根废金属捕获装置：We-R-Junk（我们是垃圾）。“那些废料就飘过车顶，”他说，“人们只爬上车顶放个东西就能拖住它们。”现在，他们生活在一辆拖挂式房车里，在前面拖动它的则是一辆金色和栗色相间的 1993 年产道奇 P350 小卡车，卡车的一面上有贴花文字“Easy Money”（不义之财）。

“我们买车的时候那个就贴在上面了。”菲尔说。

---

[1] 指 1990 年以美国为首的多国部队针对伊拉克侵占科威特而发动的军事进攻。——译者注

我在亚马逊营地遇到的许多工人都来自一个近年来急速增长的人口族群：地位下降的美国老年人。在如恩派尔这样的小镇的鼎盛时期，这是强大的中产阶级的纪元，工作稳定，且有养老金，而这个族群如今落到如此境地，在当时几乎是无法想象的。

莫妮克·莫里西，经济政策研究所的一位经济学家，与我讨论了这种转变的空前性质。“我们正面临着退休保障的逆转，这在美国近代史上还是头一次，”她解释道，“从婴儿潮后期开始，接下来的每一代在退休后保持生活品质的能力都将比前一代差。”

这意味着正在老去的人们完全得不到安息。2016 年，将近 900 万的美国人在 65 岁之后仍在工作，这个数据比 10 年前上升了 60%。经济学家们估计，这些数字以及老年劳动者的比例还将继续保持增长。最近的一项民意调查显示，比起死亡，当代美国人更害怕失去财产。另一项调查则发现，尽管绝大多数年龄较大的美国人仍将退休视为“休闲时间”，其中却只有 17% 认为自己老了以后完全不用工作挣钱糊口。

“退休”是一个比较新的概念。在人类历史的绝大多数时期，人类都是工作到死，或是到太过虚弱而抬不起手为止，而若到了后者这个阶段，这个人其实离死亡也只有一步之遥了。1795 年，非常具有前瞻眼界的开国元勋托马斯·潘恩撰写了一本名叫《土地公平论》的小册子，

提出每个人到 50 岁（潘恩认为这是当时的平均寿命）应当收到每年 10 英镑的津贴。然而美国人无视了他一个世纪以上，直到德国政治家奥托·冯·俾斯麦创造了世界首个养老保险。1889 年，美国引入了这个制度。俾斯麦的这个政策会给年满 70 周岁的工人发放津贴。这一举动的目的是以最小的代价避开马克思主义者的煽动，毕竟很少有德国人能够活到 70 岁高龄。然而这也使得俾斯麦这位拥有“铁血宰相”之绰号的右翼扩张主义者成了保守派批评家的眼中钉，因为他们认为他手腕变软了，但他年复一年地漠视他们的抱怨。“随你们说这是社会主义还是别的什么，对我来说都一样。”1881 年在一场关于国有保险的早期辩论中，他在德意志帝国议会上这样说。

“退休”的概念在 20 世纪早期被威廉·奥斯勒传到了美国。他是一位著名且坦率的医生，协助建立了约翰·霍普金斯大学医学院。他在 1905 年的一场演讲中争辩道，工人们的体质在 40 岁达到顶峰，随后逐渐走下坡路直到 60 多岁。他戏谑地说，到了 60 多岁，不如给他们注射氯仿吧。他的这些言论后来被称为“氯仿演讲”，并引发了一次国家丑闻。《纽约时报》的编辑部把他的立场比作“野蛮部族，每当族里的年轻人发现老人们挡了道就把他们的头敲烂”。同时，“奥斯勒化”一时成了一个流行动词，但这个新造词汇并不十分公平，因为其中的“强制安乐死[1]”原出处是安东尼·特罗洛普的讽刺性反乌托邦小说《固定寿命》（*The Fixed Period*）。这可能是他最不为人知的小说了，仅卖出 877 本。

养老津贴的提倡者李·韦林·斯奎尔在 1912 年用相对来说比较严

[1] 过量注射氯仿能够致死，过量注射麻醉剂是安乐死的一种常见做法。——译者注

肃的措辞阐述了类似的观点：

> 到了60岁之后，本来独立、不依赖他人的人很容易变得有所依赖——财产花光了、朋友去世了或者搬走了、亲人少了、野心也消失了，生命只剩下几年，最后只剩死亡来迎接你。这种结论将不可避免地把工薪族从前途光明的独立公民快速转变为无望的穷人。

许多工业化国家效仿德国，相继借鉴了养老保险的某种形式加以改造。作为一个粗野的个人主义国家，美国在这个方面落后了。到了20世纪早期，那些太过年老以至于无法工作的美国人面前有两个选择：如果有孩子，他们可以搬去和孩子住；或者他们可以去救济院—— 一种从英国引进的凄凉的机构，在那里，生活太过悲惨，以至于那里的住民（称为“收容者”）可能还宁愿被安乐死。一位观察员视察了俄亥俄州桑达斯基的一个救济院，然后如此描述：“建筑老旧破烂，墙的状态很不好，没有帘子，一群群的苍蝇到处飞，没有舒服的椅子，房间都很脏，收容者做一切工作，食物却很贫乏。所谓的‘医院’惨不忍睹，更像一个监狱。”同样破烂的设施也出现在了1920年一份呈给科罗拉多州慈善委员会的报告上：“房屋是5年前被判不适合居住的旧教堂。墙壁塌陷，非常不安全。御寒设施几乎没有；地板老旧，踩踏会发出声音，很脏；床铺惨不忍睹。一位臀部长瘤而卧床不起的收容者已从9月起就卧床，此后没有洗过澡……在另一间破烂不堪的房子里有一个女人，衣衫褴褛，超过90岁，坐在一个火炉上面试图取暖。”

多么讽刺，又多么可怕，这样的救济院在最早形态的垄断中竟占据了一席之地。根据1904年的法例，这个居于委员会一角的市政机构是那些“没钱负担自己的支出，没法借钱，也没法卖出或抵押自己的财产”之人最后的栖身之地。而在之后的形态中，当权者们将这个救济院铺好地，然后建造了一个“免费停车场”。

直到大萧条时期，当局者才真正地将“退休”制度引进美国。那时候人浮于事，人们意识到要将老人剔除出劳动力市场。同时，美国老年人表现得又不好。到了1934年，超过一半人无法养活自己。于是各个州政府想出了一个拼拼补补的养老金系统，但它只能覆盖一小部分贫困的老年人。弗朗西斯·汤森，一位来自加利福尼亚州的医生，经营着一家草场和一家正在渐渐败落的干冰工厂。他开始游说政府进行一项企划，这项企划在后世被称为“汤森计划”：联邦政府会给予60岁退休的工人每月最高200美元的津贴。于是，成百上千的底层人从全国各地蜂拥至“汤森俱乐部”。美国总统富兰克林·D.罗斯福和民主党的国会在1935年通过了《社会保障法》，其一部分用意也是响应这次民粹主义的号召。不像汤森计划，《社会保障法》要求人们在退休之前先通过工作缴纳一部分金钱到一个共同基金，退休后才能享受津贴。5年后，第一张社会保障金支票被发放给艾达·梅·富勒—— 一位住在佛蒙特州的65岁退休法务秘书，金额是22.54美元。

新政开始之后，经济学家们开始将美国的退休金融模型称为“三脚凳”。这个坚固的三脚凳由社会保障制度、个人养老金以及共同投资与储蓄组成。当然，到了最近几年，这3条腿中的其中两条被踢飞了。许许多多的美国人眼睁睁看着自己的资产被经济大衰退破坏殆尽，甚至在经济垮台之前，许多人的储蓄就已越来越少。自从 20 世纪 80 年代以来，公司渐渐不再采用固定收益的养老金，而变成每月往 401(k) 养老金计划的永续年金里缴入一定金额。401(k) 养老金计划里，养老金的多寡通常取决于员工的贡献，并且养老金有可能在死亡之前就被领完。据宣传，401(k) 计划是金融自由化的一项工具，允许工人们自由做出投资选择，这使它在美国成为一个更大的文化趋势的一部分，那就是，远离责任分担，走向更为危险的个人主义。更浅显地说，比起养老金计划，实施 401(k) 计划对于企业来说要便宜得多。

“从上一世纪，我们目睹了经济风险的大规模转移——从广泛的保险结构（包括公司赞助的和政府赞助的）转移到了美国家庭那脆弱的资产负债表上。”耶鲁大学政治学者雅各布 · S. 哈克在他的《风险大转移》（*The Great Risk Shift*）中写道。它所传达的首要信息就是：你只能靠你自己了。

所有这一切只是为了说明，社会保障金如今已经变成了 65 岁及以上美国人收入的最大单一来源，可不幸的是，它完全不够。“以前的三脚凳现在变成了弹簧单高跷。”美国投资公司协会的经济学家彼得 · 布雷迪讽刺地说。

这意味着，你的养老金只勉强够买生活必需品。根据纽约新学院大学的经济学家和教授特雷莎 · 吉拉杜奇的说法，接近一半的中产阶级劳动者在退休后每天也许只能花 5 美元在食物上。“我把这叫作‘退休制度的终结’。”她在一次访谈中说。若没有某种方式的金钱来源，很多退休者就没有办法存活下去。同时，她说，接受老年员工的工作，其薪酬越来越低，可却越来越需要体力。她担心我们正在倒退回李 · 韦林 · 斯奎尔在一个世纪前所描述的那个世界中去。她还说，许多针对这个问题的严肃讨论被文化歧视搞得越来越复杂了。“我在讨论的时候从来没把它叫作‘退休’。”她说。美国人传统上讨厌“你在揩油或你不多产”的感觉。

毕竟，一提到“退休”两个字就有可能让人想起“贪心老头”的刻板印象：一个在21世纪初期大肆批评社会保障系统的恶魔，首当其冲的典型代表就是以前在美国参议院代表怀俄明州的前议员艾伦·辛普森。这位“贪心老头”在退休之后极尽享受，榨干了年轻人的血液。他是个老年吸血鬼，是里根的“福利女王”[1]的70岁版本。只不过她开的是一辆凯迪拉克，而讽刺漫画里的艾伦·辛普森开的是雷克萨斯罢了。辛普森的著名事迹还有责骂一个根本不存在的社会福利职业游说集团“粉红豹”，这都是他自己想象出来的男人——或者女人？当有一个真实的宣传团队——老年妇女联盟控诉他言语刻薄地发表年龄歧视和性别歧视言论时，他变本加厉，给她们发电子邮件说社会保障系统已经“像一只有3.1亿个乳头的奶牛”了。

那封邮件的结尾非常讽刺。它的内容好似显示了立法者从没拜访过像亚马逊公司的新公司镇之类的地方，也没有见过每天必须长时间工作来弥补他们微薄养老金的老人们。

它说：“你开始诚实劳动的那一天请给我打电话！”

[1]“福利女王”原指琳达·泰勒（Linda Taylor），一位美国的社会福利诈骗犯。美国前总统罗纳德·里根在1976年和1980年参加总统竞选时经常用“福利女王”这个比喻和相关案例来阐述美国社会福利系统的崩坏，以及对其进行改革的必要性。故称为“里根的”福利女王。——译者注

Nomadland

第四章

逃离方案

琳达面前摆着一个无法逾越的障碍——微薄的社会保障津贴。于是，她和别人一样，上网查询了解决方案。她找到了一个写有如下文字的网站：

> 也许你前世是一个吉卜赛人、流浪者或漂泊之人，可你却觉得自己永远无法负担自己渴望的自由人生。
>
> 或许你只是受够了无意义的竞争，只想让生活简单一点。
>
> 那我们想告诉你一个好消息，你可以达成这些梦想，而我们会教你怎么做！

琳达搜索了 CheapRVLiving.com 网站，它是一个叫鲍勃·韦尔斯的阿拉斯加人创建的，他以前是西夫韦（Safeway）公司的货架装料工。想象一下反消费主义学说带着成功福音热情布道的情形——这就是鲍勃想要传达的东西。他鼓吹用更少的资源过幸福人生。他写的所有东西后面都有一个原理——找到自由的最好方法是变成主流世界眼中的无家可归之人。

“关键在于消除我们人生中花费最高的一件东西——住房。”鲍勃写道。他力劝读者避开传统的家和公寓，而倾向于很多流浪者口中的“车轮房地产”：面包车、轿车或房车。他提到，有些房车住民每个月只要500美元，甚至更少，就能维持生活——这个数字立刻让琳达觉得有道理——并列了一个大致的预算，将那微薄的钱财分摊到各个生活必需品上，包括伙食费、汽车保险、汽油费、手机话费，以及一个小小的应急资金。

鲍勃艰苦的房车生活开始于约20年前，那时他的热情可小得多。1995年，他正陷于一场与妻子离婚的痛苦斗争中，他与妻子结婚13年，生了两个儿子。他自称“欠债上瘾”，刷爆了信用卡不说，还欠着银行3万美元。他快要宣布破产了。

鲍勃不得不离开他们在安克雷奇的那个拥挤的拖车式房屋，逃到了瓦西拉。早些年，他曾在那里买过几英亩地准备盖房。到目前为止，这里只盖了个地基和一楼地板，但他没被吓退，而是在这地基上搭了一个帐篷当作大本营，这样他就可以到15英里外的安克雷奇上班。

不久之后，鲍勃就想住得离自己的孩子和上班的西夫韦公司更近一些。（他的爸爸是西夫韦的一个经理，而鲍勃16岁生日的时候也在那里找到了第一份工作——装袋工。）可是安克雷奇城里的公寓都很贵，要支持两个独立家庭的生活似乎是不可能的。鲍勃每月赚2400美元，其中一半都到了他的前妻手里。“她拿走1200美元，我也就剩1200美元了，凭这点儿钱你没法在安克雷奇租房子，”他说，“在大多数城市里可以，但我在那里却做不到。”另外，他每天在安克雷奇和瓦西拉之间来回也要花费大量时间和油费。他开始感到绝望。

所以鲍勃做了一项试验。为了节省油钱，他开始工作日都住在城里，睡在一辆有天棚的旧福特库里耶皮卡车里，双休日再回瓦西拉，这样做的确减轻了一些负担。他在安克雷奇城里的时候，车就直接停在西夫韦公司外面。公司的经理们不在乎他停在那里，要是哪个人没能来上班，他们就叫鲍勃顶上，毕竟他就在伸手可及的地方。而那样他就算加班，可以拿加班费了。这一切让他开始思考：我要一辈子这样吗？

鲍勃不能想象自己完全住进这小小的露营车的情形，但他开始仔细考虑其他选择。当他开着通勤车经过一家电工商店时，看到门口停着一辆破旧的雪佛兰厢式货车并标着“转让”。有一天，他走进店里问了问这辆车的情况，得知它没有任何机械问题，只不过太破旧、太丑陋了，让这家店的老板觉得开它出去工作有碍脸面，这才想卖掉。他们要价1500美元，鲍勃银行里刚好有这么多，他就买了。

这辆货车的车身有8英尺高，车尾是卷帘门。车厢长12英尺，宽8英尺。这已经相当于一个小卧室的面积了，这么想着，鲍勃铺开自己的床褥和被子。躺在里面的第一个晚上，他发觉自己在哭泣。不管他怎么安慰自己，沉浸在新生活里总觉得有些心碎。在他40年的人生里，鲍勃从来不是一个非常快乐或乐观的人。从童年时代开始，他已经惨痛地认识到，自己脚下的土地不是永恒的，有时甚至如字面意义一样，土地会破裂崩塌。当他还在蹒跚学步时，他那婚姻不幸的双亲在亚利桑那州的弗拉格斯塔夫和普雷斯科特，以及俄克拉何马州的庞卡城之间流转。1961年，那年他6岁，他全家定居在了安克雷奇。3年后，这个世界结束了，至少在他的感觉里是这样。1964年3月27日，由于太平洋地壳板块和北美洲板块的断层断裂，阿拉斯加中南部地区发生了一次地震，这是人类历史上第二强的地震——阿拉斯加大地震，也叫星期五大地震，震级为里氏9.2级，地动山摇的恐怖时间持续了四分半钟，之后还发生了多次余震。阿拉斯加的海滨城市被海啸淹没，而安克雷奇则整个被山体滑坡毁坏。安克雷奇国际机场的一座70英尺高的控制塔倒塌了。混凝土板从5层高的彭尼公司楼表面落下来，砸在楼下的行人和车辆上。在鲍勃的学校——迪纳利小学，地基到处是裂痕，一个砖块建的烟囱掉下了屋顶，令整个建筑在第二年全年关闭。

鲍勃还记得自己躲在家里发抖，没有电，没有暖气。外面的气温已经跌破冰点，地上还积着厚厚的雪。“周围的地面都裂开了，冲击之后迎接你的却只有黑暗，”他说，“你能听见房子在爆炸。你正睡在床上，别处的某幢房子可能正在爆炸。天然气泄漏，不知怎么就被点着了。”

那天晚上，他的家并没有爆炸，但是在某种意义上，7年后它“爆炸”了。鲍勃16岁那年，父母终于还是离婚了。他的姐妹决定跟着妈妈，而鲍勃觉得爸爸可怜，所以就跟了爸爸。不久，爸爸又结了婚，他和自己很讨厌的继母住在了同一个屋檐下。成年之后，他竭尽所能逃避空虚感。在接下来的几年里，他试图用手上的一切——债、酒、性、宗教来填补心里的空洞。

鲍勃从未对之前的人生有过特别的成就感，但当40岁那年，在移居进一辆厢式货车时，所有残存的自我价值碎片都消失了。他害怕自己会跌至人生的最低点。他唾弃自己：一个劳动者、两个孩子的爸爸，却没法维护自己的婚姻，人生沦落到住在一辆车里。他对自己说，你是个无家可归的人，你是个窝囊废。“每天晚上，我都哭着入眠。”他说。

那辆厢式货车(鲍勃总是说成“厢型车”)将成为他接下来6年的家。然而，搬进去并不意味着他必须跌落进自己料想中的悲惨里。他开始将那里改造得适合居住，于是事情开始改变了。他用胶合板做了张约60

厘米 ×180 厘米的双层床，自己睡在下铺，上铺则当作储物阁楼。他搬进去一条舒适的躺椅，将塑料架子固定在墙上，并用一个冷藏箱和科尔曼牌双炉头炉灶组成了临时厨房。至于水，他去便利店的休息室讨了一壶。不上班的时候，他的两个儿子会来看他，一个睡在双层床上，一个就睡在躺椅上。

一段时间后，当鲍勃回想起自己以前的日子时，却发现自己并不怎么怀念。相反，想想自己现在没有的东西——特别是房租和水电气费——却令他觉得可笑。他用自己存下的钱持续改善车里的居住环境：他给墙和天花板做了个隔热层，买了一个催化加热器和 40 加仑的丙烷罐子，好在零下 30 摄氏度的冬天里保暖；又在天花板上开了个洞装风扇，好在夏天保持凉爽；之后，他又装了一个发电机、电池和逆变器，这样晚上就能随心所欲地开灯；不久以后，他甚至有了一个微波炉和一个 27 寸的显像管电视。

他开始爱上自己新的生活方式，所以，当车子的发动机熄火损坏时，他毫不犹豫地将自己在瓦西拉的地皮和那上面靠信用卡借款才得以持续建造的房子打包卖掉，而将所得的一部分钱拿去修理了发动机。

“老实说，要不是迫不得已，我真的不确定自己能不能鼓起勇气卖掉它们。”鲍勃在自己的网站上承认道。但回想起来，他很高兴有了这样的改变。“当我搬进那辆厢型车，我明白了，这个社会告诉我的所有事都是谎言——我该结婚，住在有白色围栏的房子里，尽心工作，然后才能在晚年过得开心。可是，那样的话，在直到晚年之前的所有时间我都会过得非常凄惨，”在与我进行的访谈里，他这样说，“这是我在住进那辆车以后，第一次感到开心。”

2005 年，鲍勃建立了 CheapRVLiving.com 网站。刚开始，这只是一个简陋的小网站，为那些想住进车里但生活拮据的读者提供攻略。其中的诀窍是“荒居”（Boondocking）：要与外界隔离，自己自主，不要依靠房车停车场里的付费车位来补给水电和排污设施。尽管“荒居”这个词的非正式用法越来越多，但它的本意是在荒郊野外、穷乡僻壤扎营。住在城市里的车轮流浪者按理来说并不属于“荒居”，而是在“隐形停车”或是“隐形扎营”。但不论是哪种，鲍勃的网站上都有攻略介绍。

2008 年经济危机之后，CheapRVLiving.com 的访问量呈爆炸式增长。“我开始天天收到失业的人发来的电子邮件。他们的存款所剩无几，也快要丧失自己房子的抵押品赎回权了。”他后来写道。被逐出中产阶级后，这些读者正试图学习该如何生存下去。诸如“节衣缩食”或“住在车里”等搜索关键词将他们引向了鲍勃的网站。而在这个经济崩溃大多由受害者买单的国度里，鲍勃没有羞辱他们，而是给了他们勇气。“以前，有一种社会契约：只要你乖乖听话（去上学，去工作，然后努力拼搏），一切都会很好，”他对读者说，“但现在不是了。你按照社会所告诉你的乖乖做事，没有越雷池一步，最后却依旧破产、孤独、无家可归。”他建议，如果搬进了货车或是其他交通工具里，人们就可以拒绝为那个让他们失望的社会系统效力，他们就可以踏入自由与冒险的新生。

———

所有这些事都有先例。那是在 20 世纪 30 年代，美国陷在大萧条的魔掌之中，旅居挂车首次进入了大批量生产。业余爱好者和小规模建造者们已经构思了这个精巧设计好多年，而现在，它突然广泛流行起来。

“一开始……旅居挂车不过是露营界的新玩意……后来人们发现自己可以住在里面。”《财富》杂志曾这样描述这个风潮。

当时，上百万无依无靠的美国人共同体会到了鲍勃失去家园时的感伤。他们亦步亦趋地遵循社会契约直到最后一刻，可社会却辜负了他们。而其中的一些人得到了启示：他们可以依靠搬进旅居挂车来摆脱房租的束缚。成为流浪者，却收获自由。见鬼，这可比胡佛村[1]好多了。“随便去哪儿，随便停哪儿，逃离税赋和房租——极具诱惑，无可抵抗。从没有什么曾一次性给你那么多，除了死亡。”1936 年《汽车工业》里刊载的一篇文章说。

“我们正快速成为一个车轮上的国家，”1936 年，一位著名的社会学家在《纽约时报》上说，“现在，成百上千个家庭正打包他们的财产住进移动房屋里，与朋友道别。人口中很大一部分人将变为流浪的吉卜赛人。”罗杰·沃德·巴布森—— 一位曾预见了 1929 年股市崩盘的金融权威宣布：到 1950 年会有一半的美国人住在旅居挂车里。这引起了人们的注意。《哈珀》杂志声称“车轮上的家”代表了“一种新的生活方式，并将最终改变我们的农业、道德、法律、工业系统，以及税收系统”。

据估计，接下来的 25 年，美国人买了（或在自己的车库或后院里建造了）150 万到 200 万辆旅居挂车。这次热潮直到 1960 年左右，由于一种叫“拖车住房”的产品的诞生，才消退了。这种居住设备的生产成本不高，比它们的近亲旅居挂车更宽敞，但给人的自由却少了，因为

[1] 胡佛村，指美国 20 世纪 30 年代初设立的失业工人及流浪汉的收容所。——译者注

一般当它们被拖进房车停车场之后，就永远地停在那儿了。

社会评论家对住在拖车住房里的人看法不一，要么把他们描绘为热爱自由的先驱，要么称其为社会解体的先兆。而双亲曾在一间拖车住房里住了 15 年的作家戴维·A. 索伯格则觉得他们对自主自决的推动是革命性的。在《飞驰的别墅》一书里，他这样写道：

> 如此，在大萧条的中心之外，一个新的梦想诞生了：逃离。逃离冰雪，逃离高昂的赋税和房租，逃离那个早已失信的经济系统。逃离！为了冬天，为了周末，为了你的余生。只需要一点点的勇气和一辆 600 美元的旅居挂车。

接着，他阐释道：

> 大萧条将上百万各个年龄和阶层的美国人下降到了青少年时期的无力状况……但是有人却在这片混乱之中找到了机会——遵循某些更私人却也许更脆弱的规则，重新建立他们自己的世界观和价值观。在这些重建者之中，有 20 世纪 30 年代的拖车住房住客先锋，有超过 100 万的壮年人，有理想主义者和反崇拜偶像者，还有心思细密的辍学者。他们选择不再等待政府和大企业的拯救，选择将自己的财务命运牢牢握在自己手中。他们被命运选中，来摆脱中产阶级的绞索，并为了他们自己建立起一个全新的亚文化—— 一种只是更自由一点点，更自主一点点，焦虑少一点点，却更贴近他们内心渴求的生活。

甚至在股票市场回升之后，鲍勃依旧经常收到来自新诞生的经济难民的邮件，对他们来说，“失业型复苏”并未带来一丝喘息。大多数20世纪的拖车住房的住客最终还是回到了一砖一瓦盖起来的那种实体房屋，可这次流浪者大潮却与之不同，他们正准备更永久地转型。

“钱对我们每个人来说都是个主要问题，特别是在经济非常萧条的今天，”鲍勃在2010年发表的一篇关于制订预算的文章中说，“几乎每个星期，我都会收到读者的来信，告诉我他们已经失业有一段时间了，而他们正在被驱逐。他们问了我好多问题，其中一个是，他们是否能承担得起成为一个房车住民。我给他们回信，回答了他们提出的其他问题，然后问：‘那你如何承担得起不成为一个房车住民呢？’我确信，住在一辆轿车、货车或房车里是目前最便宜且可行的长期生活方式。”

这时，鲍勃的网站上已经有住在不同规格的车子里的体验报告了，大小从福特喜庆微型汽车到丰田普锐斯，到齐全的旧型号货车甚至是退役的美国空军巴士。其中一些报道也提到了这些车辆的居住者，比如沙琳·斯万基（也叫作“斯万基·车轮”），她在64岁的时候穷得住不起像样的公寓，且膝盖问题和哮喘病缠身，因而住进了一辆货车。她很适应这样的生活方式。她瘦了65磅，并开始计划用平时放在车顶上的黄色皮艇划遍美国50个州。（她最终在70岁时完成了这个目标，并设定了一个新目标：徒步走完全长800英里的亚利桑那州步道。）在另一篇文章里，一个叫作特鲁珀·丹的流浪者描述了自己失去在俄亥俄州的工作，住在一辆有红色天棚的白色丰田皮卡车里的故事。他把这辆车叫作BOV，是“逃生车（Bug-out Vehicle）”的首字母缩写，他驾着这辆车去了佛罗里达州南部。作为一名热情的生存主义者，他早就准备好了WTSHTV，也就是When The Shit Hits The Van（当狗屎砸上了卡车）[1]。“我只是一个被目前低迷经济所害的普通人。一般来说，我只觉得自己在露营，而不认为自己无家可归，”他在网站上写道，“我觉得这是未来的一个信号，以后到处都会有人住在帐篷或车里（还记得‘胡佛村’吗？）。‘可移动的无家可归’可真糟，连警察都懒得禁止人们这样做了。”

CheapRVLiving.com涉及的话题范围广阔，从选择和装配车辆，到寻找季节性临时工作，再到如何在旅途中健康饮食，一应俱全。网站上的教程解释了该如何安装一个屋顶太阳能板，它的价格在过去的10年中大跌，这让本只有相对较富裕的人才能享受到的技术也惠及手头拮据的房车旅行者。

为了隐身，也就是避免自己被过路人骚扰，或被警察叫停并吃罚单，这个网站建议读者将他们的太阳能板藏在行李架和阶梯形齿条之间。

虽然鲍勃发布的许多文章都是纯实用性的，但他同时也涉猎哲学。他从一大堆思想家那儿引用各种鼓舞人心的话发布在网站上，从电影《勇敢的心》、戴尔·卡耐基到卡里·纪伯伦、海伦·凯勒、亨利·戴维·梭罗和J. R. R. 托尔金。他将引用的说辞和个人的存在主义思考结合起来，鲍勃提出，一个简约和漫游的生活方式能比单纯满足基础需求走得更

[1] WTSHTV是生存者在交流中经常用到的词组，常用以表示某些恶劣或令人生气的事发生了。——译者注

沙琳·斯万基的车里放着一张地图，纪念自己在美国 50 个州里都划过皮艇

远，并成为通往崇高抱负——诸如自由、自我实现和探险——的大门。

对于主流美国人来说，这种无常也许意味着现代版的《愤怒的葡萄》，但值得注意的是其中关键的区别。流浪风暴纪元的难民们曾被斥为“俄克佬[1]”，对他们来说，自我价值感意味着存留珍贵梦想的余火，相信现状总会重置，将他们带回传统的住房中去，并至少恢复极微小的一点儿稳定性。

与他所激励的许多流浪者一起，鲍勃对事情持有另一种看法。他想象了一个未来，在那里经济与环境的巨变已成为美国的新常态。因此，

[1] Okies，原是对来自美国俄克拉何马州的流动农民工的蔑称，后转而指代离家在外的流动工人。——译者注

他没有将流浪生活包装成权宜之计，流浪也不能帮助人们度过困难时期，一直熬到社会稳定，与主流重新汇合。他渴望创造的是一个流浪部族，里面的成员都能在令人焦躁的社会秩序之外生存，甚至超越：他渴望创造的是一个平行于主流世界的车旅世界。

2013 年下半年，鲍勃网站上的一个讨论区吸引了超过 4500 名注册用户。流浪者们交换着各种各样的建议，小到与普通邮政保持联系，大到处理寂寞情绪和警察的骚扰。在这个互相支持的环境下，即使一个基础问题如“我怎么才能洗上澡？”都会有许许多多的人留下源源不断的聪明的解决方法。例如，有些评论者建议加入一个服务非常基础的健身连锁店——许多人建议选择星球健身俱乐部——然后把会员资格当成全国性的盥洗室一卡通，有些人极其崇尚海绵擦洗浴以及婴儿湿巾的万能性，有些人则更青睐太阳能淋浴器，“它类似巨大型的注射袋，有一面被涂成黑色来保留热量”，有些人洗澡用加了压的园艺喷洒器。有些人知道某些洗衣店后面有按次付费的淋浴间，还有些人则去载货汽车停车场和 Pilot，在那里加油的话，它们就会给司机们回馈淋浴积分。长途货车司机积累的免费赠品经常比实际需要的多，他们经常在结账时将自己的积分让给其他旅行者。[1]

流浪者们之间的交流越来越热切，且不只限于 CheapRVLiving.com。

---

[1] 我在载货汽车停车场洗的第一个免费淋浴是在 2014 年的那个冬天，地点是亚利桑那州夸尔特赛特的 Pilot 停车场。我将香皂、洗发露以及人字拖装在一个塑料袋里，下车，走进店里去付钱，并且在听到洗一次要 12 美元的时候估计脸色很不好看。这时，站在我右边的一位货车司机拿出自己的卡对店员说用他的积分付我的淋浴费用。“先生，您现在刷了卡的话，接下来的 24 小时内都不能再次使用了，您确定吗？”店员对他说。这位货车司机依次抬起左右胳膊嗅了嗅自己的两个腋窝，然后耸了耸肩，“哎呀，反正都一星期没洗了。”

分布广泛且手头拮据的流浪者们的网络集散地正快速增加，鲍勃的网站只是其中一个集聚点而已。这个网络社区至少可以追溯到2000年11月，那时候一个网名为“lance5g”的神秘人物在雅虎留言板上建立了一个叫“住在你的车里”的帖子，并附上了简单介绍：

> 欢迎。我希望对有兴趣的人教授为了省钱而住在车里的技巧，不然还能是什么？
>
> 很显然，这个主题最适合单身男性，但女性也可以学到东西……
>
> 分类：洗澡、睡觉、停车、上厕所、安全、逃避侦查、内部整理、冬日的夜晚。

这之后，lance5g就再也没有出现过了，就好像启蒙运动时期神学家所说的钟表匠之神[1]的低配版——他创造了一个世界，让它运作起来，然后他就走了。不过，他的创造在没了他之后也成长了起来，聚集着顶着“vangypsy”（车居吉卜赛）和“vwtankgirl”（大众车女孩）等名字的人们，日后变成了亲密的朋友。他们遇到了一个问题：雅虎网站决定将它的留言板及其全部内容移到一个新平台上，而主人不在的帖子似乎无法在这次转移中幸免于难。

“住在你的车里”帖子最活跃的分子之一是一个爱社交的流浪者，

[1] 在启蒙运动时期，自然神论者喜欢将上帝比喻成一个钟表匠；将一些自然现象比作内部精细运作的钟表，而其必有一位设计者，即上帝。这类钟表类比一般用来论述“神的存在”以及宇宙是智慧的设计。——译者注

叫作“幽灵舞者”（Ghost Dancer）。2002 年 1 月 1 日幽灵舞者将自己的家—— 一辆 1989 年的福特 F150 皮卡车（他叫它“自由捷克风”）停在印第安纳州温森斯城 41 号公路上的麦当劳餐厅门外。他已经听说帖子转移的截止日期就是今天晚上。他在担心，他的朋友们已经散落天涯四方了，现在还将要失去他们在网络上的聚集地吗？他不知道接下来会发生什么，这让他如坐针毡，就像一个缩小版的千年虫问题[1]正在发生。然而，他却没有对此做任何准备。

而他想到的解决方法也非常简单明了：在旧帖子关闭之前再建个新的聚集地不就好了？可是他却不可能直接抱着自己的笔记本电脑走进麦当劳。因为第一，他没有笔记本电脑；第二，无线网络在当时还很稀有，几年后才变得无所不在。所以，他在公用电话和他车上有限的设备之间临时搭建了一个上网装置。这个装置依靠一个 Konexx 牌声音耦合器，用它接上公用电话的听筒，麦克风对着听筒，扬声器对着送话口，就可以接收和发送模拟数据。耦合器的另一头被插进网络电视机顶盒，它自带一个调制解调器，能提供基础的浏览功能。这样的盒子从 20 世纪 90 年代中期开始出现，那时候电脑很贵，却没有现在这样方便。为了节省空间，他将网络电视机顶盒挂在了民用波段无线电上，这样就可以将它连接上放在靠副驾驶座那一边地板上的一个 13 英寸菲利普电视机。摆弄了这个装置几个小时之后，他投了 50 美分进公用电话来上网，接着登录雅虎网站，新开了一个叫“房车住民：住在

---

[1] Y2K，Year 2000，即千年虫问题，由于计算机中一般用两位数来表示年份，如 1980 年就显示成 80 年，如此 2000 年就会被显示成 00 年，这可能导致计算机将 00 年识别为 1900 年进而出现运算错误。这个问题引起了世界各地政府和企业的足够关注和重视，因此 2000 年并没有出现此问题。——译者注

幽灵舞者对“重建线上聚集地”做出突出贡献

你的车里 2”的帖子。对此次成功，他备感自豪，觉得有点网络版百战天龙的意思。这成了一段佳话，许多博客主都称他为“车居生活创始人”。

直到后来，幽灵舞者才发现自己失败了。由于时区不同，他错过了雅虎宣布的截止时间，晚了几个小时。但无所谓，人们纷纷跟着他去了新的帖子。虽然雅虎从未关闭原来的“住在你的车里”帖子，但那里已经变成了一个虚拟的鬼镇，成人产业用来引诱“随机客户”和“有怪癖的网络单身人员”的垃圾回帖泛滥成灾，观众却已无一人。另一方面，“住在你的车里 2”却吸引了上千名新来的访问者，其中就有鲍勃·韦尔斯，且其增长势头丝毫不见减弱。2008 年经济危机后的 4 年，用户队伍已翻了一番，达到 8560 人。这个帖子的描述如下：

> 这里是一个广泛分布的群体的聚集地。这里是年长者的交际圈，是那些或自愿或被迫成为房车住民的人的摇篮，是一个教新手怎么举行过渡仪式的地方，也是一个信息猎手和信息采集者与整个群体分享获得信息的地方。

他们的讨论传遍了好几个平台。2010 年，一位雅虎讨论帖的成员在 Facebook 上建立了一个叫“房车住民：住在你的车里”的小组，并在 FAQ 文件里加上了一个类似的小组宗旨的陈述：

> 一个相互关心、相互分享、提供知识、结交朋友以及相互照应的小组。

但这个文件也引起了一个更棘手的问题，那就是，参加这个互助小组的成员经常穷困潦倒：

> 这个小组中大多是穷人，生了病却经常没钱治病，只好依靠亲戚、朋友，甚至陌生人的好心好意。我们不希望这个小组成为网络乞讨窝点，但偶尔有人破产或绝望时，他们可以在这个小组寻求帮助。我们建议你运用你自己的判断力来决定你能做什么，想做什么。

在 Reddit 社交网站上，有个叫“房车住民”的帖子自 2010 年建立已增长到了 2.6 万名读者。在 YouTube 上，许许多多动手能力强的人竞相成为房车居住界的鲍勃·维拉[1]，炫耀着许多把单调的客车改造成设备齐全的轮上小屋的技巧。有些网站为全国的读者提供小建议和新鲜事，引导他们进入可搜索的对流浪者友好的界面。其中一个网站就是FreeCampsites.net，它收集了自然界里许多有田园风情的地方，小到城市公园，大到庞大的国家公园，人们可以在这些地方免费停留、居住。另一个网站 AllStays.com 则收集了允许车辆过夜停放的场所，从载货汽车停车场到赌场、卡贝拉体育用品工厂店，还有克拉克·巴雷尔餐厅。它还经营一种名叫“沃尔停”的手机应用，也就是混在沃尔玛超市停车场里停车过夜。

沃尔玛超市早已博得房车住民的喜爱，因为它允许他们在自己的停车场里过夜。有些人觉得是沃尔玛超市的创始人——喜爱猎鸟的山姆·沃尔特与户外爱好者共同建立了这项传统。有些人则认为这是获得更多顾客的精明策略。不管真相如何，流浪者们都很感激沃尔玛的宽容，虽然这让不想流失生意的露营场和房车停车场很受挫。然而，沃尔玛的政策并不是到哪里都有效的。有些地方已经撤销了这项特权，因为来访者们开始逾期逗留，甚至开始在停车场里烧烤，摆出户外家具，打算半永久式地扎营。2015 年 3 月，警方和一个来自爱达荷州的八人天主教音乐家庭互殴了起来。这家人住在一辆雪佛兰 Suburban 厢车上，一直停在亚利桑那州卡顿伍德的沃尔玛超市停车场里，最终他们被警察枪击，一名人员身亡。之后，这家沃尔玛就开始禁止车辆在自己的停车场里过夜了。(“令人伤心的是，几个笨蛋毁掉了一场惠及所有人的好买

[1] 一位美国家居装修节目的主持人。——译者注

卖。”“房车日常资讯”网站的编辑说。）有些沃尔玛超市因为处于灰色地带，所以仍然挣扎着管理因经济萧条而日益膨胀的夜间来访人群（其中有很多是住在车辆里的）。一个叫“移动面包鱼肉”的组织，其分部的餐车会定期访问得克萨斯州奥斯汀周边的沃尔玛停车场。“因为有人把车停在沃尔玛停车场并住在里面，沃尔玛的客人可能会惊慌失措，”这个组织的创始人艾伦·格雷厄姆对当地的广播记者说，“但是，老天保佑，希望沃尔玛高层不要驱逐他们吧。”

全美国有上千家沃尔玛超市，那这些消息不甚灵通的旅行者怎样才能知道哪些沃尔玛欢迎他们、哪些不欢迎呢？AllStay 网站的应用程序“沃尔玛过夜停车场定位器”用一个小小的“W”标志标出了加拿大和美国所有的沃尔玛超市。其中有些标志是红色的，意味着在那里过夜你可能会被驱赶，更糟糕的是，车可能会被警察拖走。更多的标志是黄色的。点击一下，就能看到用户对它的评价。比如，下面就是用户给一家位于内华达州帕朗城的沃尔玛超市的一些评价：

#5101 超级购物中心

2015 年 7 月：在自己的车里过得挺好。除我之外，还有另外两辆流浪货车也在这儿。

2015 年 3 月：除我外还有另一辆房车。夜间客服经理给了我待在这儿的许可。我停在靠近卡车停车位、第一个有树的混凝土岛旁边。许多货车大清早就开始工作，所以记得给他们足够的空间。

2010 年 9 月：这里的经理欢迎房车旅行者。我停在了停车场的最南边，并注意没有妨碍到他们的送货车。

那小小的“W”标志和用户的反馈就像升级版的流浪人员标记——19世纪末到20世纪初时，漂泊者们集思广益，分享有关某地有用的信息的标记。这些标记通常用白粉笔或煤炭画在墙上或门上，有时也会刻在树上，它们会标注危险：警察、恶狗、不可饮用的水源；或指示可用的资源：安全的露营地、好心的老妇人、正在招人的工作岗位等等。

2000年左右，博客开始兴起，这鼓励旅行者们记录下他们的旅程并让许许多多的人看到，不然他们便会一直孤独。这一过程诞生了许多草根名人，其中最早且最多产的草根名人之一就是乔治·莱勒尔，也叫泰奥加·乔治。他曾得过癌症但活了下来，在2003年，也就是他60岁时，他开始写博客。那时，他没钱租房也没钱吃饭，于是住进了一个27英尺长、有太阳能板和卫星电视的弗利特伍德牌泰奥加箭房车。在他的博客“泰奥加和乔治的冒险之旅”上，他和他可信赖的装备是“世界历史上最伟大的流浪汉”。他们勇敢地出发，还有一个激动人心的座右铭：“永远不交房租！”乔治会异想天开地记录自己和“泰奥加小姐”（他的房车）的旅程，当然还有他们的其他“队员”——索尼马微卡先生（一架照相机）、芯片先生（一台笔记本电脑）、阳光先生（一个太阳能发电系统）、数据风暴先生（一个卫星天线）、多美达先生（一台冰箱）、德洛姆先生（一个GPS系统）等等。一般，他会先报告一下一天里发生的事，其中有交到同是漂泊者朋友的故事，有与一群小蚂蚁作战的故事，有在墨西哥被骗子警察勒索的故事等等。他特别喜欢去墨西哥旅行。他会将自己的收入和支出详细地公布在网上，包括在自己博客里为 Google 打广告的收入（在 2010 年 8 月曾最多达到了 1300 美元）。他深情地描写自己的儿子戴维的自杀，追忆了 20 世纪 90 年代大萧条时期，雇用自己销售 AutoCAD 软件的公司倒闭之后，自己躺在戴维的小家里的餐厅地板上的故事。乔治开始写作之后的 10 年之内，他的博客吸引了大约 700 万次的访问。

乔治影响了一代在荒郊野外扎营的博客写手，其中包括塔拉·伯恩斯，她是住在雪佛兰阿斯特罗车的一位性工作者。她的博客“漂泊脱衣舞女”记录说，这仿佛是“活在车里，跑到全国各地脱光了赚钱”。当她不用带着她的边境牧羊犬布罗一起穿梭在各个脱衣舞俱乐部之间时，她便坐在键盘面前，教读者们如何跳大腿舞赚钱，或如何更换发动机冷却系统里的水泵。另一个大家最喜欢的博客是“房车苏和她的犬队友”。这个博客属于苏珊·罗杰—— 一位来自乔治亚州的 60 来岁的退休数学老师。她感谢乔治激励了她，令她鼓起勇气开车上了路。她住在一辆 2005 年产雪佛兰城市快线里，后面拖着一辆 17 英尺长的卡西塔牌拖车式房屋，每天更新着博客。日积月累，她有了一群活跃的关注者，且在 2012 年帮助一个住在迷彩色轻型露营车里的退役老兵找回他丢失的混血牧羊犬，成了全国新闻。为了追求所谓的“低花销、多经历的生活”以及“依靠更少的东西过更享受的生活”，她成了许多读者心中的榜样。“我把‘房车苏和她的犬队友’当成我的房车童话教母，”一位住在背驮房车里、自称“车轮上的泽恩”的博客写手说，“在她的幽默和谦逊中，我在旅途中看了一个又一个关于她日常生活的故事。渐渐地，经过几个月后，我意识到了，没错，我也想这么做。”接着，他表达了自己对她的“开明、善良和极佳的故事叙述”的感激之情。

与乔治一样，苏也在网上公开自己的财务状况，并且从 2013 年开始，也增加了她网站上的广告收入。在有广告的第一年，她每月可以轻松赚 1000 美元。有时候，这会让那些不那么出名的博客写手烦躁不安，因为他们也想用自己的网站赚钱却一无所获。（虽然大部分读者并不羡慕旅行博客主能通过自己所做的工作赚取报酬，但很显然，在极简风格的反消费主义网站上看到广告有时显得不太和谐。比如，CheapRVLiving.com 上有一篇叫《摆脱物件》的文章，里面引用了伯特兰・罗素的一句话：对财产的专心致志是妨碍我们自由高尚地生活的最大阻碍。而这句话出现在大力宣传 12 伏便携炉灶和便携马桶圈等物品的亚马逊广告旁边时，便显得有些不搭调。）

不可避免地，在网络上志同道合的漂泊者们约定了线下的相聚。流浪者们在世界各地的森林与沙漠里围着营火相聚时，他们开始形成一种即兴组成的部族，小说家亚米斯德·莫平称之为逻辑（而不是血亲）家族。有些人甚至把他们叫作“驾（驶）族”。对他们中的一些人来说，节假日与同类人的聚会甚至比与亲人团圆更有吸引力，其典型场景就是荒地上的圣诞节晚餐。加州 10 号州际公路附近像月球表面一样的沙漠吸引了十几辆车，它们的主人年龄各异，小的 20 多岁，大的 70 多岁。他们将一只 15 磅重的火鸡去骨，对半切开，放在一对便携烤架上烤熟，然后分享。火鸡旁边还放了许多土豆泥、肉汁、蔓越莓酱以及两种不同的派，到最后，连舔食盘子上的剩菜残渣的狗都吃饱喝足。

大部分线下聚会发生在西部地区，但现在也已开始回归东部，从俄亥俄州往南到亚拉巴马州、佐治亚州和田纳西州。人们拖着自己的家一起旅行，就像旧时的马车队，沿路扎营、拔营，他们称这个活动为“流动聚会。”2011 年，鲍勃第一次组织了线下聚会，成为当年最受期待的聚会之一。车轮流浪者聚会，简称“RTR”[1]，它在某种程度上受 19 世纪生活潦草的山里人的启发。他们一年中的大部分时间困苦又与世隔绝，在偏远的地方诱捕小动物，却每年都会回到一处年度皮毛交易市场重聚。冬季的聚会在 1 月举行，为期两周，举办地点在亚利桑那州夸尔特赛特附近的公共沙漠地带。它给了流浪者们一个机会，让他们得以交流技巧、分享故事、结交朋友，以及指导新人适应这个生活方式。想要成为房车住民的人有时也会带着帐篷或借车前来参加，在这里尽可能学习一切，以便日后自己开着车上路。这次聚会是免费的，且大多靠口口相传来传播聚会消息。

对这个群体来说，努力聚集、见面并不是一件小事。一年中的大多数时间，他们散布在全国各地且通常没有足够的钱来负担一次长途旅行的油费，且许多人觉得自己是不合群的人。在这些不合群的人之中，苏塑造了一个十分喜欢独居的形象，她在博客上恳请人们不要不打招呼就擅自拜访她的营地，并解释说：“还是写博客适合我，因为我不用与他们见面就能与各种各样有趣的人互动。”她的一些粉丝曾在网上写过如何在旅途中碰到了一辆熟悉的 17 英尺卡西塔牌拖车式房屋，接着便意识到这间拖车式房屋的主人是谁，于是立刻朝反方向逃走。

有些参加车轮流浪者聚会的人会特意停在露营区域最外侧的地方，还有一些则每次只能和很少的几个人待在一起一小会儿，无法待满两星期的聚会期间。当斯万基穿着印有“内向人团结：我们来了，我们过得

[1] 我第一次参加是在 2013 年，当时大约有 60 位房车住民聚集在那儿。4 年后，也就是 2017 年，据估计有 500 多辆房车参加了 RTR。

车轮流浪者集会上，鲍勃在介绍在野外停车生活时，拿起一张国家公园分布的图

很愉快，我们想回家”的 T 恤到达 RTR 会场时，整天都有人对她微笑或点头表示感谢。

鲍勃越来越觉得自己成了这群数量持续增加的孤独人群实际上的社交协调员。而当聚会结束时，有些人开始随着鲍勃一起迁移到新的营地。（有许多免费的露营地，包括 RTR 举办的地方，都实施 14 日期限；停留超过这个期限，就必须移到至少 25 英里以外的地方。）鲍勃欢迎他们，且他们会把车停在一定距离之外，以给予彼此适当的空间。鲍勃博客的一个读者提到鲍勃身边跟着他到处跑的人们时，用一种半开玩笑的口吻把他们叫作“门徒”。鲍勃也与他们打趣：“虽然我已经很努力地操控他们的心灵、给他们洗脑、控制他们了，可我还是一个门徒都没有！”

然而，鲍勃的语调并不是一直都这么欢快的。在一些与读者的严肃讨论中，他写道：“我认为你是对的。很多很多人可能会被迫进入一个更简单的生活中去。我的目标是帮助他们尽量轻松地完成转型，并且我想，他们最后也会跟我们中的很多人一样，享受这种生活。”

———

琳达浏览着 CheapRVLiving.com，那些生活转型的故事给她自己的人生也带来了一次变革。“见了鬼了！”她想，“既然他们能做到，我肯定也能做到。”鲍勃让极度节俭看起来仿佛是通往自由的道路：这是自由，而不是被剥夺。或用琳达的话来说：“用你拥有的东西来过得富足。”另外，就算她是一个人漂泊，她也很清楚自己不会真正孤单，因为路上总能遇见一大群漂泊者，其中也有许多和她一样的单身漂泊女性。她们共同组成了一个亚文化，建立起她们自己的风俗，试验生存策略并传播其中最有效的策略，为萧条经济下的生活写一个剧本。这样的团体关系对琳达来说很重要。“我真的很爱社交，”她说，“我不想在外面孤孤单单的，心情抑郁，最后崩溃。我的人生可以很刺激、很圆满、很有创造性。”

琳达开始梦想她心目中的理想车辆，于是开始浏览克雷格列表网站。她看了很多广告，找到了一个强有力的候选，但她没有足够的钱，什么都买不起。最终她最年长且性格孤僻的孙子掏钱买了这辆车，他被廉价的租金所吸引：他家附近的一个房车停车场一个月只要 500 美元还附带电力供应，他也不用离自己的父母和弟弟妹妹太远。除此之外，他几乎没有其他手段能够独立生活，所以琳达很高兴看到他做了这件事。“在汉堡王餐厅打工赚的钱是不够活的。”她善意地提醒。

接着，她得到了一笔意外之财。琳达的女婿科林在一家商业仓库公司工作，这家公司常常与政府有契约，并因此贮藏有从枪支到证物柜再到归档文件柜的一切东西。接下来，公司要在退伍军人医院进行一个项目，而科林却发现了项目中的一处疏漏。整个设施里要贴上新的标志，可对于事前准备却没有任何安排：把老的标志撕下来，再修补与粉刷墙体。所以琳达的女儿奥德拉接手了这项工作，并将部分工作指派给自己的母亲。“时薪 50 美元，为退伍军人医院粉刷以及做准备工作，这对我来说真是天大的恩赐。”琳达回忆说。几个月之后，她就积累了一万美元。

2013 年 4 月，琳达在详细查看克雷格列表网站时，看到了一辆 1994 El Dorado 房车，上面有水鸭色和黑色条纹。里程表上显示只开了 2.9 万英里，这辆 28 英尺长的房车本该值 1.7 万美元，但当时却只要 4000 美元。

琳达兴奋地约了一次会面，并带了一个女性朋友来给予她精神上的支持。她们一起检查了这辆房车。外观还过得去，只是轮胎有些腐烂，驾驶室顶上靠副驾驶座那一面的阁楼上有一个足球大小的凹洞，但用一块防漏料修补好了。（“那块防漏料根本就多余，”琳达回忆道，“我不知道他在想什么。我们把这叫‘建筑材料滥用’。”）车主解释说自己一直在拱形道路上行驶，因为路况中间高两头低，使得车体有点向上翘起，然后他撞上了向里倾斜的一根电线杆。

琳达打开房车的门，立刻闻到一阵强烈的发霉的味道。地上铺着池塘衬垫和胶合板。墙面铺着类似垃圾袋材质的塑料。水渍，她心里想，心底的期望值开始下降了。当她更仔细地检视房车内部，发现难闻的气味是从浴室飘出来的。浴室里有个洞，修起来应该不算太难。室内的其他方面都是完美的，后部有舒适的卧室，厨房旁边有小餐室，装潢、窗帘以及地毯看着都不赖。她认为车主是 A 型人格[1]，绝不会穿着鞋子走进车里。与她在网上看到过的其他车子相比，这个地方简直是卡尔顿酒店。发电机坏了，但所有其他东西几乎都能正常运作，包括抽水马桶，这让她很满意。（琳达以前读到过的文章说，有些房车住民会将 5 加仑体积的塑料瓶子一字排开当厕所用。她决定绝不要体验这个。）

琳达感觉到自己的乐观回来了，接着一个熟悉的声音打断了她的思绪。“哦不。你不能，你不可能修好那个。”她的朋友说，但已经太迟了，琳达已经下了决定。“得了吧，‘不可能’小姐！”她反驳说，“我就是靠‘我能行’活着的。”

琳达买了那辆房车，修好淋浴，除去了那股恶臭。她没有动驾驶室顶上的那块填了防漏料的凹洞，虽然不好看，但它至少还在正常工作。可底下的车轮就没法再用了，于是她花了 1200 美元把它们换了。这是大一笔支出，但琳达的关注点在她的未来、她的自由上。关于她上路之后该怎么维持自己的资金链，她已经有了一些想法。

鲍勃曾在加州土地管理公司做过 3 次塞拉利昂国家公园的露营地管

---

[1] 美国学者弗里曼等人把人的性格分成两类，A 型和 B 型。其中 A 型在语言、心理和动作上表现出较强的急迫感、积极性、竞争性、好胜心、敌对性与攻击性。——译者注

理员，并且，他把这件事发表在了网上。琳达也跟随他的脚步，向同一个公司提交了申请，并得到了一份在约塞米蒂国家公园附近的工作。“我简直不敢相信开着 RV 找工作竟然这么容易。”后来，她回忆道。她曾去圣克莱门特城里的家得宝公司求职，为了它的答复等了半年，而等来的却是调换岗位。她知道，年龄偏见会使老年人的求职艰辛万分，但招聘短工来完成季节性工作的公司却似乎和其他雇主不一样。“如果你有一辆房车，那你上网 6 秒钟就能找到工作。”她惊讶地说。

另外，她也成了“吉姆博旅程”的热心读者。这是吉姆·梅尔文的博客，他已经快 70 岁了，留着扫帚式的白胡子，以前是劳氏公司的器械销售员。当意识到自己永远无法负担在故乡加州的养老费用后，吉姆凭借泰奥加·乔治给予自己的鼓舞，坐进一辆白色和钴蓝色的 Lazy Daze 房车出发了。他去做各种各样的季节性工作，一开始是一个人旅行，后来又加上了奇卡—— 一条因饥饿而在他停车场里的房车附近晃荡的流浪狗。之后，吉姆就宣布它是自己的“灵魂伴侣”。吉姆做过各种各样的工作：在得克萨斯州的松岭房车庄园做场地管理员，那里夏天的温度甚至超过 37.7 摄氏度；在俄勒冈州中部的奥乔科分水岭露营场当过管理员；洛杉矶天使队的春季训练时期，他去亚利桑那州坦佩迪亚波罗体育场做过低薪工作；也加入过 CamperForce 项目，在芬利城的亚马逊公司仓库干过活。他说亚马逊仓库的工作是他做过的所有工作中最困难的，每天要吃两片止痛药才能撑过去，而且疼痛会持续好几个月。但是那里的薪水是最高的，而且他也喜欢和其他一起工作的房车旅行者在一起。“我认识了很多非常友善和有趣的人，”他写道，“你问我明年还会不会去？当然会啦，小甜心！”

于是，琳达也决定申请亚马逊的工作。由于公司会提供 50 美元的员工推荐奖金，所以她填上了吉姆的名字。“天哪，真感谢这些博主，”她说，“你能想象吗？我小时候可没有这东西。如果你想知道某些信息，一般就是‘你邻居知道吗？你怎么知道这个消息的？’的状态。也就是说，如果你不认识某个群体的成员，你就不可能晓得关于这个群体的事情。”

琳达想，如果自己干完了一个接一个的季节性工作，比如露营场管理员和 CamperForce 仓库工人，之后就可以给自己放个假，休息一段时间。而且，她也有足够的钱能支撑她前往车轮流浪者聚会，认识一下她所加入的这个新群体——这个她已经加入却还不认识的大家庭。

至于琳达现实中的家人，当初她宣布这项计划的时候，他们非常支持。“听起来很刺激！”女儿奥德拉说。她坚持认为琳达需要一个智能手机来与家人保持联系，并愿意把她加入亲情网，承担她的话费。“我们会确保你的流量够用。”女婿科林补充道。

而这一切会顺利吗？这无从知晓。但有一件事是确定的：琳达的人生将要改变，而目前，这样就够了。

Nomadland
第五章

亚马逊小镇

2013年6月，琳达度过了63岁生日，开着她的El Dorado房车前往距离约塞米蒂国家公园东口两英里处的枢纽露营地（Junction Campground），这里有开满野花的草地、闪闪发光的河流、美国黑松和蛇皮松、凉爽的高山空气，还有内华达山脉里间或白雪皑皑的顶峰美景。这是她作为一名露营打工者开始新生的地方。由于她是第一次受雇于加州土地管理公司，所以每周只工作30小时，时薪8.5美元。（在这个薪金水平下，即使琳达恳请公司让她每周工作满40小时，不休假，她的年薪也只有17680美元，且没有任何社会福利。）

这里距离埃尔西诺湖那家她曾做收银员的家得宝公司有半天的车程，但周围的野外景象却让人感觉非常偏僻。这份新的露营地管理员工作与在一间大商场的昏黄灯光下为顾客结账的感觉截然不同，与她以前曾工作过的餐馆、建筑工地、赌场或办公室也截然不同。最棒的是，她现在赚钱却不用交房租。这个露营地虽然不提供水电等公共设施，但她的上司借了她一台发电机，每周二都会派遣一辆水车灌满她房车上的55加仑水桶。她的生活费用已减少到仅有食品杂货支出、发电机所用的柴油费以及炉灶用的丙烷费用了。琳达感到非常高兴。

来枢纽露营地的客人并不多，它所有的13个露营点都不需要预约，因此无须应对烦琐的预约手续，也不用花大量时间制作相应的书面材料。此外，这里要清理的户外厕所也只有两个，所以琳达同意在她逗留期间同时管理附近泰奥加湖的一个小露营地。

琳达喜欢她工作中社交性的部分——与度假者们聊天。她最喜欢的客人是一位孤独的 69 岁攀岩者，她叫他“布朗先生”。他攀遍了约塞米蒂的所有热门路线，在岩壁上寻找存在了几十年已开始损坏的攀岩锚点。这些锚点是用来固定攀岩人员的安全绳索的，如果它们损坏，后果很可能是致命的。所以，布朗先生一旦找到一处松动的锚点就把它撬开，装一个新的上去。他对琳达说自己做这个已经有 15 年了。“你得看看他背的包，”她惊叹地说，“天哪！简直是个怪物。”佩服他的热心和体力的同时，她也很担心他。“你不担心自己会掉下来摔死吗？”她问道。“啊——不可能——”布朗用一种老登山家的口吻嘟囔道，“我知道自己在做什么。”琳达在自己的工作岗位上认识的另一对露营者是比利·奥特罗和海伦妮·奥特罗（这是他们真实的姓氏[1]），他们 70 多岁了，和琳达一样是房车流浪者。他们告诉琳达想找露营场管理员的工作，于是琳达就把他们介绍给了自己的老板。不久，他们接管了琳达在泰奥加湖那个露营场的工作。与此同时，琳达也明白了管理露营场并非适合所有人。她的一位同事以前是一位边境巡警，现在他坚持要在例行巡逻时带上一把枪。“他说身上没有枪他就活不了，”她说，“可露营场管理员不能配枪，他们无法接受一位露营场管理员在国家公园里配枪，所以只能把他打发走了。”

琳达在约塞米蒂附近度过的夏天直到 8 月中旬都很顺利。接着，调

---

[1] 这对夫妇姓“Outlaw”，意思是歹徒、罪犯、亡命之徒。——译者注

查人员说一名只身一人的勇敢猎手用细树枝和松针燃起了一小处营火来加热汤羹及烧毁背包里装的垃圾，但这在当时是违法的。他一直在斯坦尼斯劳斯国家公园里偏远的克拉维河峡谷猎鹿，那里距枢纽露营地仅50英里。当火花飘进干燥的灌木丛，加州历史上的第三大森林大火开始燃烧。在接下来的两个月里，里姆大火（the Rim Fire）焚毁的地区有17个纽约曼哈顿那么大。

到了9月，大火的浓烟侵袭琳达所在的露营场，她也该离开了。道别之后，她开车一路向北，到芬利城加入亚马逊的CamperForce项目，这是她申请的第二个露营打工项目。仓库周边的房车停车场已经被流动工人占满，熙熙攘攘。停车空间太过紧张，亚马逊公司的培训员在入职培训上说公司已经计划在附近买地来建造他们自己的房车停车场。琳达没有事先预约停车位，因为这个夏天的大部分时间里，她都在没有手机信号和网络服务的地方工作。她在仓库东南方23英里远的地方找到了塞奇谷房车停车场（Sage Valley RV Park），它就在内华达州法伦镇的50号公路旁，是个封闭式的砾石停车场，四周栽着杨树，还隐约能闻到附近奶牛牧场的臭味。这个停车场也被CamperForce的员工挤满了，但她成功地说服了一位富有同情心的管理员，让她也挤了进去。

在2013年旺季开始之前，亚马逊就给潜在员工发放了新一轮的电子刊物。6月刊的封面写着“CamperForce：友谊的价值”。和那本招募露营场管理员的宣传小册子一样，它也用活泼的口吻做宣传，活活把一项重体力活包装成一次愉快的夏季露营活动。“其中有一个好处堪比金银，那就是，你可以在这里建立起持久的友谊，”它热忱地说，“这个项目给予的金钱回报是在这里工作的一大原因，但同时，友谊也是很重要的一个因素。我们每年都能目睹坚固的友谊与感情，即使在‘尾灯游行’离开亚马逊公司以后也毫不褪色。”

可这与3月刊里的说法相悖。3月刊里一个叫“准备在2013年创造历史吧！”的章节里建议潜在员工们进行一些健体养生来做好身体准备，同时针对一些老龄人口会遇到的困难提出了建议：

> 做好生理和心理上的准备是在亚马逊成功度过旺季的关键。我们一再强调参加亚马逊CamperForce项目时必须有强健的体格。如果你平时没有定期锻炼，那最好咨询一下医生，请他们给你制定一个健身计划，然后动起来！有一个不花钱的健身建议：出门走走！走路是一个很好的锻炼方式，没有任何花费，且它对人体关节的好处是其他类型的运动无法比拟的。在出发行走之前，先做做伸展运动来热身。专家表示，随着年龄的增加，人体内的胶原结构会发生改变，从而降低身体的灵活性和活动范围。

4月刊则指出了一些这项工作对心理的挑战。一篇名为“在亚马逊CamperForce项目工作的前五周会发生什么”的文章写道：

> 在亚马逊的前几周可能会有些吓人，你会觉得仓库实在太大，首字母缩写词好似另一种语言，而手持型条形码扫描器仿佛有自己的意识，完全不听使唤。这些都让你感到不知所措。

同时，2011年之后，亚马逊公司给仓库员工的待遇成了头条新闻。那一年，《阿伦敦早报》(*Allentown Morning Call*)揭露了这个血汗工厂的工作环境。调查发现，如“血汗工厂”这个词的字面意思所言，夏季温度超过37.8摄氏度时，亚马逊在宾州布里尼格斯维尔镇仓库的管理员们却因害怕货物失窃，依旧不肯打开大门来散热。相对地，他们雇了医护人员和救护车停在仓库外，时刻准备用担架和轮椅搬运中暑的员工。员工们还说，他们被迫满足更高的产量目标，这个政策通俗地被叫作“压力管理”。员工在移动和分拣商品时所使用的扫描仪是联网的，利用这一点，亚马逊公司就能实时监控生产力。一位在堪萨斯州科菲维尔镇的亚马逊仓库担任拣货员的CamperForce员工劳拉·格雷厄姆说，每次她扫描一件商品，屏幕上就会出现倒计时，显示她还有多少时间来到达下一件商品面前，仿佛她进入了游戏里的下一个关卡。她完成每小时目标的过程也受到跟踪。有一次，她不慎走了一条错误的通道，导致自己的行动比预计落后了5分多钟，于是就有一位经理赶过来训斥她了。(除开精神压力，劳拉的身体也与工作要求相背离，机器导航要求她每天在91.5万平方英尺(1平方英尺≈0.09平方米)的水泥地上走10至12英里，时薪却只有11.25美元。她对我说：“身体上的痛苦无可言喻。我的足弓部开始锥心地疼……后来恶化成了足底筋膜炎。”就算她在鞋底加了新的鞋垫也毫无用处。为了缓解疼痛，她要在从下午5点半持续到第二天凌晨3点半的夜班中服用两个布洛芬胶囊，下班后再吃两个。不上班的时候，她尽量避免腿部用力，除了上厕所或洗澡之外都躺在床上。)

———

然而琳达并没有被这些传言吓倒，她早已习惯了重体力劳动。“我在建筑业干过，还当过鸡尾酒侍应女——这个活计比建筑业还累人，”她回忆道，“我有什么好担心的？”况且，她不久前还在海拔9000多英尺高的露营地里干活呢。而关于保持体形，她觉得倒是挺重要的。

上工的第一周，琳达听完了整个入职培训和安全教育。她得知自己被任命为“上架工”，职责是将进站货车上卸下的货物放上货架。为了学习职责详情，她去了亚马逊公司称为“过程学院”的地方。

上架工的“搬运物”是一种黄色塑料盆，里面装满了新到的商品。他们推着载满搬运物的推车走过亚马逊公司仓库保存商品的图书馆式货架（这些区域在公司术语里被称作“拣货模块”）。每个货架都用塑料分隔板分割成许多叫作“商品屉”的单元，而上架工随时在找寻商品屉上的空位，好将自己推车里的商品放上去。上架商品时，上架工必须先将手持型条形码扫描仪对准商品屉前面的编码扫描，接着再扫描将要放在那儿的商品。这个过程非常缓慢，他们得将同一批到货的商品分别放到不同的架子上去，而不是统一存放，因为这能让在不同货架之间穿梭拣货以满足客户订单的拣货员提高效率。“很诡异！”琳达回忆着同一个商品屉里可能存在着不同商品，说，“刹车油、婴儿配方奶粉、眼影、一本书、一卷磁带……全摆在同一个地方！”

听完装卸商品的工作介绍后，琳达度过了被亚马逊称为“加工硬化”的第一个工作周：这一周里，新员工们只工作半天。这是为了让新员工适应在水泥地上长时间行走，以在适应期结束之后每天工作时间达到

10 小时或以上。琳达申请了夜班，因为夜班的时薪比一般的加班补贴高出 75 美分，达到 12.25 美元。“我想尽可能多地赚钱。”琳达说。当“加工硬化”周结束、轮班正常之后，她每天从下午 6 点工作到凌晨 4 点半，中间只有两次每次 15 分钟的休息时间和 30 分钟的吃饭时间。“我那时候整天都在睡觉，”她补充道，“这项工作对你人生的改变就是这么巨大。”她每天在午后不久起床，通常会有 3 个小时的时间来做些日常的零星家务，吃个简单的午餐，然后在塞奇谷房车停车场周边遛遛狗。然后，她就开车 25 分钟回到仓库上班。

每次开始上班，琳达都会穿上一件橙色反光背心，将通行证挂在脖子上，将一个新充好电的电池给手持型条形码扫描仪装上，然后前去“起立”。这是一次集合，工人们会做些准备运动，而上司们则会快速宣布一些生产指标。接着，她便回到自己的岗位，扫描 UPC 条形码，将上千件商品放上货架。“你有一辆推车，里面装了 14 箱商品，”她说，“其中一个让人很崩溃的事实是，我知道它们最后都要被丢到垃圾填埋场里去。”这一点很让她泄气。“它们花了那么多资源才来到这里，”她沉重地说，“可最终的结局却是‘用完，丢掉’。”这项工作令人精疲力竭。除了一刻不停地穿梭在无尽的过道之间外，她在这个大约 13 个足球场大的仓库中走动的同时还要弯腰、抬重物、蹲下、伸手到高处拿东西，以及上下楼梯。这个地方太大了，员工们用不同州的名字来应对它巨大的内部，西半边称作“内华达州”，东半边则称为“犹他州”。

10 月上旬，在这里工作了两个星期之后，琳达在 Facebook 上发了一则消息：“如果我撑过了这项工作，我的身材肯定会很火辣。它一直让我想到‘谁是大输家’（一个减肥竞赛节目）。如果他们能做到，我也能做到。”她还经常对自己说一句从匿名戒酒互助会里学到的话：“不要放弃，直到奇迹发生。”

那时，琳达已经戒酒 20 多年了。在她生命里的早些时候，她面临着一个无法抵抗的挣扎：“酗酒”好像被写进了琳达家的基因里一样，就算以前没有，她爸爸也好似下定决心把这个习惯遗传下去。在琳达的高中生涯末期，他向她介绍了黑刺李杜松子酒发泡饮料，他自己每天晚上都拿它与鲜柠檬和糖粉一起放入搅拌机搅拌。他和琳达会待到深夜，一边喝酒，一边聊天。他开始炒股，并试图教她一些金融知识，而她则觉得他是个天才。每天早晨，他都打开她卧室的门，问：“你要去上学吗？”她则呻吟道：“我宿醉呢。”而他就会回答：“噢，真可怜。”然后轻轻地关上门。

成年之后，琳达成为一个日益成瘾的酒鬼。她还开始吸冰毒——不是为了短暂的快感，而是为了在一醉不醒之前能多喝点儿酒。

琳达好几次试图戒酒，但都没能成功。在一次纵情欢闹一整夜后，琳达再也忍不住了。她在早上 6 点左右回到家，她的孩子们沉默地看着她进屋。“她们的表情表明了一切——她们很失望，”琳达回忆说，“等待某个人回家是很恐怖的。你期待他们回家，可他们就是不回来。绝对不能这样对待你所爱的人。”

从那以后，琳达带着新的活力投入戒酒行动中去。这一次还是卡在了中途。她担心自己会错过嗜酒者互助会议，所以给自己的保证人打了电话。很奇怪，她在那里学到的许多方法都帮助她挺过了在亚马逊公司的工作。她成了一位处理眼前挑战的专家，擅长将大问题解构成许多简单的小问题，直到她觉得自己能够做好所有小事。

“你洗完盘子了吗？好，那你先去洗完盘子再给我打电话。”她的保证人曾这样对她说。琳达会将盘子和玻璃杯擦得锃亮，然后再给保证人打电话。第二个问题是：“你铺床了吗？”于是琳达又去铺了床再回来。如此往复，直到她做完了所有该做的事情。

———

琳达不是亚马逊仓库中唯一一个面临挑战的人。在 10 月 1 日，内华达州职业安全和健康署接到了一则投诉，反映亚马逊员工们在抬重物时背部受伤的情况。一个星期后，两名检查员来到芬利城的仓库审阅了亚马逊公司的工伤记录，并在亚马逊公司经理的陪同下视察了整个车间。整个视察过程不超过 4 个小时，当天晚些时候，有一则官方报告称“该公司曾确有几例肌肉拉伤案例，其中包括背部肌肉拉伤，但此类工作环境并未有任何异常之处”，然后就结案了。

除了劳累，琳达觉得最大的挑战是单调。为了撑过时间，她总是在头脑里一再暗示自己：“我再待五分钟，就五分钟！然后我就走！离开这个鬼地方，不干了！”这就是她每天坚持到下班时间的秘诀。接着，她就和工友们一起打卡下班，走过一个有金属探测器和保安的防盗安检区，然后走出那栋建筑。里诺城里一位叫马克·蒂尔曼的律师曾代表在芬利城和拉斯维加斯仓库的工人们提诉亚马逊。这些工人们称他们每天花在排队通过亚马逊公司的防盗安检区的时间达到 30 分钟，亚马逊应该为此补发工资。2013 年，美国第九巡回上诉法院做出了对他们有利的裁决，但美国最高法院在第二年推翻了这一决定。

这项工作虽然单调烦闷，但也不乏让琳达心怀感激的地方。“最棒的部分是友情，”她说，“我在那儿交了好多朋友。”

琳达就是在亚马逊公司认识西尔维安妮的，就是之后和她一起在圣贝纳迪诺山脉的露营场里工作的那位占星师。西尔维安妮在到达芬利城参加 CamperForce 项目之前，曾在自己的博客里写道：

> 事件 1：离开新墨西哥州北部，前往内华达州做季节性露营打工工作——在“邪恶消费者帝国”的线上关键商家做仓库工人，深入敌腹，进行临时的探险。这是为旅行的第一阶段筹款的猛烈但关键的一步。

西尔维安妮是琳达在塞奇谷房车停车场的邻居之一。她经常用一根有粉红色背带的牵引绳遛她的猫——莱拉。这个习惯甚至让她成了当地的名人，在仓库工作时都会有人走上去和她说：“你就是那个遛猫的人吧？”

和琳达一样，西尔维安妮也是夜班上架工。她自称是 A 型人格，觉得这份工作很让人恼火。商品屉总是满的，没地方放东西，所以她总是没法好好做她的工作。这让仓库好像卡夫卡的《城堡》[1]的一个版本，仅是为了折磨完美主义者而存在。西尔维安妮一直在看《女子监狱》，她发现自己总是将那些囚犯的生活与自己的生活比较。刚开始，她每周会哭两到三次。（“我情感激烈，”她解释说，“太尴尬了，这都是因为我在意的太多。”）她的背总是很疼，而除了以前在餐饮业工作时有过一两

[1]《城堡》是奥地利小说家卡夫卡晚年创作的一部长篇小说（未完成），主人公不择手段、费尽艰辛，却至死也无法进入一座近在咫尺的城堡。——译者注

次刺痛之外，她的背从没有这么疼过。她也是会受到静电袭击的员工之一。她之后解释说，推着一辆装满塑料箱子的推车穿过仓库好像会积累静电。有一次，她去一堆金属架子旁边，准备将一本书放上架子最上层。她的手滑过金属，于是就有一股痛楚沿着手臂长驱直上，让她的手臂反向弹回，将书本摔在了自己的脸上，砸肿了嘴唇，导致牙龈出血。（这并不是个新问题。在西尔维安妮加入 CamperForce 项目时，芬利城的工人们已经因为被货架电击而致力于投诉亚马逊公司两年了。在州政府进行的工作场所安全检查之中，亚马逊官方声称自己知道这个问题，并已经给货架连接上了接地棒，且在推车上安装了金属箔来帮助放电。但是静电袭击情况仍在继续，所以他们引进了一种叫作防静电剂的新产品。一位公司经理声称它“成功减少了员工被静电袭击的情况”。检查员没有敦促公司做出任何改进。）

琳达还认识了珍·德奇和阿什·哈格，她们是一对将近 30 岁的情侣，在 10 月初到达塞奇谷房车停车场。她们住在马纳蒂—— 一辆 1995 年产白色和深蓝色相间的通用牌高顶露营车里。它是她们在去内华达州的路上以 4500 美元买下的。卖主本要价 5500 美元，但这辆车躺在他的车库里 6 个月都无人问津，于是他在原来的要价上又降了 1000 美元，急切地想卖掉它。

珍回忆起琳达最初是怎么把她们叫出车外，怎样轻飘而过，喊着“薄煎饼，薄煎饼”来宣布她做了早饭来和大家分享的。“你知道琳达的为人，”珍说，“她就是个社交中心！”有一次，阿什在等一封侄女寄来的特殊的信，收件人写的是“给阿姨：珍小姐和卡车小姐”。琳达是第一个在停车场前台发现这封信的人。“于是琳达冲到洗手间问：‘你在里

珍・德奇和阿什・哈格也是从 CheapRVLiving.com 网站开始走上了房车流浪之路

面吗？’我说：‘在！’然后她说：‘你在干吗？’于是我说：‘在干私事，琳达！’”阿什回忆说，“接着她就说：‘你的信到了！’我爱死她了。”

在成为流浪者之前，珍和阿什一起在科泉市租了一幢房子，两人深陷在经济萧条的魔咒之中，日渐对自己工作的前景失去信心。

珍在成长过程中看着她父母在 King Soopers（克罗格公司旗下的一家连锁超市）工作。她爸爸讨厌这份工作。他们总是说“我们想给孩子们更好的”，竭力敦促她上大学。自立对珍来说很重要。她上高中的时候就已经开始在一家杂货店里做装袋工和迎宾员，每小时赚 6 美元。不久，她凭借奖学金修得了一个副学士学位，但却找不到继续努力的意义。“到处都是同样的故事，”她说，“许多朋友拿到了学士学位，甚至更高的学历，却依旧找不到工作。我只是找不到回学校继续深造的意义，虽然我喜欢学习，但回去学习就要钱，这会让我负债累累……一想到这里我就很害怕，我不想这样。”

珍以前在一家工艺品小店上班，接着去了二手书店，然后又成为一名学校图书馆助理，最终在一位图书馆软件管理员手底下服务科泉市最大的一块地区。珍很喜欢这个工作。“这个工作太有趣了，可以和许许多多的图书馆员沟通，摆弄他们的电脑，给他们演示许许多多功能强大的软件。”她说。但不久，她那拥有硕士学位的上司被迫提早退休，珍则接管了上司的工作，可得到的报酬却没那么多。

“老一辈有高等学历的人们正逐渐被挤出市场，他们原来的岗位都被科技取代。这对于那些有高等学历且辛勤工作了一辈子的人非常不公平，”珍说，“我接管了她的工作，却感觉自己背叛了她，因为她是个非常好的人。”

同时，珍也发现不管自己回不回学校深造，她都永远不可能得到前上司曾拥有过的那份职业，因为它正被重新分类为一项更低端的工作。“需要劳动力的都是入门级岗位，那去学校上学还有什么意义？”她沉重地说。

另一方面，阿什则目睹了父亲—— 一位年收入六位数美元的电气工程师在 2001 年下岗，整个家庭跌出了中产阶级。爸爸太过自傲，在家庭储蓄耗尽之前他都不肯从事低收入工作。最后，他早上开校车，晚上则在沃尔玛超市工作。

“总之，我见到自己的父母到了 60 多岁该退休的年纪却没法退休享福。他们之前赚得的养老资源在一夜之间消失得一干二净。而在接下来的经济萧条里，又有越来越多像我父母那样的人出现。”阿什说。她一直认为自己是一个“跟从者”，但她开始担心，就算她遵循所有的社会规范求得一个中产阶级生活，也没有任何东西能保证她的生活稳定。她觉得社会保障制度无法保障她这一代人的晚年生活。虽然她的父母在她小时候为她设立了几个401(K)养老计划和一个高盛集团个人退休账户，但她担心自己真正需要它们的时候，它们已一文不值。

同时，阿什也在和学生贷款做斗争。她借的3万美元贷款已经因为利息而膨胀到了3.7万，学位却读了6年也没有读下来。虽然她那时觉得自己“不知道自己想要什么、需要什么，也不知道自己是谁”，但她依旧觉得上完高中去上大学是她的义务，最终从艺术史到物理学，她什么都学了。

在上大学时，甚至在毕业之后，她都在一家家庭药房上班，觉得那里像家一样。但一次领导调整却改变了她上司的态度，她眼睁睁看着忠诚的老员工被迫辞职。“这个社区发生了很大的变化，”她说，“他们不想要长期员工，因为这样他们就得付养老金，还得一直给他们涨薪帮他们生活。而且，在公司很多年的老员工会要求绩效加薪。”她说，新的管理层“就想要能随时丢弃的‘临时员工’。而为了找到临时员工，你就得有临时工作。于是一切都被自动化了”。

此外，珍在网络上四处搜寻另外的生存方式。她详细调查了极简主义和小房子行动[1]，还找到了CheapRVLiving.com网站。渐渐地，她开始

[1] 指一种提倡生活在小型房子里，过简单生活的社会活动。——译者注

觉得自己找到了一条出路。对于阿什来说，最初，住进车里成为流浪者并不是最有诱惑力的选择。她想到了《周末夜现场》里的经典小品，克里斯·法力在里面扮演了一个叫作马特·福利的流浪者和励志演说家。他告诫孩子们循规蹈矩，好好表现，除非他们想和他一样成为一名流浪者。“我第一个想法就是我会变成那个男人，说着‘我就住在河下游的货车里’！”阿什说。尽管如此，她最后还是接受了这个想法。

她们的计划是，住在斯巴鲁翼豹掀背式车里，一边工作一边冒险。那辆车是珍的妈妈以前用过的旧车。然而，这辆车却没那么容易被改造成一个家。虽然后座可以放倒，空间却不够她们躺下来，除非把东西全部塞到前排座位后面放脚的地方。不过，珍和阿什依旧尽了最大努力。珍把黑色羊毛毡裁剪成一块一块粘在窗户上，保护隐私。为了削减她们拥有的物品，她们在克雷格列表网站上发布了一则消息——“路牙子警报[1]：免费”，然后将所有不要的东西都搬到了草坪上。交易的时间约在早上 9 点，可在 8 点半的时候，她们摆在草坪上的所有东西都被一扫而空。“只要东西‘免费’，不管是什么，人们都能给它找到用武之地，”阿什说，“有人甚至把垃圾都捡走了！”（她觉得那个人应该是拿错了。）

她们的第一次冒险是用了连续 55 天徒步科罗拉多栈道——从丹佛到杜兰戈，全长 480 英里，接着，她们去了芬利城的亚马逊仓库。最初，她们打算一边靠着斯巴鲁车生活，一边参加 CamperForce 项目。（“那个计划不可能成功，”珍平淡地说，“那样我们肯定受不住。”）幸运的是，

[1] Curb Alert，路牙子警报，是克雷格列表网站上的一种消息，表示有一场旧货甩卖活动。——译者注

她们找到了她们现在住的这辆马纳蒂货车。不过买了它之后，她们身上就没几个钱了。

到塞奇谷房车停车场之后，她们打算骑自行车去上首个完整班次。她们觉得那会很开心，因为路面比较平坦，还能节省汽油费。但接着，珍的自行车的其中一个轮子漏气了，她们只好每隔 15 分钟给轮子充一次气。她们花了 3 个小时才到工作地点，还赶上了那次 10 小时轮班。她们凌晨 5 点从仓库里出来时，外面又黑又冷，冻得她们牙齿打战。她们去沃尔玛买了件御寒的衣服，然后迎着刺眼的晨光，沿着上下班高峰期繁忙的马路回了家。“因为这件事，我们可能要出名一辈子。”珍大笑着说。那之后，她们就决定每周工作日都待在仓库附近以节省油费。她们把马纳蒂停在沃尔玛的停车场或是加油站，只在休息的日子回到塞奇谷房车停车场。

她们也是上架工，发现最近去徒步的经历对她们有很大的帮助。但珍仍旧说:“工作里有很多弯腰动作，你需要花好一段时间去习惯，但几个星期之后，你的肌肉就强健起来了。和你一起工作的有很多年纪大的人，看看他们就会觉得，‘天哪，他们都能做到，那我有什么资格抱怨？’”

阿什觉得这份工作“单调且孤独”。为了缓解沉闷，她有时会创造性地在上架商品时玩些配对游戏，比如把一盒安全套放在一盒验孕棒旁边。她利用亚马逊网站的“心愿单”功能列出了一个“所有那些我们放上货架的惊奇废物”列表，里面包括活的蜡虫、5 磅重的软糖熊、司机用的矛枪、一本叫《肌肉维纳斯：图说肌肉女的历史》的书、带有豪华狐尾的肛门插、废弃的美元硬币、一套名叫“双人内裤”的有 4 个裤洞的全棉三角裤以及一个蝙蝠侠主题的人造阴茎[1]。

到了 10 月末，芬利城的气温降到了零度以下。万圣节前后，房车停车场里刮起了强风，感恩节前一星期降了当年第一场雪。最冷冽的天气在 12 月降临，气温不超过零下 12 摄氏度，夜晚更是到了零下 19 摄氏度。为了抵御寒冷，珍和阿什穿上了她们所拥有的每一件衣服，然后将自己埋在一堆被子和睡袋里，她们的铺盖包括一床厚棉被和一条软毛军毯。工作日晚上，她们偷偷将车停在仓库附近。上床前，她们会打开一架小型的燃气物暖机 10 分钟，将脚凑过去，看着脚上走了几个小时出的汗化作一缕缕蒸汽飘走。虽然上夜班让她们感觉自己是“亚马逊僵尸”，她们还是很庆幸选择了它。“每天 24 小时里最冷的时间我们都在一个开了暖气的环境里，这可是一件大事。”阿什说。

当冬季的寒冷袭击塞奇谷房车停车场时，琳达有一个同为 CamperForce 员工的邻居仍住在帐篷里。他叫卡尔，是上日班的。琳达整夜都要在仓库上班，所以她强烈建议卡尔晚上去她的车上睡。她用了停车场的电来运转一个取暖机以节省丙烷，所以她的屋里很舒服。但卡尔总是说：“不了，不了。帐篷里挺舒服的，我很好。”然而，就算是有

---

[1] 从亚马逊仓库里流转的各种人造阴茎和肛门插的绝对数量和种类可以推测出美国人对情趣玩具的嗜好，而这是许多仓库员工的沉迷对象之一。大多数“成人玩具”在来到装卸区之后立刻就被包进了黑色塑料里，有些则成了漏网之鱼。一位 CamperForce 装卸工非常快乐地回忆起有一次她接到了一个箱子，里面有 60 个带有吸盘的人造阴茎。她在把这些人造阴茎放上货架时，把它们都吸在了商品屉的前面，让它们直挺挺站着。“当有人拐过拐角，就会在那条过道附近看到许多人造阴茎，”她大笑着说，“当然，我们每个人都到处和人说‘去 C23 区看看’，一般来说，这种行为可能会惹恼管理层，但再有两个星期这里的工作就结束了，他们能拿我们怎么样？”

经验的房车旅行者也过得很艰难。他们中有些人知道一些让自己过得舒适的诀窍，比如用发热线包住水管，又比如用反光泡沫纸遮住窗户来防止热量丧失。（几年之后，亚马逊建立了一个叫“让你的家过冬化”的网站，劝告他们用收缩薄膜材料遮住窗户，并用反射绝缘材料盖住通风口。）但这些措施都是有局限性的。琳达断开了供水管道，打开排污口，却发现里面的污水都已经冻住了。“里面就是一块巨大的冻住的屎块，可脏了！”

菲尔和罗宾·得皮尔是一对夫妻，来自密歇根州，曾做过废品回收生意。这对夫妻也在和相似的情形做斗争。他们买了一架泛光灯照着下水道来解冻却毫无用处。同时，琳达的英雄之一，也就是指引她来做亚马逊公司季节性工作的人——“吉姆博旅程”博客的博主吉姆·梅尔文也慌忙进城买了一块宠物电热毯和一架小型取暖器，给他两磅重的吉娃娃犬奇卡保温。

琳达开始幻想自己下一个目的地，那里会更温暖、更轻松。和许多邻居一样，她打算在亚利桑那州夸尔特赛特周边的公共土地上露营。那片地区是流浪者在索诺兰沙漠里的“香格里拉”，每年冬天都吸引成千上万的拜访者，整个季节都在举行各种各样的活动，包括绵延数英里的跳蚤市场、石块收藏家和房车热心家的展示场，还有上百个更自由的社交集会。琳达等不及去看看其中的一个集会——车轮流浪者聚会，它将于 1 月份在那儿举行。她也对珍和阿什提起过，她们听说过这个活动，但还没有决定结束在这里的工作之后要去哪儿。她们最终决定和琳达一起去。“当时我们还没决定去，但琳达一和我们讲起它，我就觉得必须得去。”珍回忆道。西尔维安妮也打算去。

但冬天却不那么好过。亚马逊公司里存在着每周工作 50 个小时的强制加班周。临近圣诞节，所有货架上的商品屉都塞满了商品，这简直是上架工的噩梦。“工作量是之前 45 天的 120%，所以当你扫描一个商品屉的代码准备放入一个东西时，扫描仪就会‘滴嘟滴嘟’地乱叫，然后你就得等好一阵子才能尝试扫描下一个商品屉，”阿什说，“为了寻找能放商品的货架，每个人都跟疯了一样到处走。可是到处都满了，根本没处放，这让你很想撞墙。”上架工必须持续寻找，直到他们找到角落里的货架上还有空位。同时，管理者们又叫他们加快脚步，提高效率，因为公司“需要数字”。之后，亚马逊宣称这是他们最忙碌的一个旺季，仅 12 月 2 日（也就是网络星期一，指的是感恩节后第一个星期一），消费者们就订购了 3680 万件商品，平均每秒钟有 426 份订单，令亚马逊公司 2013 年的整体营业额创造新高，达到了 744.5 亿美元。

琳达的健康出现了危机。她的右手腕因为过度使用条形码扫描仪而肌肉酸痛，但她一直坚持着。但到了 12 月 15 日，再过两周仓库的工作就结束了，她却感到了头晕。她不知道原因，其他员工也和她有一样的症状，有些人认为是仓库里空气质量太差所致。琳达咬牙坚持了一个小时，但深呼吸并没有让她好过些，所以她的一位工友将她送去了紧急救治中心。医务人员给她量了血压：60/48，太低了，他们叫了辆救护车把她送去医院。

救护车载着她向西开了半小时，把她送到里诺的医院，琳达做了个电脑断层扫描和 X 光检查，但没有确诊。“护士说我可能是压迫到了迷走神经，”琳达回忆说，“那会导致昏迷。过度劳累就有可能造成这个症状。”但她的语气表明她对此表示怀疑，因为她不觉得自己有把自己逼得那么紧。不管怎样，那里的医生要她和自己的主治医师说明情况。“行啊，前提是我得有一个主治医师。”她大笑着说。与我在《平价医疗法案》颁布之前遇到的许多露营打工者一样，琳达没有医疗保险。而又因为没有人载她回到塞奇谷房车停车场，她花了 172 美元打出租车。接下来的几天里她身体虚弱，便请了无薪假。

CamperForce 项目渐渐接近尾声。有些员工在圣诞节前夕离开，以和他们远在千里之外的家人团聚。琳达自愿待过了 12 月 30 日，因为她想尽量多赚点钱。此外，她也感受不到节日的喜庆。上了超过 4 个月的夜班之后，她已经如行尸走肉，只有过度使用扫描仪造成的右手腕上泛出的疼痛才让她有些知觉。她的工作非常机械：上架商品，用扫描仪对准物品，扣动并压住扫描枪的扳机，等待代表条形码扫描完成的哔声响起，再进入下一个循环。除了回报之外，它还带来了什么？琳达扫描的每一件东西一起拼成了一幅令她沮丧的图画。有些 CamperForce 员工戏称自己是“圣诞精灵”，因为这意味着他们是在分派礼物，传播欢乐，这能让他们对自己的工作感到骄傲。但琳达没有参与其中，与其说是小精灵，她感觉自己更像这个世界上最大的自动贩卖机上的一个小齿轮，而这个体验使她麻木不已。“看了那么多垃圾之后，我不想和圣诞节扯上任何关系。”她说。除了给自己的孙子们送去圣诞礼物之外，她完全无视了这个节日。圣诞节那天，仓库关门，琳达也停了工。她一个人待了一整天，睡在车子里休息。

但是，疲劳之下隐藏的是一种自豪。琳达达成了一项目标，度过了她成为露营打工族之后的第一个半年，还做了两份工作——在露营场当管理员以及来 CamperForce 当员工——同时住在房车里，习惯了劳累和流浪的生活。她觉得自己能自给自足，感到自由。但这只是开头。下一步就是找到一个群体、一个社区、一个被有些流浪者叫作“驾族”的族群。寻找它的最佳地点是持续两星期的冬季车轮流浪者聚会，很快，它就要在夸尔特赛特拉开序幕了。

“我还是快点滚出这个鬼地方吧，”她想，“一踩油门，冲！”她准备去暖和一点儿的地方休息一段时间，于是她出发前往亚利桑那州。

芬利城里，CamperForce 的最后时光匆匆结束，新年开始了，工人们都在附近逗留，其中就包括唐·惠勒。这位从前非常阔绰的软件部门主管给我写过一封热情洋溢的电子邮件，吟唱露营打工赞美歌，现在，他则使用假名出现在了这里。唐是我认识的第一位 CamperForce 员工。他是一位刻薄又有趣的说书人，会花好几个小时为我讲他在路上的故事。本来，他计划在 12 月 21 日上最后一天 CamperForce 的班，之后穿过夸尔特赛特（他叫它“怪老头的火人节”）去科罗拉多落基山拜访朋友。然而，一件很不寻常的事情发生了。我花了 3 年来记录 CamperForce 员工们的故事，却没能再度遇见这种事——亚马逊公司给了他一份全职工作。“嘿，我都 70 岁了，没有第二个人肯雇我了吧？”他在电子邮件里打趣道。用公司行话来说，唐很快就要成为一名“亚马逊公司相关人员”了。在仓库里，他会成为其他 CamperForce 员工和临时员工嘴里的“蓝徽章”，语气里还带了点儿羡慕，有时也是嘲讽。“蓝徽章”指的是正式员工所佩戴的蓝色员工卡。

在另一封电子邮件里，他让我不要在写作中提到他的真名。他是这样解释的：

作为最基层的职员，我们宁愿死、被肢解甚至更惨都不愿和媒体讲话，所以我很担心。我和以前不同了。以前我是个露营打工者，可以无忧无虑为所欲为，以肆无忌惮的态度面对美国公司沉闷的阴谋。但是现在不同了，我已经成了他们的一员。我需要这份工作……

如果成名，我会遭受自己无法承受的代价。如果我出现在了全国性媒体上，甚至只出现在边栏里，人力资源部的人都会迅速开除我。某一天，我去仓库，可能员工卡就无法帮我进入仓库了。这就是所谓的“亚马逊闭门羹（ACS）”，因为我是自由雇用的员工，没有任何资源来对抗它。

如果我的表现好像妄想狂，那很抱歉。但是，虽然人力资源部的人坚持表示他们是我的朋友，但实际上并不是。他们是为公司除掉坏家伙和麻烦制造者的人。我不像托洛孔尼科娃那样勇敢（也没她那么漂亮）。[1]

不出几个月，唐就还清了自己的债，久违地去做了牙齿，买了一副新眼镜，存了点儿钱进自己的个人退休金账户，还开始存钱买哈雷摩托。

[1] 唐写这封邮件的时候，托洛孔尼科娃——俄罗斯政府反对派朋克乐队“暴动小猫”的成员之一，刚从西伯利亚一处监狱里释放出来。

Nomadland
第六章

聚集地

> 这是一个平和的地方。这个营地是车轮上的伊甸园，让人得以自由地前往自己想去的纬度，追着温和的天气跑。它是一个港湾，让所有成员通过将人生压缩进最小空间使其变得清晰明了。它是一个附加了机动性的内部布置奇迹。
>
> ——埃尔文·布鲁克斯·怀特

在1月份的落日中，沿着10号州际公路往西行驶，你就会看到沙漠里出现一幅奇怪的景象。圆顶岩山脉（Dome Rock Mountains）的脚下金光闪闪，仿佛山峰被一个巨大的倒影池所围绕。开得更近些，那片闪耀的金光便碎成了一大片房车，挡风玻璃反射着最后一缕日光。这就是亚利桑那州的夸尔特赛特。一年中的大部分时间里，它都静静地坐落在此，仅是洛杉矶和凤凰城之间一个拥有两个卡车休息站的偏远村落，气温高得吓人，足以让你产生幻觉。在夏季的高温地狱中，它的居民不到4000人，来访者比风滚草还少。但每当冬季来临，天气渐渐变得温和舒适，成百上千的流浪者就会从美国各地和加拿大来到这里，把这座小镇变成暂时性的大都市。它有个绰号叫“聚集地”。来到这里的人中，有些是酷爱休闲的避寒者——有着大把的养老金或是储蓄撑过了2008年金融危机的幸运退休人员；有些则是竭力抓住社会契约那参差不齐的边缘，竭力在这片土地上求生的人。他们的现状可以从沿着主干道排开的大量住所看出来。

轿车和卡车拖着各种各样的庇护所来到这里，其中有闪闪发光的铝制清风房车，有在货箱上开了门和窗改造而来的房子，也有大小如一顶小帐篷的泪珠型拖车式房屋。你也许会见到一个串联传动轴平台上有着三角形屋顶窗和姜饼装饰，或者一辆卡车拉着一条帆船改造而成的临时公寓。这里还有很多退役的校车，有的颜色很黄，如二号铅笔[1]一般；有些则被喷上了自然风景或五颜六色的旋涡；有些被改造成了精美的家，里面有沙发和木质炉子；有些车则既是家也是店，比如巴士站冰激凌 & 咖啡—— 一辆涂成彩虹色的复古车，看起来就像是近代的肯·凯西（Ken Kesey）[2]所有；还有一家铁匠工作室，车身有铁砧标志和标语——“用铁锤和双手循环利用社会垃圾”。此外，还有客舱装在载货底座上的破旧皮卡车，有天线接收器的半拖车式房车，严重超载导致底盘都蹭上路面了的老爷车。有些车是完美的，铬合金装饰在阳光下闪闪发光；有的则充斥着锈痕，喘着黑黑的废气。有些车上还写着请求捐款的信息，有一辆旅行车的车顶上绑着一个空汽油罐，上面用油漆写着“帮助我们家筹钱做生意吧”以及一个“请资助我（Go Fund Me）”网站的募捐网址。一辆轻型露营车的后面则用工整的大写字母写着“流浪汉庇护所”和“上帝保佑”。这些字下面则写着愿望清单：“需要：汽油、现金、更大的房车。”

---

[1] 美国二号铅笔大多是黄色的。——译者注

[2] 肯·凯西（Ken Kesey），1935—2001，美国小说家。——译者注

夸尔特赛特的麦当劳停车场里停着一辆写着美好心愿和求助信息的轻型露营车

值得注意的是：光靠观察他们的车子不一定能了解他们的整体经济状况。比如，露营场周边的一些居所看起来像富裕的度假者们的游艇。当我访问亚马逊 CamperForce 员工们所在的房车停车场时，我曾疑惑，这些装着天线接收器的靓丽沙滩艇在这儿干吗？然后我知道了两件事：第一，有些房车停车场也是某些高收入油田工人暂时的家，他们有能力花大把的钱在诸如沙滩艇等昂贵的玩具上；第二，很多人并非自己所住房车的实际所有者。跟房地产一样，住在车上的人也可能超支，挣扎着付各种费用，陷在负债循环里。不幸的是，和房地产一样，房车的市值也有可能低于贷款余额。

交通停滞，可好像没人急着赶路。这些房车旁边停着刚刚还在沙漠里驰骋的全地形车，车上布满灰尘，骑手们的围巾和护目镜一样，好像撒满了糖粉。拖拉机拖车延伸向卡车休息站，阻塞了转向车道。十字路口，骑着电动代步车的老人和推车里坐着小奶狗的“婴儿潮一代”正等着绿灯过马路。满头发辫的青少年和背着破旧背包的20多岁的年轻人坐在马路牙子上。他们的群体名字各不相同：地壳朋克、脏小孩、旅行者，还有“彩虹人”——指代那些参加“彩虹聚会”[1]的人。这之中，有些孩子在找机会搭便车出城——去尤马[2]，去凤凰城，去哪里都行。有些人拿着硬纸板做的标语牌乞讨，不过他们不认为他们是在“乞讨”，而只是“挥标牌”，或“鸟鸣”，又或“求零”——“请求施舍零钱”的缩略语，这只是你没钱买汽油时会做的事情。有些老人会对他们露出轻蔑的神情，有些则会参与。一位在达乐公司当收银员的白发老太太为一个梳着金黄色细发辫，身穿棕色帽衫的男人买的两袋六罐装美乐干啤结账，而他却开玩笑地递过来一把五彩缤纷的石头而不是现金，逗得老太太哈哈大笑。一场关于“精神”的辩论正在邮局的排队队伍里展开，辩论的双方是一个来此避寒的人和一个留着八字胡的年轻漂泊者，议题是：“人类是这个星球上最高级的灵性精神体，还是只是一群破坏地球的蠢蛋？”到了晚上，孩子们撤退回沙漠里的营地。他们围坐在篝火旁，一起分享着威士忌酒，有些人漫不经心地弹着吉他，有些人烤热狗或制作大麻烟卷，以此来消磨时间。

将近傍晚时，晚餐高峰到了，绝大多数的餐馆在这个时间都是爆

---

[1] Rainbow Family是一个反文化嬉皮士群体，他们每年会在公有土地上举行一次原始的露营活动，就是Rainbow Gathering。——译者注

[2] 亚利桑那州西南部城市。——译者注

满的。在一间很受欢迎的 Silly Al’s 比萨店里，老人们跳着滑步舞，听着室内乐队的演奏。乐队中还包含一个裸体淑女组合唱歌，歌的开头是“如果我有 100 万，我要给你买幢房子”。其他日子里，他们唱卡拉 OK。一个戴着红色草帽、满脸皱纹的女人开着她的电动代步车进入舞池，用颤音演唱克里登斯清水复兴合唱团的《看向我家后门外》（Lookin’ Out My Back Door），到了吉他独奏部分，在尖锐的吉他声中，她开着电动代步车在舞台上走“8”字形，观众席爆发出热烈的欢呼声。

主街道餐馆和自助洗衣店里挤满了来用餐、洗衣或洗澡的客人。在店面后部，洗一次澡要 7 美元，还写着一大堆规定：“用时上限 25 分钟”“禁止抽烟”“禁止在此染发”以及“禁止穿鞋进入”。警察们总是要骚扰在侧门晃悠的“彩虹人”。一个来洗衣服的客人叫嚣着有一颗彗星将毁灭整个宇宙（而奥巴马无能为力）。一个头发斑白的老男人坐在停车场里，背靠着铁丝网，将手里的石头丢出去，让一只斗牛梗叼回来，然后再丢，如此循环往复。当他看到我正在观察他时，他狂笑着说：“这人是个收集石头的！”（去沙漠里找次等宝石——更为人所知的叫法是“岩石狩猎”——是当地人最大的爱好。）

餐馆老板不是唯一挣扎着营利的人。每一年，小贩们都会突然造访夸尔特赛特，有的开设临时路边摊，有的将一整个淡季都关闭着的店面再度打开，在整个城里的大街小巷粘贴海报。“车屋先生家（Mr. Motorhome）有全夸尔特赛特最最干净的房车！”一位宣传员说。他的照片出现在好多海报上，露齿而笑，却让人有些不安。“这不是海市蜃楼，而是真实的交易。”一个竞争者“更廉价房车（RVs for Less）”的广告高声喊道。“免费薄煎饼早餐。”另一个房车代理商“拉米萨房车”门口的横幅广告如此写道。每周里有 6 个早晨，老人们会在那里排队进入一间叫“银扣顾客围栏”的房间中享用一顿热腾腾的早餐，周围的电视里放着房车广告，但他们中的绝大多数人都买不起。（他们把那些广告看成是救济站的布道——必须要听，却可以直接忽略的背景音。）这里有许许多多的房车经销商和服务站，从垃圾场到太阳能板小贩，再到流动挡风玻璃修理店。有些人给自己的店起了荒诞的名字来吸引眼球：帕斯莫尔汽油、脚趾拖车、房车直肠病学家，还有一个帐篷顶上放着一个十字架和一个标语，上面写着“希望为美国，美国为耶稣”。

所有商家都想买家快点付款，所以承诺给予最低价格。“我们押更多的筹码，卖更低的价格！”一个标语说。“清仓甩卖！”另一个标语说。在废旧品批发店，一家叫“刮伤且凹陷物品”商店中，顾客们会看到大力度打折的食物，它们已超过了销售期限，装在变形的盒子或肮脏的罐头里。有一家叫作“优惠上瘾”的批发店，外观是华丽且庸俗的粉红色，内部则卖 DVD（10 美元 3 张）和过期维生素。“这个地方烂透了，”一位顾客在网上评论道，“它就像大学宿舍和废弃的凯马特超市有了一个私生子，把它刷成 Pepto-Bismol[1]那样的粉红色，再给了它一个词组当名字。”

夸尔特赛特没有提供太多“有文化”的服务，但几乎所有人都会造访主干道东头上的读者绿洲书店。店主是 70 多岁的裸体主义老人保罗·瓦恩纳，他有着像抛了光的皮革一样的皮肤，只穿着一条兜裆裤在店里走来走去，在比较冷的天气里他会再穿一件毛衣。保罗能够维持书店的运营，是因为他的店不算一个永久性建筑，所以税收减少了。他的

[1] 一种肠胃药，瓶子为粉色。——译者注

书店里没有真正的墙壁，只是一块水泥厚板上顶着华美达酒店似的屋顶而已。防水布横跨它们构成的空间，附属建筑是船运集装箱和一个半挂式房屋。《拖车式房屋生活》杂志说它是“终极夸尔特赛特式建筑”。以前，保罗自称“甜派”四处旅行，他是一个裸体爵士乐钢琴家，以婉转的歌咏式赞美歌《如果他们开不起玩笑就让他们滚》出名，他现在依旧用商店前部的小型钢琴即兴演奏，旁边就是店里谨慎隐藏的成人杂志区。这个书店里还有一个基督教书籍区，但它设在书店后部，没有保罗的帮助，客人很难找到。“他们跟在我光着的屁股后面去找《圣经》。”他说。

那些想看城里更老式区域的游客就去主干道的另一头，也就是读者绿洲书店的西面，那里有一个紫色和白色相间的大屋顶房子，叫作“最后号角帐篷部门”（Last Call Tent Ministries）。到了下午 7 点的复兴大会，一位云游传道士漫不经心地弹着一把金色的特拉托卡斯特吉他，传播基督的福音。“那光芒将显现在世界各地！”他大声喊，“它不只存在于这个帐篷，不只存在于夸尔特赛特，也不只存在于亚利桑那州。它很大！——更大，也更好！”每次仪式之后，教区居民会走近讲道坛接受抹油。传道士讲着当地方言，紧紧抓着他们的肩膀，鼓励虔诚的教民——包括一个拄着拐杖的女人——后仰倒进参加者们伸出的胳膊中去。

每年冬天，成千上万的流浪者会从四面八方拥进夸尔特赛特，组成这里的冬日风景。这个小镇里只有 3 家小型汽车旅馆，却有 70 多家房车停车场。它们的名字好似保证了游客能够在此得到放松：亚利桑那阳光、沙漠绿洲、假日棕榈、海市蜃楼、天堂、冬日避风港、观景路。（最后那家还有一个标语“在慢车道上享受生活”，它所有的宣传语都逃不出这个主题。）它们的平均收费是30美元一晚，地面是沥青或是砾石，供应水电和排污系统，提供浴室和洗衣房，有时还有无线网络和有线电视。有些停车场禁止年龄不足的客人进入，也就是说，他们不接受艾森豪威尔当政之后出生的客人，并在门口放了写着“55+”的标志牌。《苏格兰人报》的一位记者曾描写过这个场面，他把它叫作“侏罗纪房车公园”。

不过很多停留于夸尔特赛特的人根本不住房车停车场，而是住在相当于当地廉租区的地方——比如城郊外的公共土地上——就像拓荒者们挤在现代淘金热的地点周边。（“老金热。”同一个《苏格兰人报》记者嘲讽道。）他们在被称作“沙漠混凝土”的尘土砾石混合硬质土地上扎营。他们不使用付费便利设施，而是在荒郊野外扎营，利用太阳能板和燃气发电机来供电，用水壶和水箱储水。他们在物质享受上的牺牲被美丽的风景所弥补。他们停在密集生长着的巨大树形仙人掌旁边，它们的高度比肩电线杆，热情地张开双臂欢迎旅人，远远望去就像拴着房车的系留柱一样。旅人们散布在沙漠边缘，在三齿拉瑞阿[1]、豆科灌木、铁木、假紫荆树之间寻找罕见的阴凉处。他们的邻居有更格卢鼠、黑腹翎鹑、蜥蜴、蝎子还有流浪的土狼——它们在夜晚嚎叫，与人们的发动机声比赛。（当然还有响尾蛇，但大多在冬眠，到了春天才会出现。而那时，波光粼粼的热流已席卷沙漠，把绝大多数人类拜访者都赶了出去。）露营者们到达之后，他们会把门毡、烧烤架和草地椅放出来；会展开雨

[1] 蒺藜科（Zygophyllaceae）拉瑞阿属(Larrea)的一种植物。——译者注

棚、阿斯特罗特夫尼龙草皮和防风防雨的毯子；还会挂上五彩缤纷的旗帜，组装起有栅栏的区域，好让狗自由地奔跑玩耍。这就像个庞大的车尾野餐会。《国家地理》杂志曾把这个场景称作“美国最大的停车场”。它还有许多其他的昵称，包括“老年人的春假”和“穷人的棕榈泉市”。

这片开阔的沙漠是联邦直辖区，由土地管理局运营，有免费露营场欢迎流浪者入住，每次连续停留的时间最高能达到两个星期，之后他们就必须移动到至少 25 英里以外的另一处联邦直辖沙漠去，或者去拉波萨长期访客区待着。那里就在夸尔特赛特的南边，占地 7000 多英亩。在那儿停留两星期需要 40 美元，而支付 180 美元最长能停留 7 个月。那里的露营许可证是色彩鲜艳的贴纸，上面有一只走鹃以及一片巨大的雪花图片。贴到挡风玻璃上之后，它们好像就永远待在那儿了，就像一个秘密社团的徽章一样，能让夸尔特赛特的大量流浪者在淡季认出彼此。

据估计，在 12 月到来年 2 月之间，有大约 4 万房车旅行者住在夸尔特赛特周围的沙漠里。比尔·亚历山大觉得自己已经看着他们来来往往一辈子了。他是土地管理局尤马区办公室的户外休闲策划人和护林员，已经在这里工作了 17 年。但他说，即使他已经在这里待了这么久，他依旧对露营者的睦邻性印象深刻。“我们可以把一个骑着自行车、牵着狗的人和一个拥有价值 50 万美元定制房车的人放在一起，他们依旧可以相处得很好，”比尔对我说，“这些露营者之所以能与别人和平共处，是因为他们渴望享受公共土地，且知道不管他们是骑自行车的还是住房车的，都平等地拥有这片土地。”

他的观察结果和一位我在芬利城遇到的亚马逊 CamperForce 员工——艾丽斯·戈登堡一致。艾丽斯 62 岁，住在一间约 3 米长的卡森牌卡利斯佩尔半挂式住房里，陪伴她的是狮子狗麦迪逊、爱情鸟潘乔以及一只多嘴的非洲灰鹦鹉卡斯帕——它的名字来源于16世纪的一位神学家[1]。那时，我们一起挤在她的半挂式住房里聊天，然后她就提起了一个我之前从未听过的地方——夸尔特赛特。和比尔一样，她也对这里模糊的阶级界限感到着迷。对近代美国的背景来说，这是一个意外。在近代美国，邻里之间因为收入水平而隔离，把富人与穷人分隔开的同时也侮辱了穷人，而夸尔特赛特却不是这样。“它属于所有人，”她说，“不管你是穷是富，它都欢迎你。”

第一次谈起夸尔特赛特的时候，艾丽斯狂热地说起自己住在干燥的气候里有多健康，那里的物价有多便宜。而除了廉价的露营费用之外，这里还能在别处难以找到露营打工工作的冬天轻易地找到一份临时工作——毕竟一个临时的小镇也需要临时的劳动力。她的工作之一是为甜心达琳餐厅&烘焙店（标语：优质的食物，适宜的价格）洗碗，每小时赚8美元。每个星期五，赶早的顾客下午4点就开始在店门口排队买炸鱼，而在厨房里，需要洗的盘子摇摇晃晃地堆到了天花板。艾丽斯还在一家叫作“翻滚炒锅”的中餐外卖车里工作过，我曾去那儿找她，她跑出来的时候手里还抓着一把幸运饼干。

虽然这个沙漠引导出了公民精神，但人终归是人，会给自己圈地盘，分裂成小团体。用石头来画虚假的地界线是一项古老的传统，石头还会被排列成一定形状或者人名首字母缩写，算是一种地点图腾。露营

[1] 指的应该是 Caspar Barlaeus，16世纪荷兰博学者和文艺复兴时期的人文主义者，神学家、诗人、历史学家。——译者注

动物的陪伴为艾丽斯的旅途增添了许多乐趣

者们用诸如“郊狼平原”和“罗杰的半英亩 Lazy Daze[1]流浪汉收容营”等名字创造不同的社区，挂上自制的标牌。有的用的是整洁的木板，好似高中手工课上做的一样；有的则只是在纸板上匆匆写了几个字，然后用胶带贴在木桩上。

只要有团体存在，沙漠里就会有团体聚会，这是一群有着相似性的房车团体的聚会。有些组织的入会要求是满足一定年龄，比如一个叫作生育高峰会（Boomer）的组织就只接受战后一代的人加入。虽然很多人符合这个要求，但对他们来说，自己有没有组织好像无关紧要。其

[1] 一种车的型号。

他团体，包括逃脱者（Xcapers）和新房车旅行者（NuRVers），针对的则是更为年轻一点儿的人口——从古怪的拼写和大写规则就能看出来，因为这是网络化时代的标志。此外还有其他派别，比如渔人团体流浪鱼竿（the Roving Rods）、赈灾志愿团体白鸽（DOVES），以及同性恋团体彩虹房车（这与那些叫作“彩虹人”的流浪的孩子无关）。除它们之外，还有单身人士的团体，包括流浪单人社交网(Wandering Individuals Network)、独行者（SOLOS）以及车轮上的孤独者（Loners on Wheels）。车轮上的孤独者团体有着极为严苛的条件。“你要花招的话就会被踢出去。”一位成员对得克萨斯州的《维多利亚倡导者报》说。团体里的信条教育所有人“保证自己的行为符合一个‘整合单人’的标准”，并宣布“无血缘关系的异性者不可待在同一套露营设施里”。沙漠里甚至有一个裸体主义者的专职团体。长期访客区的南部角落里一块 75 英亩的区域叫作“魔力圈”，这个区域周围贴满了警示，上面写着“在此区域内可能遇见裸体者”的警示。（住在夸尔特赛特的居民在网上开玩笑地把这个区域叫作“皱纹城”和“松弛下垂镇”。）

其他营地则由同样的配备组成。几十辆懒散日（La-Z-Days）房车、卡西塔拖车式房屋，或是蒙大拿半挂式住房停在一起，在整个沙漠里杂乱无章停放着的车辆中划出一块整齐划一的同类群落。偶遇这些群落时就好像在荒原中偶遇了郊区成片的住宅区一样。

伦敦《金融时报》称夸尔特赛特为“美国一个更为奇异、非常疯狂

的地区之一”，但夸尔特赛特并非一个国家失常地区。你很难再找到这么一个地区具有如此典型的美国风情——超美国风情，甚至到了有些讽刺的地步。这里的原住民基本上已离开，在他们的位置上，来访者争抢着追梦人在巴基斯坦做的土产和鞋面装饰着珠子的中国软帮鞋。这里不存在冬天。算命者、修行人和折扣店聚在了一起，他们都相信逃避生活问题的最好方法就是给油箱灌满汽油上路。夸尔特赛特一直是旅行者、外乡人和试图彻底改变自己的人们的庇护所，并已完善了经济繁荣与萧条周期的艺术。

这个小镇的历史可以追溯到1856年，白人定居者们建造了私有的泰森堡来抵抗当地的印第安人。这座堡垒后来成为公共马车停靠点——泰森维尔斯，它的遗址现在已成为Silly Al’s比萨店旁的一座小博物馆。（这座小镇上还有另外两所博物馆，一座展出从世界各地收集来的口香糖，另一座展出军事纪念品，这两座博物馆不太出名。）1875年，传记作者玛莎·萨默海斯在泰森维尔斯住了一晚，描述它为“最惆怅、最没有吸引力的地方。它散发出的一切都不健康，不管是道德上还是物理上”。当公共马车停靠点被撤销，这里就成为一个鬼镇。到了1897年，它在矿业热潮中复生，当地的邮局重开，市政府得到了一个新的名字：夸尔特赛特。地名其实以石英岩（Quartzite）命名，多出来的那个“s”其实是个笔误，但最终成了官方名称。

夸尔特赛特最著名的历史人物之一是哈吉·阿里，他在叙利亚出生，是个赶骆驼的人。1902年去世后，他便葬在夸尔特赛特。他的绰号“你好乔利（Hi Jolly）”更为人所知，这是对他名字的一种美国式羞辱。阿里在1856年被招募进美国陆军的骆驼队里。这是一个使用众所周知的暴躁野兽来将物资运送到西南部的简要试验。（在某段时间里，骆驼甚至被用于将信件从图森运往洛杉矶。美国南北战争开始之后，这个项目在 1891 年被叫停。）他的墓碑是用石英和硅化木做的一个金字塔，顶上还有一头铁制骆驼，整个墓碑有 10 英尺高。墓碑前部的纪念匾上写着："你好乔利的最后归所，1828 年前后在叙利亚的某处诞生"以及"超过 30 年里，他是美国政府的忠诚助手"。据说，他的骆驼之一 ——托普希的骨灰也与他葬在一起。

哈吉·阿里是夸尔特赛特第二出名的人，第一名可能是那个全裸的卖书人。为了纪念哈吉·阿里，这个小镇非官方地使用他的骆驼当吉祥物。来到夸尔特赛特的游人会走过纪念碑大小的欢迎牌，上面还刻有行走姿态的金属骆驼，就和阿里墓碑上的一样。主干道西头附近，汽车轮子外缘和其他残骸被焊接在一起，形成一个巨大的骆驼雕像。夸尔特赛特每年都会举行一次"你好乔利"节大游行；在一些兴旺的时期，"你好乔利"节发展得很充分，随着年份的不同，会分别举行撞车大赛或骆驼比赛。夸尔特赛特帆船俱乐部—— 一家标语为"海，好久不见"的酒吧餐厅——可以参与线下竞赌。以前，店主的儿子会穿着骆驼布偶装跑上舞台，然后在乐队演奏"你好乔利"的时候脱掉。一名陶醉于新基督乐的伙计描述说阿里不仅是一个不知疲倦的劳动者，还是一个到处拈花惹草的享乐主义者。

但是夸尔特赛特的离奇历史不足以令它摆脱衰败和默默无闻。到了 20 世纪 50 年代中期，这里的人口已缩减到只剩 11 个家庭了。故事还在继续，夸尔特赛特再度依靠垃圾堆和漂亮的石头复兴。20 世纪 60 年代，当一辆旅行车在 10 号州际公路抛锚，广为人知的跳蚤市场就此拉开了序幕。这辆旅行车的主人—— 4 个小女孩的妈妈，没有钱修车，所以只能卖了她孩子的玩具来凑钱。其他人也效仿她，将货物装在皮卡车的货厢里兜售。这项活动后来发展成了一个庞大的市场，1967 年，一个市镇改善团体举办了一场叫作“Pow Wow”的宝石矿石展览会，将购物流量变现。这个活动非常受欢迎，许多人甚至觉得是它把夸尔特赛特从消失边缘拯救了回来。随着时间的流逝，这个活动中又加入了许多跳蚤市场和旧物交换会。整个冬天，数英亩的沥青和硬土沙漠上熙熙攘攘，而到了其他季节，这个地方又空空如也。这里有拉瑞阿房车停车场和卖场、探矿者全景（一个宝石展销会）、主事件展销场，还有位于泰森维尔斯的赛拉罗摩（Sell-A-Rama）冬季户外市场。这里像一个囤积癖的房产拍卖，附带有放着牛头骨的桌子、铸铁厨具，以及能够秘密携带枪支的女士手包。

在其中一个贩卖市场，也就是“你好阿里”旧物交换市场，我遇见了 70 岁的沙蕾恩・彼得森，但所有人都叫她“谢尔”。她用一块老旧的木制门板当桌子来摆放她要卖的零碎东西，包括一把武士刀、一张麋鹿兽皮、一件夏威夷衬衫以及她不再需要的家居用品，毕竟她住的是福特 E350 厢车。在她的商品之中还散布着一些小纸片，她在上面写了些短小的俏皮话——“由于弹药成本上升，我们决定不再鸣枪警告”，以及“我们不是雪雀而是雪花[1]”。有个人花了 17 美元在她那儿买了四件夏威夷衬衫，她喊道：“如果人人都穿夏威夷衬衫，这个世界将更美好！”还有一个人花 25 美元买了一套棕色和蓝绿色相间的扁平餐具套装，这

[1] Snowbird（雪雀）有“冬季到南方过冬的旅游者”的意思，而根据维基百科，Snowflake（雪花）有“独一无二的人”的意思。——译者注

套套装是谢尔在圣巴巴拉市花 20 美元买的。“只有这种瘾头可以把花掉的钱赚回来。”她说的是去旧货店购物。

谢尔戴着一顶棒球帽，上面嵌着海马或其他海洋生物式样的饰针，帽子后面下方则伸出她的金发辫。她的眼角有鱼尾纹，皮肤则被永久地晒黑了，很可能是在 20 世纪 60 年代去洛杉矶南边的曼哈顿海滩冲浪留下的印记。（她现在还保存着当时的照片，有能放进钱包的小尺寸的，也有海报大小的。照片上她留着可爱发型，穿着比基尼，悄悄走近一个黄色长形冲浪板。）她回忆说，那时候的生活比现在容易。她活在“25 美分准则”的时代：“汉堡、雪茄和汽油分别是 25 美分一磅，25 美分一包，以及 25 美分一加仑。”

谢尔被迫卖掉自己在明尼苏达州的房子后就一直住在厢式车里。那幢房子是她在 1989 年买的，她在那儿当了 25 年的房东，自己也住在里面，空余的房子就租出去来偿还房贷。接着因为没有租房许可证，她被抓了，所以被迫停止了出租房间，这也意味着她负担不起这幢房子了。“那些官员越来越荒谬了。”她哀痛地说。她本来的打算是，卖掉房子之后，她就可以靠抵押资产的净值过活了。可没想到，她在 2002 年花 20 万美元买的房子随着房地产泡沫破灭而贬值到了 14 万美元。付清抵押房产和经纪人费用之后就没剩几个钱，但这已经是她尽最大努力后得来的成果了。她的厢式车本来是 15 座的车。她告诉我，住在车里就好像住在一间移动公寓里，四周有许多观景窗，只不过窗外的风景一直在变而已。她每月能领到 600 美元的社会保障金，其中扣掉了 100 美元的医疗保险费用。“我的汽油费一般是够的。”她将自己所有的衣服塞在车上的 3 个塑料箱里，此外还租了一个储物箱，每年租金 600 美元。

她说，为了保住她在旧物交换市场的摊位，她每个月要花300美元租金，还要交50美元来取得小镇的贩卖许可。她不在夸尔特赛特的旧货摊卖东西时，就去圣巴巴拉市海边卖珠宝，那里一个季度的贩卖许可只要100美元，但是不能在凌晨2点到6点之间海滩关闭的时间里贩卖。那这个时间段里她去哪儿呢？“我藏起来。”她平静地说，然后说起那里有很多地方能让她隐蔽地停车。她还说，自己现在的车和以前那辆嬉皮士厢车不一样，没有满车的贴纸，是全白的，所以不会引起别人的注意。

我们初次见面的几天之后，谢尔和我一起在夸尔特赛特帆船俱乐部吃晚餐。她点了一个双层汉堡，却只吃了其中一个肉饼，剩下的一个她用餐巾纸包了起来准备带给九柱吃。九柱是另一个小摊贩的狗，它的主人要跑一趟凤凰城，所以将狗寄放给谢尔照看。谢尔用汉堡里的配料，也就是生菜、西红柿和洋葱，浇上用番茄酱和蛋黄酱混合起来制成的类似千岛酱的酱汁，做成了一个附餐沙拉。她喝了两瓶O'Doul's无酒精啤酒、一杯柠檬冰茶。吃完饭后，她不肯让我帮她付钱，然后小心地将剩下的水倒进泡沫塑料外带杯里。这杯水很冰，能够提神，而且冰块是一点儿小奢侈，因为她在自己的车里无法自制。

我们一起走回了“你好阿里”旧物交换市场。我问她晚上睡哪，她说住在自己的厢车里很舒适。她的车就停在她卖东西的桌子对面，没人会打扰她。她觉得我是疯了才会住在纽约，而且很庆幸自己没有被困在任何“水泥丛林”里。

“鸟儿能住公园也能住城市，那我为什么不能？”她说，“我们不用住在原本应该在的地方，这就是它的意义！”

———

与美国的许多小镇一样，夸尔特赛特也遇到了困难时期。在主干道上熙熙攘攘的商业店铺当中，你也能看到许多失败的生意。一家餐馆已经被栅木板拦住了；而在加油站里，油画东缺一块西缺一角，而且已褪色磨灭得如同一幅蜡笔画；水泵则好似已经被废弃了几十年。

阅历丰富的人说在夸尔特赛特的旺季有无数房车来到这里，你甚至可以踩着车顶从沙漠这头走到那头。但最近几年，来这里参加各种市场集会的人急剧减少。没人知道原因到底是什么，但每个人都有自己偏爱的一个理论，有的说是因为政治冲突，有的说是因为不动产税提高和跳蚤市场摆摊费用增高，有的说是美元和加拿大元之间的汇率和不断波动的汽油价格惹的祸，还有人觉得是因为造访夸尔特赛特的宝石、矿石展销会的成千上万的奇石收集者正叛逃到图森的类似展销会上。可另外一些人却坚信这是一次更大的经济乏力的兆头，意味着越来越少的人能够负担得起在一辆费油的房车里长距离奔波，更不用说来参加活动所需要的休闲时间了，这太奢侈了。

“作为一个夸尔特赛特当地人，我记得 80 年代早期，在旺季会有超过百万人来访，现在却只有 30 万左右了。”当地商会会长菲利普・库什曼在一封电子邮件里说。

“很讽刺，在空调发明以前，大家很乐意在沙漠里露营半年。可现在呢？只要气温一到了 37.78 摄氏度，人们就要狂奔到其他地方去，”他说，“冬天游客的人口统计特征正在改变。‘二战’之后的一代人只要玩玩宾果游戏、跳跳舞、找找奇石、去我们的几个社区服务组织里当当志愿者就满足了。之后，婴儿潮出生的人取代了他们。我们发现，他们希望做更多的事情来发泄精力，不然就会很无聊。”他不愿意相信夸尔特赛特的全盛时期已经过去了。最近几年，这里尝试了许多新的活动，包括大聚会，还有一次为期 4 天的老年人庆典，631 位参与人员站（或坐）在一起组成了一个巨大的“Q”来打破吉尼斯世界最大人体组成字母的纪录。

尽管做了这么多努力，拜访夸尔特赛特的许多人依旧在挣扎，他们并非能重振这个小镇的那种挥霍无度的游客。在月亮山大道上的以赛亚 58 项目教堂，一个以前是自行车手的牧师迈克·霍比和他的妻子琳达建立了一处赈济处来帮助他们。一次医疗危机让这对夫妻被巨额医疗账单吞没，他们瞬间成了无家可归之人。他们在 2003 年肩负着帮助无依无靠者的使命来到了这座教堂。这个项目扩大了，现在他们每年 11 月到次年 3 月之间要给老人和无家可归者提供上千顿免费膳食。在其他教堂里，来访者们必须先听一段布道才能得到食物，圈内人叫它“耳朵轰炸”，但这里没有这种要求。

迈克和我说，路过的老人们会拥进夸尔特赛特，因为这里是“一个低收入者的退休之所”以及“一个低开销的躲藏之地”。“躲什么？”我问他。他回答：“耻辱，贫穷，寒冷。”他解释说：“在这片沙漠里，他们不用担心自己会挨冻。他们会对孩子们说日子还过得下去。”

某天晚上，当我拜访迈克和琳达的赈济处时，来吃饭的人正拿着塑料盘排队领取上面浇了猎人烩鸡的意大利面，配餐有沙拉、用汉堡面包制成的蒜香面包，还有苹果酥。用餐的地方就在教堂后面一块通往停车场的仓库空间里，用餐者们坐在长条桌子旁边，气氛很欢乐。退休的老人与搭货运火车便车的人和骑自行车流浪的人分享故事。一幅手绘横幅上画着一个简笔画人物走过一道门，人物左边是红色的火焰 ，右边则是发光的云朵。“时间到了！”它宣布,“你选择哪边？如果你不选基督，那就要下地狱了。”

在这场晚宴上，我认识了伦纳德·斯科特。他以前是一处加油站的老板，绰号“小斯科”，头发黏糊糊的，戴着一个“基督是我主”的帽子。他 63 岁了，住在一辆 1995 年的温尼贝戈（Winnebago）房车里。他曾拥有两套房子和一幢复式公寓，但他说:“在经济危机里，我失去了整个帝国。”来这里之前，小斯科在亚利桑那州的托诺帕城的温泉上班来补贴自己每月只有 590 美元的社会保障金。他正考虑和朋友一起去太平洋西北地区采羊肚菌，因为他听说一盎司羊肚菌能卖 10 美元。他说自己最终要去考艾岛的一个海滩上，靠从树上摘果子生活。[1]

这座教堂位于小镇食物储藏室附近，在储藏室里，我与卡萝尔·凯利交流了一段时间。卡萝尔是一名 80 岁的寡妇，她不辞辛劳地运营这个地方，杂乱的办公桌就靠在一面贴满了营养海报的墙上。“我会死在这张椅子里。”她玩笑着说。一辆翻倒的半挂拖车带来一次意料之外的幸运。车里面装着一箱箱甜豌豆、黄瓜、四季豆和芒果，而她则连哄带骗地将“赃物”卖给客人。他们以为她是农产品直销店长，正在将自己

[1] 他并不是唯一一个如此考虑的处境困难的人。夏威夷最大的流浪汉庇护所经营者——人类服务机构的一位代表告诉当地电视台记者，他们每年要收到“打算去夏威夷流浪的人”发来的 100—150 通电话或电子邮件。近年来，当地流浪人口暴增，且其人口中的流浪者比例已是全国最高，促使当地政府宣布进入紧急状态，还使檀香山市市长呼吁进行一场“反流浪战争”。同时，夏威夷的旅游产业一直在资助一项倡议——免费让流浪者飞回美国大陆。

的产品减价出售，所以就热情地靠了过来。接着，一对来自俄勒冈州的夫妻走了过来，他们靠一辆货车生活。女人说她的咖啡店生意倒闭了，他们现在一无所有。她擅长画狗的图片，所以他们正在去附近跳蚤市场的路上，希望能卖掉一些她画的画。

卡萝尔给了他们一盒蔬菜，送走了他们。他们离开之后，她看起来有些紧张。她解释道，光养活在夸尔特赛特定居的居民就已经很艰难了，更不用说养活外来人。“我们这个小镇要喂饱所有来这里过冬的游客，”她说，“这不公平。”另一个长期志愿者好像想安慰她，所以插了话：“我们得喂养所有人，”他平静地说，“我们对所有人都一视同仁。”

———

连续3个冬天，我都在夸尔特赛特附近的沙漠里露营，刚开始睡在帐篷里，后来睡在车里。我住在那里是为了认识在那里连续住几个月的流浪者。在这3次露营中，我遇上了一些反复来此的熟面孔，其中包括我以前在内华达州采访过的前音乐老师芭芭拉·斯托特和前麦当劳副主席查克·斯托特[1]。

芭芭拉和查克第一次在夸尔特赛特露面的时候，他们仍未完全从亚马逊公司3个月的工作中恢复过来。和同事一样，他们在那里也受到了三重考验。首先是身体疲劳。(“在10个小时的推举、扭转、下蹲、探手中，那些我从不知道自己拥有的肌肉开始对我大喊大叫了。”芭芭拉

[1] 就是在第三章提到过的芭芭拉·斯托特和查克·斯托特夫妻。——译者注

回忆说。）接着体验到的是卡夫卡式的荒诞。（花了 40 分钟找一个有空位的商品屉之后，芭芭拉只好对自己重复“深呼吸，深呼吸”才能让她在仓库里保持冷静。她给亚马逊仓库取了一个昵称叫“亚马逊动物园”。）最后袭来的是极限生存考验：在一辆没有足够防寒措施的房车里熬过零下的低温。（车上的一个过滤器被冻炸后，他们只好关掉了供水系统，不久后抽水机又坏了，查克为了修好它不得不请了一天假。）

度过这些考验之后，他们已经准备好去享受一下亚利桑那州的阳光。但他们这是第一次来夸尔特赛特，不知道这么大的沙漠里有哪个地方能供他们安顿下来。另一对夫妻曾邀请他们去一个名叫“物以类聚夸尔特赛特集会”的年度聚会，于是他们决定去看看。而他们看到的是：超过 85 辆蓝鸟牌漫游小屋高端大客车并排排列在车主们称作“巢”的地方，组成一个巨大的圆形，如同孩子们画太阳时会在圆形外画的四散光线。车的前保险杆都朝向里面，排成 X 形符号，这些 X 形符号之间相距正好 25 英尺。聚会开始时，一块写着“欢迎来到 Q”的白板上每天会更新活动日程，包括“女士行走”（说明文字上写着：快走，婊子，快走，婊子……），“男士科技漫游”，一次叫作“战术射击”的火器教学，以及“雷的顶级牛排晚餐”。（一则戏谑的警告上写着，如果参与者忘了付牛排钱，他们就会到晚餐现场找到当事人，说“雷把你那份享受捐给了镇子里的流浪汉”。）

斯托特夫妻很快就发现他们的 1996 年产国家海风牌大客车属于“S.O.B”车——“S.O.B”是“Some Other Brand（其他品牌）”的简写。也就是说，他们不能加入这个圈子。于是他们只好停到旁边去，有几天晚上甚至另外燃起了自己用的篝火。

斯托特夫妻在物以类聚集会上没有立足之地，但他们很快找到了一个更为热情的团体——那些同样从事重体力劳动的人。非官方的CamperForce员工重聚会在沙漠里一片叫作斯卡丹沃什的区域里崛起。9个亚马逊员工和一个跟着找乐子的退休警察坐在轻便折椅上，一边嚼着猪皮、脆玉米饼、小胡萝卜和芭芭拉自制的素食鸡蛋沙拉三明治，一边追忆在亚马逊仓库里的工作。他们一起唱《亚马逊的十二天》，这首歌诙谐地将假日经典《圣诞节的十二天》改成了工人版本。他们把“男人在跳舞”改成了“警报器在响”——指亚马逊仓库里的噪声，并增加了其他礼物，比如“用于安保的ID卡”“两双手套”以及“10根酸痛的肌肉”。他们从一个帽子里抽名字来抽奖，奖品包括冠以亚马逊品牌的饰品：钥匙扣、开瓶器、胸牌挂绳以及闪存盘。（他们给了我一把开箱刀，但我礼貌地拒绝了，借口说自己待会儿还要坐飞机回家。）有人丢了一个蓝色的飞盘，而悉尼——斯托特夫妻的澳大利亚牧羊犬和赫勒犬的混血犬——跟着它小跑起来。他们说起在亚马逊仓库，他们是怎样掰着手指头盼望着旺季结束的时间，而在夸尔特赛特却如此容易忘记时间的流逝。

芭芭拉和查克在夸尔特赛特度过了一段愉快的时光，于是会每年都回来拜访。和艾丽斯一样，他们也在这儿找到了短期工作，包括在一个房车展中工作：捡垃圾、在卖家入口守卫、在一些新颖事物的货摊上当售货员。芭芭拉最喜欢在那个货摊上工作——她又要叫卖，又要主持整个局面。她分发血腥玛丽预拌汁样品，灵活演示一个给钓鱼线打结的工具。她的老板鼓励她为了揽客而演示。有一次，一位骑着电动代步车的老太太来到摊位前浏览商品，她老板拿起一个马克杯，并把上面的尼龙搭扣扣上了老太太的假肢。芭芭拉立刻插话。“它可以装在任何地方！不管什么时候装，装在什么上，都没问题！”然后指指自己的老板，“他没撒谎！没有开玩笑！”

我最后在夸尔特赛特见到他们时，他们已经是第三次来这里过冬了。他们现在已经是经验丰富的流浪者，并在营火旁举行了一次宣泄快乐的仪式——烧掉他们的破产证件。

Nomadland
第七章

车轮流浪者聚会

加利福尼亚州的尼德尔斯因为一连串犹如锯齿状牙齿的花岗岩尖顶而得名。作家约翰·斯坦贝克在《愤怒的葡萄》里，把它描写成了一个地理位置偏僻、本身也充满敌意的地方。乔德一家停留在了尼德尔斯，在科罗拉多河边的一个帐篷营地住了下来，却受到了警长代理人的驱逐。他叫他们“俄克佬”，咆哮着说：“我们不欢迎你们在这里定居！”马·乔德举起一把铁质平底锅威胁他。“先生，你有警徽有把枪，”她顶嘴说，“但最好别管我们从哪里来。”

去车轮流浪者聚会途中，琳达也在尼德尔斯停留了一会儿。她直接从芬利城的亚马逊仓库开了 8 个小时的车到这里。和乔德一家一样，她也精疲力竭，想在这儿睡一晚。而和他们不一样的是，她打算避免被警察驱逐。这意味着她需要找个地方停一辆 8.5 米长的房车，免费过一晚，还不能吸引别人的注意。尼德尔斯没有沃尔玛超市，所以最好是找一个停车场车辆来往较为活跃的 24 小时营业的商店。琳达将车子开下历史 66 号公路，查看尼德尔斯中心单排商业区里的巴萨斯超市[1]是否营业，但它很早就关门了。幸好几百米之外有一家 24 小时开放的健身房，她把车停在了健身房入口对面，然后爬上了床。

---

[1] Bashas' supermarket，美国亚利桑那州一家家族式连锁超市。——译者注

一夜无事。早晨起床的时候，她想起了一件必须办的差事。在亚马逊公司工作时，她一不小心让自己的房车注册登记证过期了。所以，在继续往前开之前，她必须先去更新一下证件。于是，她拿出手机导航把目的地设置成当地的车辆管理局，导航领着她沿着车道继续前进，调头，然后继续开。当导航显示已到目的地时，她正停在自己的起点。她又试了一次，结果还是一样，于是她只好开进一家加油站问路，工作人员指着单排商业区拐角处的一个办公室。“我竟然就在车辆管理局前面停了一晚上！”琳达大笑着回忆说，“可我就是看不到它在哪。”不久，她就办好了更新手续，于是便开上 95 号高速公路一路向南行驶。这样开下去，不到两个小时就能到夸尔特赛特了。

“来车轮流浪者聚会吧！在这里你可以学到很多东西，也可以交到许多出色的朋友，”鲍勃·韦尔斯的网站上有一则推广信息说，“在很多方面，我们这些现代的房车居民和旧时的山地住民很像：我们需要孤独，需要不停地移动，但我们同样需要偶尔聚聚，与心有灵犀的同类人建立联系。”

琳达觉得这样很美妙，因为她渴望友谊。7 个月之前，当她上路成为一名流浪者时，在金钱层面上存活下去并不是她的唯一目的——她还梦想着加入一个更大的社区，社区里的人愿意彻底改变他们的生活以寻找满足感和自由的生活。亚马逊的夜班既艰苦又孤独。不上班的时间，她总是用来恢复而不是社交，于是她无暇与其他流浪者交流。当内华达州寒冷冬季来临，气温下降到零下 19 摄氏度，她在沙漠玫瑰房车停车场的绝大多数邻居们都蜷缩在了自己的住处里，不会到室外空间来玩耍。琳达已经受够了，她决定去夸尔特赛特享受更温和的天气，享受 21 摄氏度的午后时光。

当然，好日子并非总能唾手可得。琳达没能到达夸尔特赛特，她在小镇四周广阔的沙漠里迷失了方向，甚至不知道自己要去的露营场在哪里。她不像有些新人那样，通过在鲍勃的网站上参与会话而在网络上与车轮流浪者聚会的参加人员成为朋友，她没有参加过任何网络交谈，她唯一知道的聚会参与者就是西尔维安妮。（珍和阿什要去其他地方探险，等她们来的时候，聚会会程都要过半了。）于是，琳达仿佛一个第一天去新学校上学的小女孩。她想认识新朋友，想知道以前不知道的事，可万一她没能融入集体怎么办？毕竟，与会的大多数团体里都是极简主义的房车住民，他们会和善地接纳她这辆庞大又耗油的房车吗？

不过她没有烦恼太久，便立刻上网找人给她指路去了。“大家好，我是第一次参加车轮流浪者聚会，有人能给我发一张去营地的地图，以及那里的活动安排吗？感激不尽。”她在这次聚会的一个 Facebook 网页上发了消息，有些人给她回复了一份活动安排表。沙琳·斯万基给了一个链接，内容是一张类似剪贴画寻宝地图的导航图，上面用黄色标注了到达聚会的路线，目的地则用“X”标出，还有“我们在这里”几个字。

如此，琳达便出发去寻找那个族群了，她也希望这个族群正是自己想要的社区。房车颠颠簸簸地在圆顶岩东路行驶着。越远离城镇，路面就越有后末世风格。有些地方，路面颠簸破烂，到处开裂，让司机们放弃走路面而开上了路肩。她右边就是斯卡丹沃什，那里的公共土地允许露营者们每次连续待 14 天。区域边缘散乱地停放着一排排房车，让它看起来像是个车尾野餐会而不是荒原。沿着残存的沥青路继续开，尽头放了一个橙色和白色相间的路障，琳达在这里向右急转弯，开上了米切尔矿区道路。这是一条颠簸的砾石路，一直穿过丛林延伸向南方，从熙熙攘攘之地一直穿到穷乡僻壤。1.5 英里后，路边出现了一个黄色标志，上面写着“车轮流浪者聚会”，还画着一个向右的箭头。（这个标志在白天能够轻易地引导参加者找到营地，但到了晚上，不知道这里有标志的人就很容易错过。在夸尔特赛特度过的第一个冬天，某天晚上，我试图前往车轮流浪者聚会的营地，但很快就迷路了。之后我看到远处有一处篝火，以为是他们，可开过去之后却发现是一群“彩虹人”和地壳朋克人喝着威士忌，吸着大麻狂欢。我坐下来听一位吉他手高声唱起基姆娅·道森的一首被改编的歌：“我当早餐喝的啤酒是疯狗牌的！我原本正常的视力降了 50%！”）

顺着这个指示牌指示的方向走，就可以到达车轮流浪者聚会

琳达慢慢地驶近了营地。广袤的沙漠里零星停了大约 60 辆汽车，好似许多微小的房子共享同一个广阔的后院。琳达看到的车各种各样——小型货车、货运客车、嘻哈改装旅行车、带有轮椅升降台的厢车、厢式货车等。其中有一辆是租的车，车厢侧面印有 U–Haul 租车行的商标。（琳达之后了解到，这是一位实习房车旅行者暂时的家，他从芝加哥飞到了凤凰城，然后租了它做移动工具和聚会期间的家。）这些车中还散布着一些旅宿挂车、轻型露营车和房车，以及一些被改造成适合长期流动生活的越野车和小轿车，甚至还有丰田普锐斯等。一个自行车流浪者则用更少的东西达到了目的：两个轮子和一顶帐篷。此外还有几辆异样车辆，比如一辆被涂成水绿色的手工木制吉卜赛大篷车。它模仿 19 世纪传统的吉卜赛马拉篷车制作而成，只不过拉着它的不是马匹而是一辆皮卡车。它的主人 65 岁，以前是俄勒冈州的一名造船工。他得过肾细胞癌但挺了过来，现在靠每月 471 美元的社保金生活。

在这片毫无秩序的地区中央有一个巨大的篝火环，这是聚集地中心。在它不远处，琳达找到了一个地方来停她的房车，就在一些参差不齐的树木附近。停车之后，她就开始扎营了。

营地里的这些移动住所组成了一道惊人的风景。鲍勃拍了一张照片上传到他的网站上。一位读者惊讶地说："如果没有你的描述……别人可能会以为这是一篇描述公路勇士[1]式未来的报道……经济崩溃，所有人都不得不住在车上。"

[1] 指花很多时间在做商务旅行的人。——译者注

劳·布罗奇蒂在自己的手工吉卜赛大篷车里

这是鲍勃第4次主办冬季车轮流浪者聚会。当领袖可不是一件容易的事，他花了好几个月策划活动、做宣传。活动开始后，他的工作就更显而易见了。他沿着道路，插上笨重的指路牌，指示去往聚会所在地的路线。为了抵御沙漠里的强风，他用锤子将指路牌的桩子重重钉进土里。他复印了活动日程和他打算开办的讲座的时间表。他架起了一顶印第安式圆锥形帐篷，里面放着一只5加仑装水桶、垃圾袋、湿巾，以及厕纸——这是一种对新来者表示欢迎的形式。他在篝火环旁堆了大量木材，不远处则有一张蓝色的防水布铺在地上，四角则用石头压住。这里应该就是免费旧物闲置区了。住在车上的人们一直在丢弃东西，尽量将优先的空间最大化。因此，这里每天都会出现新的东西：毛毯、书籍、大草帽，汽车零件、人字拖、数码照相机、帐篷桩、塑料杯、《背包客》杂志、介绍约塞米蒂国家公园的期刊、T恤、裤子，还有一个巨大的陶制花盆。它的新主人往它里面放了引火物，在盆口放上金属网架，然后用它来加热一罐汤羹。琳达会在那儿浏览那些书，把感兴趣的都拿走，然后将战利品展示给我看—— 一本叫《美元钞票中的秘密符号：解读你每天会用的钱里隐藏的魔法和意义》的平装本图书。

鲍勃没有从聚会里赚钱。他的热情好客确立了一种慷慨大方的基调，吸引那些渴望分享技能、资源和经验的人们。一位和自己的丈夫以及两条狗生活在雪佛兰ASTRO厢车里的执业美容师在自己的车旁摆起了理发摊，客人们可以自由选择给不给钱、给多少钱。一位房车住民找到一家夏威夷风情酒吧，然后开了个派对。这家酒吧门口挂着霓虹灯广告牌，草坪上摆着塑料火烈鸟装饰，还有一棵挂着彩灯的棕榈树。斯万基通过给大家烤布朗尼蛋糕、香蕉坚果面包和蓝莓玛芬的方式，展示了她的太阳能烤炉——本质上是一个用电镀玻璃镜包裹起来以加热食物的盒子。机修工们教大家基础的修车技能。木匠们则帮着拼装好床架和柜子，给刚把内部装饰拆光的货车用。有着大功率太阳能面板的人则把多余的能源送给别人，把带着接线板的延长线放在外面，路过的人能够用它给自己的装备充电。一位聋哑女人即兴开了一堂课教授美国手语。一个男人展示了如何修理轮胎，他买了一个子午线轮胎供参与者们练习，让他们对着它又是捅又是捶的，然后分享关于便携12伏空气压缩机的建议。琳达特别珍惜这些建议，在之后一次露营地管理员工作中，她把这些知识付诸实践，用以抢救护林员们那在森林里爆了胎的消防车。

鲍勃每年理一次发，就在美容师肯德尔·戴蒙这儿进行

每天日出时分，一位名叫勒萨·内史密斯的房车住民就会起床去燃起第一团营火，烧一壶黑咖啡，然后分给所有拿着杯子漫步过来的人。这个行为对于勒萨来说是一个老传统。很久以前，当她还住在弗吉尼亚州里士满的高楼里时，她每个星期天早晨都会早起，用电热水壶煮一壶咖啡，然后推开她的公寓门，展示给邻居们看，让他们知道咖啡已经煮好并准备分享。

此外还有集体晚餐：自己带配菜的烤马铃薯晚餐，搭配上红辣椒炖汤。每个人都往煮汤的巨大烹饪锅里加点东西，让人联想起 20 世纪 30 年代大萧条时期的流浪汉炖汤。每天日落后，某个人就会燃起一个大营火，但是一般不到 10 点它周围就没有人了，睡意使劲拉扯着大家的眼帘，夜晚也开始寒冷起来。

此外，这个人群中还有着普遍且深入人心的自尊，几乎每个我见到的人都秉承与艾尔·克里斯滕森一样的想法。他 62 岁，以前是一位广告艺术总监，他告诉我，他更喜欢说自己是“无房可归”，而非“无家可归”。他对文字的使用很灵敏，这和他以前从事的工作相当契合。他说，他看着广告行业在几年之中枯竭，仅剩的少量机会也都被年轻的创意人员抢去。他从在一所“非实体机构”里上班，变成了“实质上的失业”。艾尔自称是享受孤独的人，只能忍受在人群之中待一小段时间。在一次车轮流浪者聚会讲座中，他忍不住了，只好中途离开来弥补自己独处的时间。不过几天之后，他又回来了，因为他喜欢聚会里的人，而且这个活动让窘迫的漂泊生活显得不那么糟糕，“它看起来非常合理且体面——和我住在河边的生活不一样。”

琳达对这里的宴饮交际也很感兴趣。她想尽可能多学一点儿知识，所以参加了在上午 10 点开始的那些讲座。许多老前辈已经对鲍勃教的东西倒背如流——有些是他们在自己的生活中积累起来的，有些是在前几年参加的一模一样讲座里听来的，还有的则是在鲍勃的书《如何在轿车、货车或房车里生活……以及如何摆脱债务，上路旅行，并找到真正的自由》里学到的。虽然鲍勃书里的绝大多数建议都很实用，但也激励房车住民们做一些近似行为艺术的活动。“在你的公寓里练习，”他提议道，“第一步就是搬进你的卧室里，停止使用屋子里的其他区域。”接着，他说，下一步就是决定你未来的轮上家园的内部尺寸。举例来说，如果你希望拥有 60 平方英尺的空间，那你可以根据这个数据创造一个工作模型。“找一些大纸箱，用它们裁出一个 6 英尺宽、10 英尺长的空间放在卧室角落，”他说，“然后住进你的纸板‘车’里，在里面起居，不再使用卧室的其他空间。”（对于那些为自己有可能搬进车里住而感到紧张的人来说，很难想象在一个冰箱包装箱大小的空间里演习会激起他们很大的斗志。）

可几乎所有人，包括老手，依旧会带着折叠凳来听鲍勃的讲座，有人会记笔记，有人则为了抵御早上的寒气而将双手放在帽衫的前兜里或者拿着热腾腾的咖啡啜饮。有些人试图维持流浪者带来的狗军团的秩序，从吉娃娃到猎浣熊犬，再到性格温和的半狼犬，这个狗军团里的狗形态各异，在讲座期间到处走动，彼此打招呼，乞求食物，在火坑边嗅着尘土的气味，在拉瑞阿灌木上撒尿（有一次还尿在了我的录音工具上），偶尔也会扭打嬉闹起来。

最为鲜活的一场讲座是教导隐形停车技巧的。城市里的房车住民经常需要躲避反扎营规章，这个讲座的目标受众就是这些人。讲座致力于教导他们如何融入周围环境中以避免警察那可怕的敲门声，或是一个醉鬼的敲车身轰炸，抑或路过的人眯眼看向窗户内问“有人住在这吗”。所有人都知道这些“敲门声”，这是他们的公敌。斯万基甚至会做关于这些敲门声的噩梦。“我经常做一个离奇的梦，梦见有人在敲打我的车，”她有一次写道，“这些梦经常发生在我对自己停车的地方感到不甚舒适的时候。真的太恼人了。根本没有人在敲我的车。不，有时候还是有人的，但如果是警察或者保安，他们一般都会开口说话。”

鲍勃的第一个建议是找到一个安全区域。他以前在食品杂货业的工作经历，以及早期在工作场所停车场停车的经验，让他非常喜欢 24 小时营业的超市。他还说，有些城市里的沃尔玛超市可能禁止停车过夜，这时候，流浪者也可以试着寻找其他大型连锁超市，包括凯马特、山姆会员店、好市多、家得宝、劳氏等来停车。另外，迎合户外运动爱好者的零售店，比如专业打猎及露营用品巴斯专业店（Bass Pro）和卡贝拉公司（Cabela）等也可能是一个很好的选择。饼干桶餐厅（Cracker Barrel）出了名地对流浪者友好，单排商业街和通宵餐馆比如丹尼斯餐厅也不错。有时候，最好的选择是将车停在两家商店之间，这样两家店都会以为你是对家餐厅的顾客。不管你停在哪里，最好让车背对着商店，也就是车头朝向道路停放，这样一旦有了麻烦就能快速逃走。另外，如果你要在一个地方停留一段时间，特别是当你要待在住宅区附近的时候，你最好找两个停车点，一个白天停，一个晚上停。白天停的车位要选在一个适宜的位置，让你能够轻松完成几乎所有日常活动，包括晚上就寝前需要做的准备。而晚上停的车位则是你睡觉的地方，必须严格保持黑暗，第二天睡醒后的第一件事就是驱车离开。如果你已经到了夜晚停车点，却必须开灯，建议开一盏红灯，这样光线不会太过耀眼。

鲍勃还建议停车的时候要准备好一个合适的借口。如果你停在医院附近，你就说自己在这里探望病人；如果你停在一辆汽车维修店前，那你就是来修发动机的。说到如何为自己辩解时，他告诫听众必须弄清自己的底线在哪里，不要说得太夸张。“如果你不擅长说故事，那就不要说故事。”他说。

还有一个要点就是伪装，这意味着你要保持自己车辆的清洁，收拾掉副驾驶座上的脏衣服和其他杂物，避免使用容易引人注目的装饰，比如天线顶端的装饰、窗户贴花、保险杆贴纸等等。鲍勃建议，住在厢式货车里的人可以伪装成工人——在前座放一件安全背心，让人能通过挡风玻璃看到，再在车顶上固定一架梯子；住在白色货车里的人可以找一个拥有相似车队的当地商店，比如水电服务公司、餐饮服务公司等，然后混进那个车队里。伪装还意味着不要小心过了头。如果你车上的窗户总是被窗帘挡着，人们就会疑惑里面发生了什么事。伪装还意味着当你走进某个餐馆洗手洗脸时必须非常聪明，比如穿一件狩猎背心或其他有许多小口袋的户外风格的背心，这样你就可以把洗漱用品全部藏在口袋里。

鲍勃还强调，警察并非在所有情况下都是敌人。有些房车住民和房车旅行者曾有被热心的警察敲门的经历，他们只是担心车里的人是否安全而已。一位俄亥俄州的房车居民曾说过，自己遇到了一个非常友好的警察，时不时地还会请她喝咖啡。通过事先调查你要去的市镇或和其他房车居民聊天，你就能够了解当地人对流浪者是什么态度。在对流浪者比较友好的地方，你最好的选择可能是直接去警察局，说一个倒霉的故事，然后问他们镇上有哪里可以安全地停车过夜。但是记住：不管你多么小心翼翼，当地的警察还是很可能已经知道了你的存在。“警察们很聪明。如果你已经在这里‘路过’了 6 个月，那他们还是会察觉一些东西的。”

总体来说，还是避免被警察问候比较好。有些人的方法就很聪明，一位房车居民在网上分享了自己如何在智能手机上装了一个警察扫描应用程序的经验。通过监听当地警用频道上的喋喋不休，他可以知道自己有没有因为违法露营被举报，万一出事就可以在警方到来之前逃之夭夭。如果地痞流氓走了过来，他就可以放大警用频道的声音，让自己的车子看起来像便衣警察用车，把他们吓走。

还有一个讨论如何制定预算的讲座也很热门。这个讲座鲜明地支持极简主义且反对消费文化。鲍勃告诉听课的人们，就算他们是市场经济的奴隶，他们依旧可以通过削减物质需求和减少支出来将他们的自由最大化。“按照世间标准来看，我是个乞丐，但是按照房车住民的标准来看，我的生活够滋润了。”他说。他建议，只要有可能拼车，那就拼车进城，这样可以避开不必要的驾驶，节省汽油费；需要加油的时候查看一下诸如加油助手（Gus Buddy）等手机应用程序来寻找最便宜的加油站。他强烈建议大家准备2000美元左右的应急资金，如果短时间内挣不到这么多钱，那就慢慢积累，比如找一个空信封每天往里面塞3美元。“在座的人里，每个月赚的钱少于500美元的有多少？”他问。有几只手举了起来。“没有欠债的人呢？”唰的举起了一大片手，大家都开始大笑、喝彩，甚至有个人站起来拍了张照片。“这个场景你出了这里可就看不到了。”他惊叹地说。

有人提问，在旅途中该怎么赚钱？于是，一位房车居民透露自己是一位流浪的发牌员，美国各地的许多赌场都会雇用临时发牌员到锦标赛上工作，每小时能轻松赚30美元，工作日还有免费食物可以吃。他的第一次工作是在拉斯维加斯的世界扑克大赛，7个星期里赚了1.1万美元。这项工作的招募过程似乎不限制年龄，因为他见过七八十岁的发牌员。关于这项工作，他只能想到两个缺点：第一，潜在发牌员必须参加培训课程，有些赌场会免费提供，但有些地方则可能要交几百美元培训费；第二，你必须每天洗澡。

在关于制定预算的讲座上，琳达对我说，她不确定要不要再去亚马逊工作了，因为这临时发牌员的工作听起来非常好。它让她回想起自己在河畔赌场里当香烟女孩和鸡尾酒侍应女时的日子。“这个活我肯定做得飞快，”她说，“我要去当扑克发牌员。”

其他讲座则提供了关于如何安装太阳能板、如何一边露营一边打工、如何在一个空间器材都非常受限的厨房旦做饭、如何在公共荒野里露营等问题的建议。在匿名提问环节里，参加者在一张纸上写好自己的问题，然后丢进马口铁铁罐里，主持人会大声地将这些问题朗读出来。“我家人不肯接受我的生活方式该怎么办？”“我该如何找恋爱对象？”当然，偶尔也会混进去一些玩笑：“在车里该怎么过性生活？”

鲍勃还介绍了如何去洛斯阿尔戈多内斯做便宜的牙科护理。洛斯阿尔戈多内斯是墨西哥下加利福尼亚州的一个小镇，由于 350 多家执业牙医全挤在了几个街区里，因此，这个小镇有“臼齿之城”的称号。琳达想找时间去那儿修好自己的上颌假牙。有一次她弯腰轻拍可可时，那副假牙从她的衬衣口袋里掉了出来，而她一不小心踩了上去。鲍勃第一次去洛斯阿尔戈多内斯是因为内华达州的牙医报价 2500 美元，这大大超出了他能够负担的费用上限。而在洛斯阿尔戈多内斯，同样的牙科护理他只花了 600 美元。虽然洛斯阿尔戈多内斯内外的牙科服务差价并非总是那么大，但是洛斯阿尔戈多内斯的牙科服务一般比美国其他地方的价格便宜一半多。

于是，鲍勃每年都会去洛斯阿尔戈多内斯花 25 美元做一次口腔洁牙。由于小镇上还有众多便宜的眼镜商和药店，他会在那里买一大堆药来控制他的高血压（而且不需要任何医生处方），再花 100 美元左右来做眼科检查和配副新眼镜。有一次，我也和他一起进行了这每年一次的小远足。我们和一群人合伙用车，从夸尔特赛特附近的斯卡丹沃什开了

80 英里到尤马城，接着再往西开了一段路去边境小镇安德雷德，把车停在当地奎查恩人部落经营的一家赌场旁边，然后走过边境。路过的一个标牌上用巨大字母写着西班牙语的“欢迎”，其下则用小一些的字针对来访的美国人写了一则警告：“在墨西哥持枪非法”。

鲍勃领着我们去了一幢崭新的建筑，表面是玻璃和大理石做的，右边墙上则挂着一个横幅，上面印着笑容灿烂的病人们——大多是白人，重叠在一幅牙移植的背景图片上。我们走进玻璃门，里面的工作人员穿着清爽的蓝灰色清洁服，并邀请我们进入等候室等候，墙上挂满了各种证书。鲍勃允许我跟着他进入一间完美无瑕的办公室，他以前的 X 光射线照片都投射到了屏幕上。接着，我便去镇上转转，鲍勃则躺上了检查椅，头顶上照着明亮的手术灯。他张着嘴巴，牙医认真检视着口腔。

我来到了街上四处逛，路过古玩摊位、贩酒店、助听器半价的广告牌，还有一家药店的可擦白板上写着壮阳药和减肥药丸的促销信息。一间店面里有两个技师坐在一个工作台上，一个戴着面罩用小钢锯锯着注塑制成的牙齿。白发苍苍的游人坐在户外露台上，吃着墨西哥虾仁夹饼，喝着玛格丽塔鸡尾酒，有时还就着现场音乐翩翩起舞。一位吉他艺术家在角落柔声弹唱着《亡命之徒》，角落周边的酒吧里还飘出了《加州旅馆》的乐调。之后我读到了一位在参加车轮流浪者聚会后造访洛斯阿尔戈多内斯的流浪者写的博客文章，上面记述了他来洗牙和拍 X 光射线时受到了款待，听了用立体音响播放的《推向极限》和《说谎的眼睛》。在这座城里，你似乎不可能走过一个街区都还没听到老鹰乐队的音乐。

从正午持续到下午 3 点的午餐高峰过去了，我们才去边防站过关回亚利桑那州，不然的话，可能要排队一个多小时才能过关。

———

琳达和我第一次见面时，她正享受着她的第一次车轮流浪者聚会。制定预算的讲座结束之后，我问她感觉怎么样。“天哪，”她说，“几天前，我在这几年之中第一次感到了欣喜。欣喜！这比‘高兴’还要好！”她一边眯着眼睛看着角落，一边跟我说之前她和西尔维安妮的一次进城之旅。“我们只是开着她的小车一起去找个地方倒垃圾，当时我就觉得，这就是我的生活方式，做这件事真的太美妙了。”

几天之后，琳达依旧沉浸在好心情的浪潮之中。她跟我说发现鲍勃的网站的时候，自己如何处于一个竭力求生存的状态，“现在我不仅活着，还茁壮成长！”她感叹道，“就是那个感觉，你知道吧？——你想度过一个丰富的晚年，而不只是天天挣扎着生存。”

在亚马逊仓库争分夺秒了几个月后，她终于开始休息了。平时很烦人的东西变得有趣了，比如不断打电话来试图找到琳达这个号码以前主人的收账人。以前，琳达还尽心尽责地跟对方解释来龙去脉，而现在，她会对电话那头说：“稍等，我去叫她！”然后也不挂断，直接把电话放到一边晾 20 分钟，自己却哈哈大笑起来。

1 月中旬，珍和阿什也到达了车轮流浪者聚会。做完亚马逊仓库的工作后，她们去科罗拉多探望了自己的家人，去了科罗拉多大峡谷南部边缘徒步，然后去新墨西哥州看了那里的地球之船。她们找到了琳达，把马纳蒂停在她的房车隔壁。珍和阿什一点也不意外，在与琳达分离的这一段时间里，她已经交了一大群朋友要介绍给她们认识。

其中一个朋友是洛伊丝·米德尔顿，61 岁，她所住的 1965 Aloha

拖车式住房就停在附近，她叫它“家，甜蜜的家”，简称“小家伴”。和琳达一样，洛伊丝也曾当过建筑检查员，但是，在华盛顿州温哥华市干了 20 多年后，她被裁员了。祸不单行，她的爸爸去世了，车被银行收回，接着丧失了房子的抵押品赎回权，最后宣布了个人破产。她本希望最后能搬去和自己的儿子住，然而儿子也丧失了自己房子的赎回权。当洛伊丝坐上“小家伴”上路时，她不知道下一步会遇见什么，用她自己的话说：“我的计划就是没有计划。”

琳达遇见了一个之后会成为自己最好的朋友的女人，虽然当时的她还毫不知晓。（不久，她们开始互相称呼彼此为“永远的好朋友”。刚开始，这种称呼还只是一种戏谑，但随着时间的流逝，话语中的客套消失了，只剩下真情实意。）这个人就是拉冯·埃利斯，67 岁，一位作家，从上一年 10 月开始成了漂泊者。她本来在新闻广播行业工作，曾当过广播公司的电台记者，但最后被调到了明尼阿波利斯市的广播站。新上司上任并撤销了新闻办公室。她晋升到了管理层，但却不那么如意，于是他们便让她离开。她本以为自己很快能找到下一份工作，但她已经 50 多岁了，发现就业市场的严酷程度已今非昔比。“我有些超龄了。”她回忆说。她搬去和妹妹住，继续寻找工作，最后终于找到了一份工作：播报路况报道，30 秒读一则，每小时赚 10 美元。她接受了，先是在洛杉矶工作，后来去了圣迭戈。赚的钱不太够用：她是一位单亲妈妈，小儿子还没有离家独立，但她还是尽力将生活过了下去，直到她得了偏头痛。随着时间的推移，她发现自己对化学物质和气味越来越敏感。在家里的时候还好，她用的都是无味道的洗涤产品，但是工作总是弄得她头痛欲裂。最终，她辞职了，依靠社会福利和伤残补贴度日。她成功在网上找了些计件工作来做，但收入总是不够。最终，她只好与儿子儿媳一起搬进一间一居室公寓，她睡在客厅的简易床上。她讨厌这种感觉，显得自己是赖在儿子、儿媳家不肯走一样，但她又不知道该怎么办。不久，她读了一本关于住在自己车上的书，它给了她新的出路。

2013 年夏天，拉冯租了一辆车，借了一顶帐篷，去参加一个小规模的车轮流浪者聚会，地点在亚利桑那州弗拉格斯塔夫附近。在她的博客"完整冰片"上，她把这次经历描绘成了一次自我转变：

> 我找到了伙伴：一群不适应当代环境的乌合之众，却充满了爱与接纳，围绕在我身边。我说的"不适应当代环境的乌合之众"的意思并非失败者和半途而废的人。这是一群聪明、慈悲而且勤奋的美国人，他们的盲目已被拂去，倾尽一生追求美国梦之后，他们明白了它只是一场大骗局。

她太喜欢这种感觉了，所以买了一辆厢车—— 一辆红褐色 2003 年产通用牌旅行汽车（GMC Safari），里程表上显示开了 12.9 万英里。她在埃尔卡洪的一处二手车市场花 4995 美元买了它，然后把它命名为"拉冯"。车后座变成了她的沙发和床，后挡板处则装配了一个简易厨房。她的目标是还清债务，付清车钱，依靠社保金建立一个应急基金，并写一本自传。遇见琳达前的两个月，她搬进了"拉冯"里，然后去见了鲍勃。因为晚上实在太冷了，于是鲍勃借给她一个暖和的睡袋，之后便借口自己"不喜欢这个睡袋"，坚持要把睡袋送给她。现在拉冯正作为一名全天候房车住民享受着自己的第一次车轮流浪者聚会。有两位新朋友帮助她在车顶安装了一块太阳能板。她自愿带队出去散步，每天早上8：30在篝火环统一集合出发。有一次，她发布了一则公开邀请，让大家去她那儿吃早餐，餐品是西式炒蛋配炸土豆。我也带着橙汁和鸡蛋去参加了，但是拉冯看我的眼神却有些狐疑。她对我说，有记者在场的话，他们会感到不自在，他们担心我会衬得他们像“一群无家可归的流浪汉”。我告诉她我没有这个打算，然后就去找其他的用餐者谈话。

同时，拉冯和许多其他流浪者都在期待另一项活动：夸尔特赛特体育、假期和房车秀。这项活动的举办日期和车轮流浪者聚会有所重叠，每年都会吸引成千上万的流浪者前去观摩。因为活动名字太长，所以大家都叫它“大帐篷秀”。这场活动会有200多个参展商，给人的感觉就像一段巨大的商业信息片。戴着耳机的促销员在演示维他密斯牌料理机和橡胶拖把；货摊在兜售一些药物，涉及的疾病从焦虑症、关节炎到背部疼痛、拇囊炎、痛风和跟骨骨刺，再到肌肉酸痛和坐骨神经痛；一名商贩宣称会帮助翻了车的房车主们，他的摊位广告牌写着：致力于将您从为房车付款中解救出来。这里还有许多其他公司的摊位，包括美国裸体娱乐协会、双峰房车保险公司以及美国邮箱服务——一个为需要南达科他州地址的流动人口快速办理“邮件推送和基地服务”的公司。还有些摊位则贩售除毛黏性滚筒、万能胶、宠物名牌和按摩枕。

此外，还有一些摊位招募露营打工者。亚马逊公司就在这里派驻了招募代表，他们会记下潜在员工的名字，然后送出印着CamperForce的微笑房车标志的便利贴当作纪念礼物。林务局特许经营商们也来到了这里，鼓励路过的人去申请露营地管理人的工作，有的甚至直接在活动上面试求职人，将他们指派到特定的营地去工作。一家公司代表还带了制服来分派给新员工。一家名叫迅疾就业服务公司的公司也在寻找劳动力以满足每年甜菜收获季的用工需求。“你只要填一张表就能在接下来的季节里得到一份工作，”一位招聘人员对我说，“我们今天就雇用你。”

一个更吸引眼球的摊位上摆着背光式标牌，上面写着“探险世界”，其下有一个三片式显示器展示着照片，上面是头发灰白、穿蓝色马球衫、戴着塑料名牌的游乐场员工，他们微笑着坐在龙卷风过山车最前面的座位上、坐在老式火车头里、去鸡块速食店玩耍，以及拿着巨大又豪华的嘉年华奖品。这些照片中间散布着卡通人物——比如涂成黄色微笑着的脸、张嘴露着舌头的狗形吉祥物等，还有一些打印好的标语：

童心再起！

嘿，露营打工的人，是时候开心一下了！

露营 + 工作 + 微笑 = 开心！！！

探险世界的总部位于艾奥瓦州阿尔图纳。他们派遣招聘人员招募了大约 300 名露营打工者来运营他们的游乐设施、游戏和租借地，发给他们的工资则是每小时 7.25 到 7.5 美元。这个游乐园在自己的所在地不远处拥有一个房车停车场供它的员工使用，但是需要付钱。从 6 月到 9 月之间，那里的停车价格是 160 美元一个月，而一直待到旺季结束的员工则可以免除 8 月、9 月两个月的停车费。

探险世界的管理层雇用老年临时员工的历史已经有 20 多年了，并且很欣赏他们乐观向上的态度。“我觉得有些露营打工者甚至能和电线杆对话，因为他们很有侃大山的天赋，”游乐园的人事部经理加里·帕德基佩在 2012 年《露营打工族新闻》的一次视频采访中热情地说，“我们很喜欢这一点，我们的顾客也很喜欢。”

我只遇到过一个曾去探险世界工作的露营打工者。她在芬利城为亚马逊公司工作时，我曾和她聊过。这位 62 岁的女士不太喜欢探险世界。“管理层很讨厌，公众素质不好，天气很恶劣，而且那里可是艾奥瓦啊，热得要死，”她脱口而出，还说她的很多同事都觉得自己受到虐待而辞职了，“有位老哥气得不行，直接跳进自己的房车走了。他的雨棚还张开着没收起来呢，但他不管，直接开走了。”她说着，一边描述着雨棚在风中翻飞的样子，一边哈哈大笑。

当时我还不太了解情况，第二年 6 月中旬，我开车横穿美国时得到了一个机会去探险世界看了看。午后的空气湿度很高，气温有 30 多摄氏度，空气中因热气而腾起热霾，使得主题公园看上去像一个位于玉米地和大草场之间的糖果色海市蜃楼（“大草场”是探险世界隔壁的赛马场和赌场建筑群的名字）。供员工使用的房车停车场里种着白蜡树，里面停着的许多房车都竖起了美国国旗。这些房车的牌照显示他们来自美国中部的许多州——艾奥瓦州、内布拉斯加州、明尼苏达州以及南达科他州。停车场后部搭着一些帐篷，有些流浪者好像是长期住在这里的——从他们的房车轮胎边生长的野草和 5 加仑装的桶里茁壮生长的成熟西红柿就能够看出来。

进了游乐园，工作人员似乎平均地散布在本地高中生和老人之间。这里有好几家纪念品商店，其中一家还卖印着“想谈谈基督吗？来祈祷吧！”和“上帝比任何失败的欠债病大军或堵住去路的高山都伟大”的 T 恤。另一家纪念品商店里则有一个 60 多岁的员工正激情地讨论着最近一次震惊了所有人的涨薪——他们的时薪涨到 8.5 美元了。她和她的同事推测这次涨薪来源于同行压力，因为沃尔玛的时薪已涨到了 9 美元。她又说，她本来是来这里做兼职的，可是公司太缺员工了，于是给她安排了一个全职员工的时间表。（这就可以解释为什么旺季都已经开始了，园区四周却仍旧挂着许多招工广告，“正在招募！充满乐趣的夏季工作！和你的朋友们一起工作吧！”）为了转换话题，我问她最喜欢的游乐设施是什么。她戏谑地说：“我最爱搭的便车[1]是有人用高尔夫球车载我回家。”

另一位工作人员已经 77 岁，她说自己以前是一名游乐园招募官。她很欣慰，同事们没有嫌弃自己的年迈带来的体力缺失，还说自己最近有了个关系好的同事，对方已经 80 岁了。“有一次，跟我同部门的有个人已经 86 岁了，”她说，“有一个员工还坐在轮椅上，但他很擅长用计数器计数，所以他们把他安排在了水上乐园。还有一个员工只有一只手，但他负责所有游乐设施。”而在龙卷风过山车那边，一位操作员拿着金属边的双筒望远镜，戴着宽边草帽，他告诉我他已经 81 岁了。

然而，最乐观的态度也无法抵挡悲剧。我造访探险世界后不到一年，一位露营打工者就因为操作事故而去世了。史蒂夫 · 布赫，68 岁，在帮助客人从滑浪飞船上下来时，载着船的传送履带过早启动，导致当时还有一只脚站在船上的史蒂夫从上客区摔上了传送履带，造成颅骨骨折。

探险世界在第二天恢复了滑浪飞船的运营。接着，州工作场所监管方展开了调查，并在两个月后给探险世界开出了一则违规通告，敦促该游乐园升级安全措施，并对其处以 4500 美元罚款。

---

[1] 原文中的 ride 有游乐设施的意思，但也有骑车、乘坐交通工具的意思。Give a ride 有搭便车的意思。——译者注

大帐篷秀开始之后，车轮流浪者聚会里的气氛变了，之前这里的生活都懒懒散散，现在则加快了。越来越多的人去城里一日游，而当他们在营地时，空气中飘满了问题。“你接下来去哪儿？”“我什么时候才能再见到你？”“你找到工作了吗？”14天的免费露营期限快要到期了，而且大帐篷秀每年只有一次。车轮流浪者聚会的第一天，土地管理局就派了一位护林员来分发露营许可，并记下了每个人的车牌号码。很快，这些露营者就必须搬到25英里以外的地方去了。

各奔东西的时候到了。一些人会独自上路，一些人则会组成小团体一起旅行。有好几年，加利福尼亚州的海滩是那些有护照、付得起油费的幸运者最喜欢去的地方。经常，一群人会造访板城。这是一处废弃的军事基地，在索尔顿湖附近，它自称是“最后的自由之处”。这里是擅住空宅者、外来艺术家以及避寒的流动工人的营地。（从车轮流浪者聚会去那里的人有一个绰号是“鲍勃的朋友”。）其他人则会前往尤马区，那里有一个很受欢迎的营地叫作福耳图纳池塘，白天很宁静，但天黑之后就似《迷离幻境》[1]里的景色——夜晚嗡嗡声震天的作物喷粉机发出的强光会让田地发出阴森的绿色。

车轮流浪者聚会结束之后，鲍勃取下了官方标牌。西尔维安妮打包了免费闲置区里剩下的所有东西——包括那顶没人要的大草帽——拿去当地一家二手商店。琳达煮了咖啡，我也喝了一杯。她给我展示一位

---

[1] *The Twilight Zone*，美国电视剧，内容包括恐怖、幻想、科幻、悬疑和心理惊悚等元素。——译者注

朋友帮她装好的新的螺线管，这样她在开车的时候，可以通过汽车电池的溢出物给房车充电。不久便有消息传来，鲍勃已经离开这里前往下一个位于埃伦伯格的营地，并邀请任何想和他一起去的人一起启程。琳达匆忙拔营，与珍和阿什拥抱道别。珍和阿什的下一份工作是在萨林纳斯谷——或用阿什的话说，“斯坦贝克村[1]”——东边不远山里的摇摆7大农场（Rocking 7 Ranch）工作，而她们打算在去工作之前一直在西南游荡。这个大农场是一个叫作WWOOF（世界有机农场机会组织）的国际组织的一员。该组织成员为自称WWOOF人的志愿者们提供食物交易、寄宿以及工作培训服务。在这里做完之后，珍和阿什就要向内陆进发，去做另一份有偿工作——在红杉国家森林当露营场管理员。

琳达沿着10号州际公路朝着科罗拉多河方向开，然后在Flying J卡车休息站附近的加利福尼亚州界处拐到了支线道路上，继续开过“此路不通”的警示牌。这里的景色荒凉且极其空旷，道路上铺着沥青，植被稀疏。和这里比起来，夸尔特赛特周围的沙漠简直像是个伊甸园。没有铺柏油的入城道路边藏着许多破旧且饱经风霜的房车。扁平的轮胎和年久失修的状态显示它们在几年前来到这里后就再也没有离开过，里面的住民整年都待在这里。原则上讲，土地管理局规定在这里露营的期限是14天，但是这个规定以及这片地区都被来访者和巡逻队忽略了，很可能是因为这里明显缺乏魅力。没有多少露营者会对这里感到满意，而这倒有利于一些喜爱孤独的人。我到过这里几十次，却没看到过一个护林员，也没看到有人被赶出这里。

[1] 美国作家约翰·斯坦贝克（John Ernst Steinbeck, Jr.）的故乡就是萨林纳斯。——译者注

在这里，车子间的停车距离很大。内向者们度过了两个星期的密集社交期，现在则在这儿恢复。他们中的有些人早晨仍然会聚在一起分享咖啡。度过这样的一个聚会后，我找到了西尔维安妮，她正和自己的猫莱拉在自己的车里，读着一本叫作《哈姆雷特的石磨：调查人类知识的起源以及神话传承》的书。

“你觉得这里住着多少人？”我问。

“天知道！”她高高兴兴地说，“这样才有意义。这里是不受关注的美国土地。”虽然露营者们的分布范围很广，来去都很有规律，但总人数似乎都在 15 人左右。我无意中碰到了拉冯，她对我的态度比在车轮流浪者聚会上时热情，也更放松。她之前以为我这个外人会认为这个群体是“一群无家可归的流浪汉”，而现在对于这个观点，她耸了耸肩，一笑了之。

“到底是‘无家可归’这个概念里的什么东西让人们如此情绪化？”她沉思着说，“有些人会觉得我无家可归，但我不这么觉得，我有一个遮风避雨的地方。”同时，她说，把自己算进别的分类总让她感到内疚，就好像这会强化某个更大的社会耻辱一样。

现在，拉冯和琳达已经相处得很好，决定试试一起工作了。琳达的下一项工作会在春天开始，去马默斯湖的舍温河露营场当管理员。同时，大帐篷秀还没有结束，里面有一个加州土地管理公司的招聘人员。根据琳达的建议，拉冯和另一名正在找工作的流浪者特里斯·海——59 岁，住在一辆日产森特拉车里——打算申请那里的工作。

那天下午，我和琳达坐在一起，她正在用水壶烧洗碗水。她说，她本来有 24 小时热水的，但是在内华达州的时候有个人卖错了电池——

她要的是深循环电池，可他却给了她引擎启动电池，这意味着电流不够大，无法把卧榻下的储水箱里的水抽到水槽里。她在埃伦伯格待得很高兴，但是不想在这里逗留得比拉冯更久。拉冯打算跟着鲍勃和他的追随者一起行动。同时，鲍勃严格按照他的常规路线走——在埃伦伯格待到天气暖和起来，等到响尾蛇复苏的时候就前往海拔较高的卡顿伍德和弗拉格斯塔夫。但琳达在下一份工作开始之前必须先做一些重要的事，包括找一个地方退掉一个旧储物箱，所以她很快就启程了。

她走了之后，拉冯在她的博客里写了一段关于琳达的话：

> 另一位新朋友也离开之后，我又开始悲伤了。他们一个接一个地离开，到新的地方去。我肯定还能见到其中的一些人，但这悲伤是流浪生活里不可避免的一部分。人们在你的生活里来了又走，走了又来，你不可能永远和他们在一起。
>
> 琳达·梅，她好似大家的母亲，给我们做薯条吃，让我们开怀大笑。没有人不爱琳达。可她已经开始寻找一片适宜的土地来建造可持续、不依靠外界的地球之船当作家园。我答应帮助她（也就是往许多轮胎里铲土），只为了能再见她一面。

离开朋友们之后，琳达往东南行驶了 380 英里，来到亚利桑那州

科奇斯县的沙漠里。这里建筑规范很宽松，土地也很便宜。她希望能在这里找到几英亩土地来建造她的地球之船，找了几小时后，她感到很失望，因为这个地方太荒凉了。体验过车轮流浪者聚会的热闹以及集体感和亲密感带来的温馨之后，她对一种隐士的生活毫无兴趣。“没人会来这里拜访我，”她想，“我最好还是找个家人们能来的地方，这是最重要的。容易到达的地方才能够聚在一起。”她在墨西哥国界附近的停车场里住了一晚，然后重新上路。

接着，琳达去退了她 4 年前在凤凰城郊外租的一个储物箱。（“我很想把它一把火烧了。”她之前回忆说。）她把里面的东西都放在一辆搬家车上，然后去了亚利桑那州纽河的一个朋友家里。她留下一些纪念品——孙子朱利安画的一幅貌似是猫的水彩画，小女儿瓦莱丽送的一张印着比基尼性感女郎的生日贺卡（上面戏谑地写着“你依旧很漂亮”）。但其他的东西——老唱片机、配有植绒的玻璃灯及一堆厨具必须舍弃了。她开了一次庭院售物活动，扣掉运输费用之后，第一个周末她卖了 99.75 美元。“我再也不租储存箱了。”她发誓说。不久之后，她给我写了封信，分享她在网上或在诗歌里看到的话语：“在剪断每一根阻碍你通向自由的缰绳时，你与障碍的较量将不可避免地让你受挫。”

同时，车轮流浪者们也离开了埃伦伯格，因为那里已经热得让人受不了了。他们转移到了卡顿伍德附近的普雷斯科特国家森林，那里的海拔比埃伦伯格高几千英尺，气温凉爽。在那里，房车住民们都分散开了。有的住在能看到阳光斑驳的台地风景的开放的小山坡上，有的则住在更低更隐蔽的树林里。鲍勃、拉冯、西尔维安妮都在这里，还包括琳达的其他一些新朋友。比如阿特利・波默尔，34 岁，他以前是公共巴士司机，现在则住在一辆以 60 年代的歌手多诺万命名的雪佛兰 ASTRO 里；还有萨米尔・阿里，65 岁，他因为南部干旱造成的干草价格上涨而失去了自己的清真山羊农场，现在与他的吉娃娃狗皮可住在一辆货车里。（萨米尔是一位身体力行的穆斯林，利用一个苹果手机应用程序每天祈祷 5 次，让自己的信仰变得便携了。他手机里还有一个应用程序来帮助他停车，那是一个指向圣城麦加的罗盘。因此，他的车总是朝向合适的方向，方便他祈祷。“无论想做什么，都会有一个相应功能的应用程序。”他惊叹道。）

琳达的庭院旧货出售活动结束时已是 3 月末。琳达去了卡顿伍德，正好赶上一次比萨饼聚会。鲍勃成功用 28 美元搞到了“小凯撒”比萨店的比萨来喂饱 11 个人。之后，他们在傍晚的红霞中走路消食。这一群流浪者中多数是女性，包括 7 位女性、3 位男性，其中还有个十几岁的小男孩。鲍勃之后评论说，在一个长久以来都不鼓励女性独立的文化里，这似乎是一件好事。

第二天，一位护林员出现在了营地里。他困惑地问他们这是不是个俱乐部，萨米尔回答“是的”，于是护林员就问他们要在这里待多久。鲍勃说了个没有恶意的谎言：他们只在这儿待了 4 天。（其实他们待了两星期多一点儿。）于是护林员记下了他们的汽车牌照就走了。这意味着“14 天免费露营”的限制已经开始运转，所以现在，这个群体必须开始考虑下一步去哪儿了。最终，他们决定去弗拉格斯塔夫附近的凯巴布国家森林公园住下来，那里海拔高达 7000 英尺，比卡顿伍德还要冷得多。琳达房车的屋顶状况不太好，她希望在离开之前把它修补好，因为液体橡胶在温暖的天气里更容易干。这个团体的另一位成员—— 一名专业油漆匠韦恩爬上屋顶，用长柄滚轴为它涂上防渗材料，正好赶上了他们集体转移的时间。

在弗拉格斯塔夫，他们在一片高耸的松树林中停下了车。琳达拍了一张照片上传到 Facebook，让家人和朋友们看。“狗儿们和我都很喜欢这里，”她写道，“这一个院子要多少钱？免费。”琳达亲手做了一顿晚饭感谢韦恩：索尔斯伯利牛肉饼、土豆泥，还有肉汁——装在她在一次资产拍卖会上买到的 20 世纪 30 年代堪萨斯城市铁路瓷碗里。由于这些餐具已经度过了 3/4 个世纪而毫发无伤，琳达觉得它们肯定坚固到能够承受房车的颠簸。琳达还认识了洛丽・希克，一位妈妈，有心脏病，和自己 13 岁的儿子拉塞尔以及他们的狗凯利住在一辆 1995 年的蓝色雪佛兰 Tahoe 里，这辆车有一个昵称叫“宝贝”，和保罗・班扬的公牛一个名字。她们俩一起探索了新环境。造访琳达的露营点时，拉塞尔和洛丽发现了一个巨大的麋鹿头骨。同时，琳达给了洛丽一本《查利偕游记》，后者“贪婪”地看完了这本书。约翰・斯坦贝克写的这个与贵宾犬一起驾着轻型露营车旅行的故事在流浪者中很受欢迎，折了角的书在他们之中手手相传。[1]

几天后，琳达不得不再一次启程。她的下一份工作快要开始了——

---

[1] 车轮流浪者聚会里的一个伙计在知道我没读过《查理偕游记》（*Travels with Charley*）之后差点没被吓坏，第二天，他特意跑来借给我一本平装本。此外，这个亚文化的其他文学经典还有：威廉・李斯特・西特姆的《蓝色公路》（*Blue Highways*），爱德华・阿比的《沙漠隐士》（*Desert Solitaire*），乔恩・克拉考尔的《荒野生存》（*Into the Wild*），亨利・戴维・梭罗的《瓦尔登湖》（*Walden*），以及谢里尔・斯特雷德的《荒野》（*Wild*）。

在内华达山脉东部的马默斯湖当露营场管理员。第一天，她开了 10 小时的车，夜晚在内华达州托诺帕的德士古公司停了下来。琳达出去遛狗，回到房车之后可可突然癫痫发作。它绷紧肌肉发出尖叫声，接着瘫了下去，停止了呼吸。疯狂的琳达将自己的嘴对着狗嘴，深深地呼气。不久，可可就醒了，虽然全身依旧僵硬，但已经开始呼吸。琳达拿了一包冰冻蔬菜按在可可的背上，因为她听说这样可以缓解狗癫痫，然后她打电话给自己的女儿。奥德拉研究过香精油，推荐用乳香，于是琳达轻轻拍了一点在可可的脚掌上。可可的肌肉松弛了下来，不久就开始打呼噜。琳达继续监护着可可，持续了好几个小时。第二天早上可可看起来很正常，琳达依旧很担心，但还是哆哆嗦嗦地上路，开了最后的 150 公里前往马默斯。

琳达在 4 月中旬抵达舍温河露营场时，那里非常安静，访客只有鹿和一辆载着雪橇犬们去拍电影的卡车。不到一个星期，寒冷的空气便袭来了。好几英尺长的冰柱从她的房车驾驶舱上垂下来，车顶上则堆着厚厚的雪，琳达开始房车旅行之后从没有见过这么厚的积雪。但是，房车里面依旧温暖且干燥——新修好的车顶没有漏水。可可也好像很健康。琳达回忆起生活里的所有事都很美好。4 月 28 日，她庆祝了自己的“戒酒生日”——她已经 24 年没有酗酒了。“我写这些字的时候，泪水掉了下来，”她在自己的 Facebook 页面写道，“我最大的孙子已经 21 岁了，也就是说，在他的生命里，他的外婆从来不酗酒，并且很爱他，这真是一个奇迹。我的祈祷得到了回应……我很开心、欢喜，且自由。”

曾有一次，琳达调侃地说，祝贺一个酒鬼不再喝酒就跟表扬一个长了痔疮的牛仔不骑马一样。她的 Facebook 页面有许许多多家人和朋友写的深情回复，庆祝这座里程碑的建立。“谢谢你站起来抵抗酒瘾，给我们家世代相传的酒瘾病带来了曙光和警觉，”奥德拉说，“我爱你。”

虽然手头紧，但没什么能够影响琳达的乐观天性。她竭尽所能延长她的食物供给期，把不新鲜的玉米饼做成鸡肉青豆玉米饼，把放了好多天的面包做成焗烤法式吐司。不容易腐烂的食材基本都被她吃完了，她的冰箱里只剩 4 个鸡蛋、半加仑牛奶，以及一些调味料——番茄酱、蛋黄酱、芥末和果酱。她风趣地把这些叫作“放在其他食物上的食物”。不久后支票到了，她再次开始囤积食物。

5 月下旬，琳达和我通了电话。“今天是个好日子！我的露营场客满了。”她开心地说。我问她的寻地计划进展得怎么样了。琳达说她上一次寻地旅程是个大失败，她已经把目标转向了加州圣迭戈东边一小时车程的朱利安城。“它在山里，以前是个采金矿的矿业镇，”她对我说，“和那些末日生存者的想法一样，这里离水源很近，能够避免遇上灾难，万一遇上了大干旱，我们可以从外面引水进来。毕竟我们永远不知道天气会如何变化。”琳达还希望能多存点儿钱来开启她的地球之船计划——她直到初秋都在这里当营地管理员，然后就会再次参加 CamperForce 项目。尽管上一次在 CamperForce 工作时落下的手腕伤还没好，但距离去那里工作还有好几个月呢，琳达对此很乐观。几个星期以前，她还鼓励另一个住在房车里的朋友，朋友也想参加 CamperForce，但却在犹豫自己能不能承受那么艰苦的工作。“别担心，”琳达说，“我们互相照应，互相支撑。”

另外，琳达还告诉我她现在过得非常好。“生活中有高潮也有低谷，”她说，“但我最开心的时候却是财富不多的时候。”我们聊了她的狗，聊了她想翻新自己的车子。不过没聊多久，她就必须离开（“好像有个客人走过来了！”），回到工作中去了。

Nomadland
第八章

海伦

琳达开始在舍温河露营场工作的时候，我采访露营打工者已经6个月了。那段时间里，我还四处搜寻媒体信息——线上的、线下的、广播的，以寻找有关这个亚文化的信息。我找到的大部分信息都把露营打工塑造成了一种阳光的生活方式，甚至是一个古怪的嗜好，而非一种在这个美国人无法负担传统房屋、挣扎着赚取糊口工资的时代里的生存策略。

美国国家公共电台《总体看来》（*All Things Considered*）节目的一个环节以一位记者的旁白开头："当然，圣诞老人需要小精灵来帮他将礼物准时投递到位，亚马逊公司则需要露营打工族！"这位记者介绍了一名住在堪萨斯州科菲维尔的酋长房车停车场的露营打工者。这个环节总共3分钟，绝大部分时间都在谈论在美国四处旅行、结交新朋友的喜悦，中间还被大笑声打断了4次。

其他故事没有这么快乐，但依旧强调了流浪的激情和友情，而回避了让那么多人从根本上改变自己生活的困苦。从某个角度来说，我无法责备记者们相信了那些信息，毕竟在早期我也得到过相似的结论。讲故事的那位记者可能只读了一个下午的相关信息，很少能触及真相。我在第一次调查露营打工族时，找到的都是令人欢喜的陈词滥调，但我同时也收到了警告。一个为CamperForce工作的流浪者同意与我见面，但警告我不要把他和他的伙伴们描述成危机中的美国人。“世上游手好闲的人很多，他们几乎埋怨所有事，这样的人到处都是，”他自豪地说，“我不是他们中的一员。”

我在《露营打工族新闻》—— 一份目标受众为流浪者的双月刊——里也看到过类似的“拒绝抱怨”观点。“你需要转变一下态度吗？”一个标题这样写，它下面的文章则鼓励有职场问题的愤怒打工族们从自身找原因。“尝试转变自己的态度，不要让它支配你，尝试用以下一些理由来安慰自己，”作者建议说，“‘我们不是永远都在流浪。这是到达终点的一种方式。我们正在执行，正在探索这个区域（或探望家人），正在实现梦想。’”

这番鼓舞士气的讲话是超现实的，但也并非完全出乎意料。毕竟，往积极的方向思考是所有美国人的应对机制，几乎是一种全民娱乐方式。作家詹姆斯·罗蒂曾在大萧条时期周游美国，与那些为了寻找工作机会而被迫流浪的人交流。在 1936 出版的《生活更好的地方》（*Where Life Is Better*）里，他感到很沮丧，因为他的采访对象大多坚定地认为自己很快乐。“我旅行了 1.5 万英里，却一无所获，这让我感到既厌恶又胆寒，因为美国人这种自欺欺人的思维习惯已经根深蒂固了。”他说。

我没有那么愤世嫉俗。的确，人们习惯于在动荡不安的年代里打肿脸充胖子，也喜欢将这种自欺欺人的表情展示给陌生人看，这是人类的天性。但是，凡事总有例外。接触了这群流浪者之后，我看到的真相是这样的：人们可以同时处于挣扎和乐观两种状态上。这并不意味着他们拒绝接受现实，更重要的是，它证明了人类拥有惊人的适应能力，非常善于在逆境中追寻生存的意义。丽贝卡·索尔尼特在她的书《建在地狱中的天堂：在灾难中建立起来的特殊团体》中指出，人不仅在逆境中这样做，还会带着“令人吃惊的强烈欢愉”。在遇到难以承受的苦难时，也极有可能在相互接触中——比如与其他露营打工者在繁星闪耀的广阔天空下围绕着营火坐着——找到快乐。

也就是说，做了我好几个月采访对象的流浪者们并非弱小无力的受害人，也非无忧无虑的冒险者。真相有其更为微小精妙之处，可我该如何接近它呢？那时候，我已不再是一个当天来回的短途旅客了。我花了好几个星期近距离接触露营打工族，横跨五州记录他们的故事，接着又在他们的冬日聚会中在夸尔特赛特的一顶帐篷中逗留，夜里的气温低至零下好几摄氏度。我还是没能如预期那般理解他们的故事，也就是说，我所处的位置还离他们不够近，无法真正对他们的生活了如指掌。想要真正地走近他们，需要把自己更全面地沉浸于他们的世界中，花好几个月的时间，每天和他们生活在一起，成为他们所在的某几个营地的常客。

我的帐篷令我成功地在没有水电供给的情况下在沙漠里生存了下去，但我无法像我采访的许多人那样，去偏远地区的荒郊野岭露营。住帐篷的客人只被允许在户外厕所附近扎营，因此车轮流浪者聚会开幕之后，我只能住在离会场 4 英里以外的地方，每次前往都要开好一段路。为了切实地融入流浪者的生活，我需要一个更为坚固的移动避风港，可以让我在里面睡觉、做饭以及写作，还得配备一个有基本功能的厕所。用房车居民的用语来说，我的庇护所必须能够“自给自足”。

我在克雷格列表网站找了好几个月的二手货车，很多车乍一看非常好，仔细一查却发现已生锈或腐蚀得太厉害，其中包括一辆 RoadTrek，它的主人叫它“肝门派对”，并告诉我他在里面度过了许多年的快乐时光。有个东西吸引了我的注意力：一辆白色1995年产通用牌范杜拉汽车，车身上有一条活泼的水鸭色线条。（有人告诉我这辆车和《天龙特工队》里T先生的车是一样的，看来怀旧之情还是发挥了一定作用。）对于一辆已有几十年历史的车来说，它的状况很好，里程表上也只有6.4万英里。由于它基本都停在加利福尼亚州的海边，所以从没有遇上过严冬，且内部也已被改装得适合露营了。

我第一次踏进这辆车时，它的内部好像比外表看起来更大，就好像它跟《神秘博士》里的塔迪斯飞船一样逃脱了物理法则的约束。墙上装饰着粉蓝色的天鹅绒。车尾还有一个可以变成床的小餐室。车厢里有一个使用12伏电池的小冰箱、一个小丙烷燃气炉、一个可移动的简易厕所以及在荒野露营的实用便利设施。头顶上是一个活动顶棚。打开栓锁掀起顶棚，我可以站直，但所有隐身的伪装都烟消云散——从外面看来就好像有个旅行帐篷骑在了车背上。

我得给这辆车起个名字。我遇到过的那些房车旅行者用的名字有"房景""房GO""多诺房[1]""房塔基特岛[2]"和"房娜·怀特[3]"——这是个喜爱一语双关的亚文化团体。一位朋友建议我叫它"贝多芬"，暗指那个叫露营车贝多芬（Camper Van Beethoven）的乐队，但这个名字却让我联想到那首叫《翻滚吧贝多芬》[4]的歌，这对驾驶员来说可不是个好兆头。我出生在20世纪70年代后期，正是这支摇滚乐队的第一张

[1] 与姓氏多诺万（Donovan）有关。——译者注
[2] 疑似与位于美国马萨诸塞州东南沿海的岛屿楠塔基特岛有关。——译者注
[3] 疑似与《幸运之轮》（Wheel of Fortune）的主持人、女演员范娜·怀特有关。——译者注
[4] *Roll Over Beethoven*，歌手查克·贝里（Chuck Berry）的一首歌。——译者注

专辑发行的时期。我试图拿一些合适的辟邪物来装饰它，包括一张在夸尔特赛特旧物交换会上买的黑绒布海明威画像，以及一个琳达在当露营地管理员时找到的松鼠头骨。我还将别人送我的一串蓝玻璃“斜眼”串珠挂在了后视镜上，这玩意儿是我所拥有的最接近防盗警报器的东西了。

最终我给它取名为“海伦”。我和我最好的朋友记者戴尔·马哈里吉一起去加利福尼亚州取货，然后一起开着海伦拜访了他住在圣迭戈北边峡谷里的叔叔的农庄。我开着海伦，努力习惯这只 19 英尺长、2 吨重的巨兽。它如同一条船在小路上飘荡，需要我持续修正航线。（我非常紧张地让它保持正确航线，最初几次驾驶之后，我的肩膀都会持续疼好几个小时。）

“我”曾开着海伦跨越 15000 多英里

到达目的地之后，我们把它停在柑橘园里开始修整。最容易的部分是洗车——擦洗从橱柜内部流下来的已经硬化了的枫糖浆，并用钢丝球去除表面的铁锈。最困难的工作是安装一个几百瓦的太阳能板。许多流浪者将太阳能板装在车顶的货架上，再用侧架支撑，但海伦的车顶是可活动的，无法效仿。所以，我们只能战战兢兢地尝试其他方法：在崭新的屋顶后部开两个洞来安装铝支架。海伦停着不动的时候，这个支架可以支撑太阳能板并向上倾斜一个角度以捕获更多的太阳光。拧紧螺丝后，我在这两个洞所在的区域涂了大量的防水材料，祈祷这里不要漏水。接着，戴尔和我在车里安装了一个充电控制器，一头连接上太阳能板，另一头则接上小餐室底下的一对 6 伏蓄电池。在野外露营的时候，这些装备可以提供电能。最后，我们还在小餐室底下安装了一个逆变器来给我的笔记本电脑和照相机充电。

曾有一小段时间，我担心自己做的这些准备会不会太过头了。但在之后两年多的跟踪报道中，我每次旅程要持续两个月且时不时需要住在海伦里，这时，我便发现自己并没有过度准备。我和海伦的旅程超过了 1.5 万英里，跨越了两个国家——海伦到过墨西哥和加拿大两个国家——从东海岸到西海岸。

上路之后，我意识到的第一件事就是，虽然我已经采访了好几十个流浪者，但却一点儿也不知道该怎样在一辆车里生活。我要在极短的时间内学会许许多多的相关知识，学习速率还无法逐渐降低，因为环境一直在变。在沙漠里开车的时候，海伦曾陷在沙里两次，轮胎在软沙里打滑，直到一个开着吉普车的撒玛利亚人路过才把它拉出来。在山里时，我的车被困在了暴风雪里，厕所和储水桶都被冻得结结实实。夜晚，我在空荡荡的堪萨斯公路上行驶，突然交流发电机坏了，海伦没了电源，仪表盘渐渐暗了下去，整辆车靠惯性滑行到一个休息站门前停了下来。

有一次在得克萨斯州的沃思堡市附近，我停车去买咖啡时突然变天了，台风警告刺耳地响了起来。咖啡师建议我躲进自己家的地下室，于是我指着窗户外的海伦，示意没有地下室，然后两个人都笑了起来。那天晚些时候，我躲在海伦里，外面下着暴风雨，我则惊恐地看着雨水从后门车顶透过防水材料渗了进来，在屋内形成了一串水珠瀑布，打湿我的床，还令车内电力系统的一部分烧坏了。还有一次，回家休息一段时间后，我回到了海伦停放的长期停车场，却发现它被洗劫一空。有人拿像土豆那样大的石头砸穿了驾驶座旁边的窗户，驾驶室里碎玻璃撒了一地。幸运的是，车里没什么值钱东西，只损失了黑绒布上的海明威画像和一些美味的辣椒酱。

我对海伦也做了许多轻率行动：倒车时撞上巨石，活动车顶还在上升时就开出露营点，开了好几个街区都没发现自己别在底盘下的交通路锥正摩擦着路面。有一次，我将海伦停在了星巴克旁边蹭无线网络，试图安装一个火灾兼一氧化碳报警器。（流浪生活基础知识：所有当作住家的车辆必须安装灭火器和一氧化碳报警器。）但每次我试图把它安装在墙上，一个僵硬的女声就会大喊：“火灾！火灾！疏散！疏散！”我的伪装全部露馅，路人则一边喝着拿铁一边盯着我。

在一次长期取材路程中，我需要更新医嘱，于是让我的医生给一家药房打了电话。之后，医生告诉我，药剂师看了我的家庭住址之后脱口而出：“她住在车里！”他不知该如何反应。药剂师并没有把这件事放在心上，而这件事却让我意识到，在美国，如果你没有家庭地址，那你就不是一个真正的人。

我住在海伦里的时候，住宅地址会随时变化。我曾睡在 Flying J 货车休息站、沃尔玛大型购物中心、一家叫作威士忌保险箱的赌场以及一个废弃的加油站里；也曾住在贫瘠的沙漠中、山间荒野里、郊区道路上。住在住宅区最为糟糕，因为好奇的邻居很容易带来麻烦。有一次我曾偷偷摸摸地在米申维耶霍市扎了一次营，第二天在电动树篱修理机的嗡嗡声中醒来。一位修剪人员正在不远处工作。我在海伦里安静地睡在睡袋里一动不动，直到他干完活。这天晚些时候，琳达和拉冯笑我太过偏执。

在我为这本书搜集素材期间，这样的经历就跟背景音乐一样无时无刻不在发生。如果我不曾住在海伦里，我不觉得自己能靠近他们来听取他们的故事。但公平地说，刚开始的时候，我很难接受这些事情。起初，虽然我敏锐的感官让我感到些许害怕，我却完全不知道自己处于什么样的情况当中。

我花了好几天全力对付太阳能系统，最终还是在戴尔的帮助下才把它摆弄好。所有设备都运行正常之后，万事俱备，只欠上路。戴尔拥抱我，与我告别，那时候天已经黑了。我爬上驾驶座，缓缓地把海伦开出他叔叔的农庄，驶出橘子树的隐约剪影。车道很陡峭，突然，这辆两吨重的车好似沉得难以置信。我紧紧抓着方向盘，脚全程放在刹车上，眼底却意想不到地泛起了泪花。我用袖子擦掉它们，想着自己如果连驾驶海伦都感到不适，还何谈住在里面呢?

“你现在要做的是将注意力集中在道路上，”我对自己说，“你有满满一杯咖啡，有智能手机可以导航，还有一个期待了数月的目的地。”我的车缓缓开出峡谷，前去拜访琳达。

———

2014 年的圣诞节前夕，琳达的女儿和女婿还有他们十几岁的孩子在圣克莱门租了一间公寓。琳达睡在沙发上，从后窗可以看到彭德尔顿营，也就是海军陆战队的本部。黄昏时总能听到熄灯号声，有时半夜还会有实弹炮击演习的声音。（这一家子这时候还没有搬到米申维耶霍市那间出租房里。）

琳达的房车停在大街上，已经被贴了许多罚单，浣熊们还在燃料管线上咬了个洞。她是在加油的时候发现的，吓了一大跳——她往下看去，发现自己的脚边积了一个小水潭。本来，琳达是打算回到芬利城的亚马逊仓库去工作的，但她手腕上的伤一年了还没好，所以她只好取消了这个计划。金钱再一次所剩无几。

我到达的第一天晚上，琳达执意请我和她的一家人一起去一间墨西哥餐厅吃饭。我们离开的时候，外面的一位街头艺人正在演奏洛德的流行金曲《贵族》。她的小提琴箱子敞开着放在路边，琳达给两个孙子每人一张一美元钞票去给这位街头艺人。回到公寓里，他们让我睡他们家里，不过琳达自己都已经睡在沙发上了，她的一个孙女甚至睡在了步入式衣柜里。我反反复复地说自己睡车里就行，车就停在这幢公寓大楼旁边的停车场里。琳达牵着自己的两条狗和这个家里养的吉娃娃“小玩意”出门遛弯，这是今晚的最后一次散步。我们一起散步走过停车场，接近海伦时，我不安起来。在此之前，我只在海伦里睡了一晚——在圣迭戈的农庄里。那里没有陌生人，周围也没有来来往往的车辆。也就是说，这将是我第一次在市区的停车场里过夜。万一邻居们报警怎么办？

万一在我睡觉的时候有人闯进来怎么办?

想着这些的时候，我突然感到一阵剧痛。“小玩意”咬住了我的右腿后部。我试图一笑而过。早前，琳达曾叫它“咬脚踝的小不点”，但我以为那是一种亲昵的称呼而不是一个警告。伤口处剧烈刺痛，我尽量轻松地看待它，但心里的担忧却凝结成了恐慌。“这狗疫苗打齐全了吗?”但我不想因为询问这个问题而冒犯到任何人。

我道了晚安，狼狈地逃进车里关上窗帘，找出洛杉矶的一位朋友送给我的护理包。创可贴和皮肤消炎药被塞在一面小小的美国国旗和一块香皂下面。我脱下牛仔裤，本以为会看到一个流血的伤口，然而皮肤却一点儿没破，只是有一点儿擦伤。这本应让我感到安慰，但却没有。我刷了牙，钻进睡袋蜷曲了起来，想着鲍勃·韦尔斯的书里写的一些话。“对于大多数人来说，在自己的车里过的第一晚大大超出了自己的舒适区，因此这一晚可能会过得非常难受，”他说，“你的恐惧会将每一个声音都放大（而声音却很多），让你难以入睡。在第二天早晨醒来时，你会感到迷茫，不知道自己身在何处。”

我从没想过那些字句会应验在我身上。毕竟，我只是一个带着数码相机、录音器和笔记本的作家，而不是一个生活正经历翻天覆地的变化的人。我只计划在自己的车里待几个月，而不是许多年。

有一些车辆穿过停车场，前照灯打在海伦上。每当有一辆车接近它，阴影就会变得明亮而刺眼；而车辆掠过以后，亮光便暗淡成红色，阴影在车里盘旋。这个司机是不是减速了?那个司机是不是停得离我太近了?他们知道我在车里吗?我闭上眼睛试图放松，但还是花了好几个小时才睡着。

———

有人在我窗户上轻敲，惊得我立刻醒了，已经是早上了。一个熟悉的声音说："你——好——啊——！"琳达又在遛狗了，她家里正煮着咖啡。我有气无力地穿上几件衣服，然后跟着她去了她家。她告诉我浴室的方位，然后递给我一条粉色花纹毛巾。"给你，刚洗过，"她说，"波尔卡圆点花纹。波尔卡圆点会使人快乐。"

我们一起开着海伦去兜了个风。我在琳达最喜欢的外卖店里买了两份早餐，然后去海边一边看冲浪者们随着海浪摆动，一边吃早餐。回到车上以后，琳达简单地教了我一下驾驶一辆 19 英寸长的货车该怎样倒车、停车。她当过 6 个月的职业卡车司机，发出正确的指令、引导我操作车辆对她来说轻车熟路，但我却惊慌失措，被吓得不轻。接着她领着我去了一家二手店买了一些厨具放在车上。我在一堆各式各样的扁平餐具（刀、叉、盘子等）中仔细翻找，琳达则为我找到了一个超划算的荷兰灶和过滤器。那天下午晚些时候，我们彼此道了再见。

我的下一站是夸尔特赛特。我打算在那里的沙漠荒野中露营几个月，这期间还会参加车轮流浪者聚会。距离那个聚会还有好几个星期，可直到它开幕我都不知道该将车停在哪儿。

接着，一则邀请我参加百乐餐的邀请通过 Facebook 传了过来。邀请人是沙琳·斯万基——那个 70 岁的房车生活专家，更著名的名字是"斯万基·车轮"。去年我们曾短暂地见过面，我也读了她写在鲍勃·韦尔斯网站上的冒险经历。我感到非常兴奋。斯万基的露营点肯定是个好地方，再加上她是露营专家，我能够从她那里学到很多东西。

“你去绑了琳达一起来。”斯万基开玩笑说。我说那不可能——琳达破产了，没有车开，还礼貌地拒绝了搭我便车的邀请。于是斯万基转而叫我带一些热狗去参加。

到了她的露营地之后，我看见斯万基很熟练地在教导新的房车居民。在这个季节里，她已经收了一个学生—— 一个叫文森特 · 莫斯曼的 27 岁年轻人。不久后，他讲起了自己的故事。

直到两个月之前，文森特都和他的妈妈住在蒙大拿州的比林斯。虽然他渴望独立，但租公寓不太现实。他还有超过 2.5 万美元的学生贷款要还，学位也没拿到。为了生活下去，他在学校时要做两份工作——实验室管理员和咖啡师，生活费紧张的时候他就买一个超过 1 英尺的赛百味三明治吃两天。他上大学的第三年，父母离婚了，当他申请助学金的时候，校方要求他爸爸签名，可他已无处可寻，所以文森特辍学了。搬回家里以后，他去了一家自闭症成年人团体之家工作，但赚的钱不多。他觉得只有一条路能够让他独立生活下去了。于是，他借了妈妈的小型货车—— 一辆 1995 年产普利茅斯大捷龙，把车里的装潢都拆掉，做了油布地毯，装了窗帘、架子和床铺。他叫它“蒂利”，名字来源于《小货车做到了》里那辆总是说着“我能做到，我能做到”的小火车。接着，文森特开启了他的第一次旅程。

“我开车上路是为了学习怎样靠自己的双脚在世上立足。”他说。

文森特前往夸尔特赛特，计划在这里与斯万基见面。他与她通过 Facebook 上的一个流浪人小组成为朋友。她邀请他来夸尔特赛特南部沙漠里的拉波萨长期访客区，在她附近（而不是与她一起）扎营。我加入他们的时候，他们就在那里。

邀请了文森特之后，斯万基心中充满了担忧和后悔。斯万基很珍视自己的个人空间，甚至当没有访客时，她还会升起一面画了人头骨和交叉骨头的海盗旗。然而，文森特却极度爱社交。他称自己有“LPS”，也就是“迷路小狗综合征”——总是想去帮助有困难的人。

文森特在万圣节前一天到达了夸尔特赛特，将车停在了一条小河旁边。斯万基的营地就在文森特正对面。她的营地就像个户外客厅一样，有防水地毯、椅子、载货挂车和遮阳棚。旁边就是她的车，里面有一张床、一张电脑桌、一个冰箱以及一个她开着发动机时能通过换流器获取电源使用的微波炉。后门处贴着一张星球健身俱乐部的海报，她加入这个健身俱乐部的目的，是利用其中的健身房洗澡。

斯万基把一个自己不用的帐篷给了文森特，供他储藏食物和其他东西。而他则帮她在载货挂车里装了一个橱柜当作食物储藏室。她教他如何安装太阳能板，文森特在将它固定在车顶上时用了几个硬币充当垫片，这样省钱。斯万基还允许文森特用自己租来的邮政信箱，她说自己的家人已不会再收自己的信了，而文森特是个跨性别男性[1]，有一个通信地址非常重要。他每隔两个星期就要在大腿上注射一次睾酮[2]，而新的处方单是通过邮件寄送的。此外，其他好东西也会出现在信箱里，包括他妈妈寄来的圣诞补给包：一大袋小饼干，咸苏打饼的盒子里有一个小小的红砖壁炉玩具，顶上还有一棵玩具冷杉树。

斯万基和文森特相处得非常好。这位头发斑白却朝气蓬勃的房车住民比她那长着胡子的年轻学徒高一个头。年轻徒弟的手腕上文了一个睾

[1] Trans Man，生理性别为女性，但心理上为男性。——译者注

[2] 男性荷尔蒙的一种。这里的意思应该是文森特接受了变性手术。——译者注

酮分子式图案，脸上露出顽皮的微笑，上边右部的牙齿还缺了一颗。文森特告诉我，拔那颗牙花了250美元，而如果选择戴牙冠则要1000美元。我遇到的很多流浪者都把牙齿的缺失当作贫困的象征，并对此感到非常羞愧。当我拿出照相机时，有些人会避免微笑，有些人则叫我不要将那些露出空荡荡的牙槽的照片分享出来。（据说在这个牙科保险不纳入医疗保险，且1/3的人没有牙科保险的社会里，牙齿的状况已经成了社会身份的象征。这是一件令人难过的事，但我并不感到惊讶。）但是文森特管自己牙齿上的空缺叫“吸管摆放处”，并骄傲地将它露了出来。“反正那些会对我的牙齿有意见的人也不可能和我玩到一起去。”他说。

珍视个人空间的斯万基和极爱社交的文森特

文森特和斯万基有一个共同点：他们俩都无法忍受势利小人。斯万基回想起曾有一天晚上，自己在沙漠里和那些住在奢华房车里的人们聊得很快乐。他们问起她的房车是什么样的，她就回答自己住在一辆货车里。快乐戛然而止。“他们站起来丢下自己的营火走了。”她摇摇头说。还有一次，斯万基加入了流浪单人社交网，却发现这个团体不肯把她的博客地址放到他们的网上会员花名册里。原因？原因就是她的博客里有一则详细的教程，指导大家怎么把 5 加仑水桶改造成厕所使用。所以，她退会了。

和文森特一样，斯万基也不需要那样的朋友。她自己的营地正在壮大。到达那里的第一天，吃过晚饭后，我就去了他们的营地，最终就待在了他们的车里。凯特和迈克 · 瓦伦蒂诺也一样，他们和 9 岁的儿子亚历克斯以及一条名叫罗尼的宠物狗一起住在一辆叫“加德车都”的蓝色 1991 年产福特伊克诺莱恩里。凯特是一名退役军人。当他们还住在华盛顿的时候，凯特是艾伯森超市的一位经理，有一天在岗位上突然病发被送进救护车，之后被诊断为多发性硬化症。她仍在试图适应残疾，这个过程持续了 3 年。同时，迈克一直在一个冷冻蔬菜加工车间工作，时薪 9.4 美元，可是他的合同快到期了。他们俩都非常担心未来。

有很长一段时间，凯特一直在关注有关住在货车或房车里的网站。她曾在 Facebook 上写：“我在不同的房车聊天群里碰到了很多人，他们都因为财政问题而移居到车子里。我不知道这是好事还是坏事，大概苦乐参半吧。这新的自由……能够让人一边生存下去，一边重新改造自己。谢谢上帝，外面有那么多深刻且不同的团体提供了那么多指导、帮助、物资和倾听。这是以前的中产阶级的一场革命吗？还是一场狩猎采集阶级的形成与诞生？”

瓦伦蒂诺一家最终放弃了家园，在一个个肮脏的短期住宿汽车旅馆中流转。他们的邻居中，有些卖毒品，有些卖淫。这里不是一个家庭该待的地方，所以他们买了辆货车启程了，那是在文森特启程开始自己新生活的前几个月。到目前为止，他们的日子似乎过得还好。凯特说亚历克斯现在是“路上教育”——这个词对于流浪者来说就等同于一般人的“在家教育”。亚历克斯是个聪明又好奇的孩子，有着早熟的幽默感。他在努力克服阿斯伯格综合征带来的社交障碍，这一社交障碍曾导致他在公立学校上学时饱受欺凌。现在，他和大家说自己要建立一个民主国家，首都就叫作“房车住民城”。

夸尔特赛特最艰难的时节之一到了，夜晚的温度会下降到零下好几度。凯特和迈克为了让他们的货车保持暖和而用完了汽油：因为他们的燃油量表坏了，不知道汽油消耗得有多快。与此同时，住在附近的斯万基和文森特也在做相同的事情。我也学着他们的策略，让海伦的发动机空转以释放热气，然后爬进睡袋。我睡了几个小时，被冻醒，然后再次启动发动机重复刚才的行为。一整晚，我都听到发动机的嗡嗡声，间歇性地发出声响，然后再次安静下来。

不久，我只好买了一台“好伙伴”燃气取暖机，它在流浪者中很受欢迎。但是，这个取暖机没帮上多大的忙，因为开着燃气取暖机睡觉非常不安全。在有限的空间里，可燃性气体在加热或烹饪时很容易燃烧不完全，再加上室内通风设施差，就很容易积累大量无色无味的一氧化碳，而当这个过程发生在一辆小货车里时，速度快得惊人。有一次，我熄灭“好伙伴”，然后迷迷糊糊地睡了过去，接着一声尖叫划破了黑夜——是一氧化碳警报器。我已经很久没有给海伦通过风了。我快速打开门和窗户，穿着睡衣站在沙漠里瑟瑟发抖，直到我觉得车内已经通风足够、非常安全了才钻了进去。

瓦伦蒂诺一家为了取暖耗光汽油之后的第二天早上，文森特开车带着他们去城里买了一大壶燃油。他们回来的时候带了额外的东西——从夸尔特赛特粮食银行买来的食品，包括苹果、香肠以及枕头那么大的一袋沙拉蔬菜。

圣诞节后两天是亚历克斯的 10 岁生日。斯万基给他办了一个冰激凌派对。差不多同时，文森特在达乐公司找到了一份兼职工作，时薪 9 美元。此外，他还出售自己用缝纫机做的围裙和可重复使用的购物袋。他把那个缝纫机改造成了踏板机，而不使用电源。他给了亚历克斯一本《魔戒》和一条围裙作为生日礼物。亚历克斯欣喜若狂，而在这一刻，文森特也似乎长大了许多。

之后，凯特写信感谢大家："体贴的礼物和大量的欢笑声。而给予我这些的却是几个月前才认识的新朋友。我很感动，受宠若惊，也喜不自禁。这才该是'家庭'真正的模样……"

这番话和斯万基先前说的话一致。"只要你在斯万基的营地里待了超过 12 个小时，"她说，"你就是家人了。"她对于让新人融入团体确实很有一套。有一天，她带着我们一起驱车去观看刻在岩石表面的壁画。这是那场旅行里令人愉快的一幕，我们的车子跟在她后面呈扇形展开。我开着海伦，看着驶在我前面的车轮下扬起尘土，感觉好似一队民防团团员骑马行进在广袤的沙漠。晚些时候，我们车队中的一员陷进了沟里，于是斯万基用她自己的车和尼龙绳把他的车拉了出来。

车轮流浪者聚会即将开始，我们一行人都前往斯卡丹沃什的偏远地区。这是我第二次参加这个聚会，这一次，我注意到了一些自己一年前没有注意到的东西，而其中最主要的，便是那个我半开玩笑地称为"'白种车'陷阱"的现象。

不久前，斯万基曾开玩笑地说车轮流浪者就像一场"白色货车大会"。而正如这几个大字所言，来参加聚会的车子大多被漆成了白色，在强烈的沙漠阳光中闪闪发光。由于商业车队一般都使用白色货车，所以涂成白色的车辆无处不在。这些车很容易通过二手市场买到，且在任何环境下都不显得突兀，因此很受流浪者的欢迎。不过，住在白色车里也有一些挑战。聚会上一位伙计称其为"恐惧因素"，指代社会上把他们与恋童癖和其他犯罪者联系起来的刻板印象。一位来自俄勒冈州塞勒姆城的53岁承包商告诉我，他在生意倒闭之后就住进了一辆白色的福特E150厢式车里，他的朋友就给他取了一个"变童车主丹"的绰号，并开始管他要糖果[1]。他的朋友没有恶意，但这玩笑令人痛心。

此外，不管车的颜色如何，所有房车居民都很容易被那些对他们有误解的路人骚扰。我在写这些文字的时候，正好看到有个人在网络论坛上详述自己在半夜被路人无端骚扰的经历。他们摇晃着他的车，大叫着"滚出来，你这该死的变态！"以及"信不信我把你踢得屁滚尿流！"

但是白色货车并非我头脑里悬着的唯一一件事，除此之外我还注意到了其他事，且让我在聚会结束后还思考了很久。后来，当我给朋友们

[1] 这是美国人的一个刻板印象，觉得恋童癖会用糖果诱骗儿童，或是在白色货车上写Free Candy，诱惑儿童进他们的车里，然后展开猥亵。这里他的朋友们就是拿这一点开他的玩笑。——译者注

看聚会的照片时，这个问题也浮现了出来。我的朋友中有一位非裔美国人摄影师，他的工作涉及不同种族和殖民主义。他观察到了一件事，“照片里的人几乎都是白人”。他想知道为什么。

我也想知道。那个时候，我已经认识了好几百个如此生活的人——遍及美国各地的露营打工族、车轮流浪汉、房车居民，可其中只有屈指可数的有色人种。他们显然是这个亚文化里的极少数派。

那么，他们之中为什么有那么多白人呢？流浪者群体也觉得很奇怪。亚马逊公司 CamperForce 的官方 Facebook 账号上放出来的员工照片中，绝大多数都是白人的脸，这促使一位黑人房车居民在下面留言：“美国的黑人肯定也申请了这些职位，可亚马逊公司的照片里却没有他们。”

我怀疑这个亚文化里的种族单一是否和白人更喜欢露营这个事实有关。美国森林管理局的调查支持了这个猜测。也许，人们觉得外出“简陋生活”是一种休假，是需要某些特权的。讽刺性的网站“白人喜欢的东西（Stuff White People Like）”里这样概括这个观点：

> 如果你发现自己困在森林当中，没有电，没有自来水，也没有车，你很可能会说这个状况是个“噩梦”或者“跟飞机失事差不多的倒霉场景”，但白人管它叫“露营”。

又或者，这个问题的根源是种族歧视？我曾问过一些流浪者，有没有在自己的团体中见过种族歧视的例子。可绝大多数人都说没有见到明显的歧视。不过，一个住在货车上的人回忆说，一名长期车轮流浪者聚会参加者曾侮辱了她的黑人朋友，叫她“黑鬼”。其他流浪者站了出来，谴责这个心胸狭隘的人，可是伤害已经造成了，那名黑人女性已经离开了营地。这件事以后，忧郁便飘荡在空气中，播撒下不安的种子。鲍勃·韦尔斯的网站上有一条基本原则，那就是“不要攻击、蔑视或诋毁他人”。可是，万一流浪者们没能在自己于现实世界创造的临时社区中遵守那条原则呢？

阿什、琳达在亚马逊公司交到的朋友，在Facebook上凝重地说：“我们这些住在车上的流浪者中，绝大多数是白人。造成这个状况的原因有的有目共睹，也有的不甚光彩，然后就成了这样。”下面转发的文字则是关于“黑人旅行”的经验。这让我思考：不管流浪者属于哪个种族，美国人都已经让他们的流浪生活很艰难了，特别是混在住宅区里低调停车的生活方式已远远偏离主流。一般，这涉及违反当地关于禁止彻夜睡在车上的条例，就算有“逃出监狱卡[1]”的白人特权，但要避免警察和抱有疑心的路人的骚扰以及其他麻烦依旧非常具有挑战性。在这个时代里，黑人在交通拦检中都可能被警察击毙，对于所有可能成为种族歧视的受害者的人来说，住在车里似乎是一个特别危险的策略。

所有那些我可能摊上麻烦、最后却没有摊上麻烦的经历都令我思考。有一次在北达科他州时，我曾在半夜被警察拦下。他们问我从哪里来，然后推荐了一些当地旅游景点之后才放我走。我只吃了一次警告，没有被罚款。虽然我也希望把这次经历当作是好人有好报或者是某种上帝的慈悲，但真相依旧摆在眼前：因为我是白人。白人特权肯定发挥了作用。

---

[1] get out of jail free card，游戏“大富翁”中的一种卡片，已经成为某种可以“逃出糟糕境况”的人的隐喻。——译者注

车轮流浪者聚会结束后，我跟着鲍勃的队伍一起去了埃伦伯格。有一天晚上去邻居的车里吃晚饭时，我意识到我们用来支撑放着食物的托盘的东西是一个马桶，当然这个马桶被密封得严严实实，还铺了一层桌布。如果这是在家里，这么一张临时餐桌可能会让我不快。但在这里，这个问题就消散在了背景环境里——我们正身处狭窄的空间里，得活用手头有的东西。

几个星期之后，我将海伦停放在一处长期停车场后就飞回了纽约。我回到了位于布鲁克林的公寓，但置身家中却让我感到非常怪异。当你住在一个狭小如货车的空间里时，幽闭恐惧症最终会败给狭小巢穴的安逸感。墙壁很近，窗帘紧闭，几乎所有你需要的东西都在你的臂展之内，这个空间就好似母亲的子宫。早上醒来时，你会感到一阵安稳，即使你没能立刻记起自己昨晚把车停在了哪里。

所有这一切都让我的归家显得比预想中更为震撼。几天中，我每天早上在自己的床上醒来时都极度混乱。全尺寸的床垫似乎太过宽敞，墙太远了，屋顶则太高了。空旷的空间让我感到焦虑，感到没有丝毫隐私，射进卧室的阳光太过刺眼。有一次我半醒半睡，却迷迷糊糊地以为家里的窗户是车上的后挡风玻璃。

在家里待了一个星期后，这些错觉逐渐退去了，可另一种感觉代替了它原来的位置：我想念海伦和那些流浪者。我想要回到路上去。

Nomadland

第九章

一些『奇甜无比』的经历

在偏远地区露营只是个开始。不久之后，流浪者们将开辟新的探险区域。我最后一次去沙漠时再次访问了“大帐篷秀”，这是一场招聘人员找露营打工族去美国各地工作的房车秀。在那里，一位女性笑眯眯地递给我一张传单，上面写着：“成为‘奇甜无比’的一员”！

这次年度甜菜收获季已经让我困惑很久了，因为这项工作似乎很需要体力，不适合老人干，可是被吸引来参加房车秀的却都是灰发和白发老人。我仔细观察了这张传单，发现上面引用了一名匿名员工的话，说这项工作“有些费力，但不怎么艰苦”。这句话对我没多大帮助，我对它的绝大部分了解来源于与夸尔特赛特附近的人们聊天。

“那里很冷，经常下雪，很潮湿。”格蕾琴·厄尔布在我坐在她的1999年产弗利特伍德暴发户（Bounder）房车里时对我说。她在明尼苏达州的甜菜收获季里上过通宵班。那时，她站在温度零下的户外，从卡车司机手里收取单据并“取样品”——往大乙烯基袋子里装满30磅重的甜菜，然后将它们拖去工作站。之后，那些甜菜就会被收走并送到一间实验室里评估糖含量。另一名工人——62岁的布雷恩·戈尔和我说了关于蒙大拿州收获季的信息。他曾在那儿驾驶一辆门坏了的山猫牌装载机。甜菜从出了故障的传送带上飞出来，通过坏掉的门飞进驾驶室砸在他身上，有些甜菜甚至有西柚那么大。“我被那些甜菜重击。”他大叫

招聘人员在“大帐篷秀”里寻找露营打工者去每年的甜菜收获节工作

道。他把此比喻成“土豆机枪”的扫射。不过他接着说，他可能还是会去做工，因为他需要钱。“工作期限不长，还算可以忍受，”他补充说，“如果未来一大段时间都要在那儿装甜菜，那脑袋就要被它腐蚀了。”

于是，我从招聘人员那里拿了一张申请表，想着不妨去试试。我已经花了无数时间与流浪者谈论他们的季节性临时工作，却从来没有亲眼见过哪怕一处他们的工作场所。我没有幻想，知道从这类劳动中抽样观察并不会魔幻般地把我变成一个露营打工者。但至少，融入他们的世界中可能会帮助我更深刻地理解他们口中说过无数次的生活。

几个月后，我的求职申请被迅疾就业服务公司接受了。这个公司便是代表美国冰糖公司招募工人的临时工服务中介。我开始仔细研究这个产业。美国是世界最大的制糖国之一，而使用甜菜制出的糖占总产量的55%（剩下的来自甘蔗）。整个国家半数以上的甜菜地——种植面积大约68万英亩——位于明尼苏达州北部和北达科他州东部交界的红河谷。这片地区是美国最大的甜菜糖生产企业美国冰糖公司的大本营。在就业困难的今日，这片区域却反常地自诩已“充分就业”，从而招工十分困难。（巴肯油田兴旺之后，这里的招工难就更严重了。）所以，每到甜菜的收获季节，美国冰糖公司便四处寻找能带着自己的家一起来的临时工人，在秋季甜菜丰收时前来工作。

有了这些资讯，再加上两副厚厚的工作手套，我在9月的最后一个星期到达了北达科他州靠近加拿大国界的德雷顿亚德。对于整个红河谷的甜菜种植者来说，10月的前两个星期是和天气的赛跑。他们借用军事术语，把这称为“战役”。这场战斗在10月1日的深夜打响。农民们一边赶在土地被冻住之前飞速收割甜菜，一边祈祷低温持续以免甜菜腐烂。24小时全天候开工，迷你货车载着几吨重的甜菜沿着当地公路将其送往储藏场所，搬运工坐在车边缘。甜菜的垃圾从车上溢出来，在四面八方的公路上绵延好几英里。憔悴的司机一支接一支不停地抽烟以保持清醒。交通乱成一团，事故时有发生。有些当地人将车祸归咎于州立法规，因为它们允许缺乏经验的农场工人载着几千吨货物上路，其司机却没有绝大部分卡车司机都必须持有的商用驾驶执照。在高峰时期，美国冰糖公司的30多个接收站每天要接受五万多次卸货。

我作为地勤人员被分配到一号堆垛机工作，每次上班持续12小时。我工作的地方在一个巨大的冷藏设施内，那里已经有一垛甜菜高高地堆着，都快接近天花板了。据我们的入职培训员估计，加上主垛前堆着的预堆垛的话，这里大约有 2000 吨甜菜。他又补充说，今年的甜菜个头会比去年的大，大小堪比一个篮球。

其他许多站点则设置在室外。据说我们很幸运，因为不用忍受风吹雨打，但相对地，这儿的噪声和烟雾会比外面强烈。在室内，沾着泥土的甜菜散发出恶心的味道，与空气中的灰尘和柴油味道混在一起。

卡车到达德雷顿亚德之后，会先在一处叫“测量室”的地方称重，然后再在站点里排成一排。我们挥手招呼卡车一辆一辆倒车进来，一直到垛堆旁边，停在一个好似履带上安装着一个小工厂的叮当作响的巨大装置处。一个巨大的漏斗固定在每辆卡车车尾以接收甜菜。甜菜被放在传送带上，送进巨大的转筒里，甩掉泥土后被倒上卡车。同时，另一个传送带上酷似起重机机械臂的长杆将堆垛上的甜菜通过该传送带转移到别处；另一头，甜菜会飞出来掉进一个 3 层甜菜小山的顶部。在收获的过程中，这座小山的体积会越来越大。为了给它足够的堆放空间，机器时不时会通过履带向后移动一点儿。到了收获季的末尾，这个甜菜堆的长度将相当于两台波音 747 首尾相接，宽度则相当于其翼展。在这些甜菜被运送到精炼厂之前，一个压力通风系统会将这堆甜菜的温度保持在零摄氏度上下。

这个过程噪声巨大，非常繁忙，且室内无比脏乱。我们在工作中需要时刻将掉出来的甜菜——有的个头跟冻火鸡一样大——用干草叉和农业铁铲铲回大漏斗里。（他们鼓励工人动起来，不要站在一旁无所事事。“只要你能弯腰，你就能打扫！”是一位经理最喜欢的标语。）在重复弯腰站直的过程中，这个动作最终会变得非常困难，于是我们就放弃使用铲子，用自己的双手来捡起甜菜。如果我们的动作慢了，穿着粉色牛仔靴，脸上涂满了粉底的监督员就会从高台上的控制室放出大声的类似“二战”时期潜艇发出的号角声，就好像她正在装备鱼雷似的。接着，她就会在窗户前对着我们疯狂做铲甜菜的姿势。同时，我们头顶上的传送带会一路将甜菜碎块及土块到处乱丢，撒在我们的黄色安全背心和绿色安全帽上。有一次，我抬起手示意我的同事小心一辆开进来的货车，因为室内机器的嘈杂声太大，就算我们大喊大叫对方也不一定听见，而正在这时，一个苹果大小的甜菜重重砸在了我的手腕上。我们工作的另一项内容是用雪铲铲掉地上东一块西一块的泥土，它们很容易让人滑倒。可这些泥土经常粘在雪铲上，要把雪铲都刮一遍才能弄掉。此外，我们还得装样品，就是格蕾琴说的那项工作，可她没有提到我们必须拿着乙烯基袋子放在一个直泻槽下接满从堆垛机上垂直砸下来的甜菜，你要保持袋子的平衡，这就意味着必须用自己的身体来承受冲击力。这个过程感觉就像用枕头套来接保龄球一样。

最艰苦的工作是清洗堆垛机。管理员将这个巨大的机器停下来，让我们爬进去用铲子刮掉主斜槽里的污渍。粘在里面的泥土非常顽固，好不容易被剥落了，却是厚如轮胎面的条状物。监督员会让我们“往活里加点儿音乐”，告诫我们只剩 15 分钟时间了——毕竟停工的时间很宝贵。

两天的情况介绍之后便迎来了一次 12 小时的轮班。下班后，我在暗夜里开车回到自己的露营地，途中看到了一个写着“奇甜无比的经历”字样的甜菜收获季招工标牌。我整个身体都在疼痛，特别是背部和肩膀；那些我早已忘却的旧伤和扭伤现在又重新活跃起来。这让我感到惊讶，毕竟我只有37岁且身体素质还算良好，而在其他站点工作的工人却有很多已到了退休的年纪。我想要洗个热水澡，并且公司也答应过提供沐浴设施，可是露营地里的相应区域却还在施工。我在自己的车里煮了晚餐，但是头痛欲裂导致我没有一点儿食欲，于是穿着衣服睡着了。没想到第二天的轮班更为戏剧性。一辆收割机的7英尺长的金属杆隐藏在一车甜菜里被吸进了堆垛机。我们的监督员紧急停机的时候，这根金属杆已被放上了传送带，所在的位置已很接近甩泥土的大转筒了。如果它真的进了大转筒，那这台机器就会受到更巨大的创伤，站在附近地上的我们也很有可能受伤。晚些时候，我的一位同事在水泥地上滑倒，膝盖肿胀，不得不填写了一份意外事故报告。

我所在的露营场里也有很多邻居和我一样在那儿干活，其中就包括丹，他69岁，本是沃尔玛的一名卡车司机，但由于一些医疗问题，他在2006年不干了。丹和我说，他要去和领班谈谈，好避免在夜里开车，因为他的右眼快要失明了，需要光线来看清道路。他的妻子艾丽斯也和他一起住在房车里，但她已经被诊断患上了肌萎缩侧索硬化，所以没法工作。露营场里还有更老的员工，也有50多岁的员工，或是和我差不多大甚至比我年龄更小的工人。停在我右边车位的是一辆新泽西牌照的哑光黑色皮卡车，它的主人是一对20多岁的地壳朋克夫妻，吃方便面，睡驾驶室。我还认识一位留着山羊胡须的工人骑着自行车穿过房车停车场，自称“过载”。他会谈论自己的哲学。“在一个下雨的早上醒来时，你可以说这是很烂的一天，也可以说是很棒的一天，”他说，“我选择说‘这是很棒的一天’。”

紧张、疼痛且满身泥土，但我内心觉得应该对我遇到的这些人负有责任，因此想要坚持到这场战役的结束。但不管我待多久，这些经验都不会让我成为真正的露营打工族，因为最终，我总是要回家去写作的。到目前为止，我已经见到——特别是感受到——足够的资料来让我明白那些露营打工者并没有夸大他们的经历。所以，某天晚上下班后，我告诉领班工头说我要辞职了。她毫不惊讶，因为人员流失是很正常的。几天后，我发现我工作过的那个站点的绝大多数工人都辞职了，之后还听说另一个站点的一位女性弄断了她的手腕。虽然心里有一丝负罪感，但我还是觉得如释重负，因为受伤的人不是我。

我在夜里驱车离开了德雷顿亚德，途中碰上了一长串迷你货车正开往另一个站点。从后视镜中，我看到了精炼厂的红色霓虹灯写着“美国冰糖公司”，光线透过汹涌而出的车流。那天晚上，我在大福克斯的酒店住了一晚，享受了热水澡，抽了根大麻烟，在看电影的中途睡着了。可最终的事实证明，我做的这些事中，有一件事是个错误。

几乎在报名参加甜菜收获季的同时，我也在 CamperForce 填了一张申请表。在亚马逊公司工作之前必须通过一项就业前药物筛选，它总是让我觉得被侵犯、被侮辱。一想到美国各地的老人也为了这一项危险、低报酬的临时工作而提交体液和细胞组织，这事就好像更奇怪了。

我已经在网上搜寻了亚马逊的检测政策，并找到了其他人谈论的一项“刮脸”测试的记录。这种测试方法一般只能测量几天内的毒品含量，包括大麻。我想我应该没问题，毕竟我已经告诉了亚马逊公司我会在 11 月初到岗。

回到家之后，我收到了一封来自 CamperForce 的电子邮件，上面写了我开始上班的日期是 11 月 4 日，地点则是得克萨斯州哈斯利特的亚马逊仓库，在沃思堡市附近。几天以后，我通过了犯罪背景调查；接着又收到了一封邮件，要我 72 小时内去大西洋大道的一家实验室里完成药检，那个地方离我家很近。“没问题。”我想。但这封电子邮件里还写着一项令我不快的检查：尿检。

由于大麻代谢的产物会留在脂肪组织里，抽过大麻之后一个多月都能从尿液里检测到大麻。然而在这次药检的一个半星期以前，我刚在北达科他州抽过大麻。如果只是“刮脸”测试还能蒙混过关，但尿检就难说了。我从亚马逊网站订购了 10 张一包的四氢大麻酚试纸自己检查了一下，发现代表阴性的竖线确实出现了，但是非常模糊不清。药检说明中说，只有试纸上出现了竖线（不管形状如何）才能通过测试。可是我的线却几乎看不清。我不想冒这个险。

只有一个万无一失的手段能够通过这次药检：偷偷带不含大麻的尿液进去。幸运的是，我还有 9 张没用过的四氢大麻酚试纸。我将这些试纸分发给朋友和亲人，很快就找到了一个合适的尿液提供者。我将这份尿液装在一个小小的旅行洗发水瓶里。到了测试的那天，我把这个瓶子藏在内裤里，然后穿上了紧身牛仔裤来保证它不会滑到其他位置。尿检完成之后，一位技术员说我会在 48 小时内接到结果。

实验室并没有把结果返回给我，但几天之后，我收到了一封 CamperForce 发来的邮件告知我通过了测试，能够参加工作。不久之后，我就驾着海伦去了得克萨斯州的哈斯利特。

在一个星期三早晨，入职介绍开始了。31个人聚集在亚马逊仓库里的一个教室里。“接下来的工作非常消耗体力，”仓库经理说，“毫不夸张地说，你们一天可能要下蹲一千多次。翘臀，我们来了！是吧？”

一些培训生被逗笑了。我们跟上学的小孩一样，按照姓名的字母表顺序排坐在一张长长的桌子旁。这群人中大多已60岁以上，只有我一个人年龄没超过50，此外，我还是仅有的3个头发还未灰白的人之一。据说，哈斯利特仓库的经理需要800名CamperForce工人，申请的人却超过了900名。不过，附近房车停车场里的空间无法装下流浪者军团的所有人，所以另一个方法——在当地租一个奶牛牧场——被匆匆执行。（那块地在一场著名的得克萨斯冰风暴中被全部冻住，里面有几百名老年工人缺水缺电缺排水设施，你能想象吗？）

最后，经理们在半径40英里以内的十几个活动住屋停车场里找了数量有限的房车停车点。他们雇用了251个CamperForce员工，找到的停车位刚好能安顿好这些人。有些新招募的员工每天要花90分钟在路上，然后再上10小时的班。一位住在白色福特厢车里的女性告诉我，她打算每周在亚马逊公司的停车场里“隐形停车”两天以节省油费和时间。

我们的培训师自己也住在房车里，而且是一名CamperFroce老员工。她就这场困境道了歉，并说亚马逊对我们的到来感到非常兴奋。“露营族以他们的诚实、敬业和优异出名，”她说，“我们知道每天辛勤工作的感觉。亚马逊公司正是依赖你们这一点，要靠这个经验丰富的团体打败一切。”我们这个团队被称为“CamperForce 效应”：乐观进取，艾森豪威尔时代的职业道德让年轻的工人显得黯淡无光。不过在之后的日子里，我们的队伍似乎对愤愤不平的千禧一代员工们没多大影响。而和 20 多岁的年轻人一样，我们中的绝大多数人都感到“疲惫”和“乏味”。

但至少我们带来了方方面面的经验。坐在我左边的基思是一位 60 岁的牧师，有 10 个孩子（其中 5 个已经成年，剩下的 5 个都和他一起住在房车里）。77 岁的查理告诉我，他作为机修工在铜矿开采公司工作了许多年，最后膝盖被射伤。埃德和帕特里夏结婚四十多年，他们以前分别是摩托车警察和邮递员，在 20 世纪 90 年代末退休了。

接受培训后，我们一同在 ICQA（库存质量保障部门）工作。这份工作听起来很温和：扫描商品，使其与数字库存记录匹配。但很快，我们了解到，这仓库是亚马逊公司所有的仓库中最大的。据我们的培训员说，这里的面积相当于 19 个足球场，是一个充满障碍的迷宫。总长超过 22 英里的传送带将各种各样的盒子运输到内部各处。它们就像货运列车，非常容易堵塞。我们被告知要绑好头发并且避免把运动衫系在腰上，因为它们很容易被卷进滚轮。此外，我们挂在胸前的 ID 卡用的是分离式挂绳，这样就可以避免喉咙被勒住。喧闹之中，一个号角一直在咆哮。我问这号角声代表什么，同事说每当它响起就意味着一处堵塞的传送带已经被修好并重新启动。

曾在夸尔特赛特烧掉破产文件的芭芭拉和查克·斯托特也在哈斯利特工作。查克被安置在其中一条传送带附近。有一次，一块纸板从传送带上飞出来，直接将他撞倒在地，头撞到了水泥地上。不久，内部医疗服务机构的紧急医务人员赶到现场，对他进行检查。他们说他没有脑震荡，可以在回收货部门工作，而在那里，每天在工作中要累计步行 15 英里。（查克、芭芭拉和我曾在休息时间去了水牛城狂野鸡翅餐厅重新聚头。他们说，在我到达得克萨斯州之前，工会组织者一直在亚马逊仓库的停车场中露营。两个星期间，亚马逊公司的经理每天两次告诫员工不要靠近那些工会组织者，最重要的是，不要在任何东西上签名。查克记得那些经理说，那些和组织者们接触过的员工们，其数据会进入工会数据库，然后被用来“追踪”和联系他们。）

在入职介绍期间，我们获知我们所在的仓库是 10 个运用机器人“夏尔巴人”的设施之一。夏尔巴人是一个重达 350 磅、机身为橙色的装置，看起来很像一个巨大的鲁姆巴真空吸尘器。从技术层面上说，它们是“传动机组”，但是大多数人称之为“基瓦斯”——印在它们机身侧面的制造商名。它们在一个绰号为“基瓦区域”的楼层上绕着一个昏暗的笼子游走——毕竟机器人不需要光线来看清事物。它们的工作是将装满商品的开放型货架运送到位于其运行轨迹上的人类操作站点。除了一个叫“大赦”的劳工组织的成员以外，其他人都不被允许进入基瓦区域，即便架子上的商品掉了也是如此。正式员工可以在笼子外使用一个叫“大赦回收工具”的东西把掉下去的商品“钓”出来。（虽然名字冠冕堂皇，这个工具也只是个装在 5 英尺长杆子上的滚漆筒。每个站点里都配备了一根。）我本想试试那个工具，可他们要我住手，因为挥动“大赦回收工具”需要特殊培训。

我听说过许多关于基瓦斯的炒作。它们是一个效率专家的“梦遗”，一种让人类摆脱盲目劳动的创新，抑或一个预示着人类失业的反乌托邦先兆——手工劳动已经被淘汰，贫富差距发展成一堵无法逾越的墙。

然而现实没有那么多争议，更多的是低俗的闹剧，有如查理・卓别林的电影《摩登时代》的现代版本。我们的培训师为我们讲述了失控机器人的故事。基瓦斯擅离职守，从围栏的空隙逃跑了。人们试图将脚手架从站点里拿开，可当时还有一名工人仍站在脚手架上。在一个极其罕见的情况中，两个各自携带了多达750磅商品的基瓦斯像醉酒的欧洲足球球迷一样面对面撞了上去。基瓦斯有时会掉落商品，有时还会从掉落的商品上碾过去。4月份时，一罐“熊锤”（本质上是工业级胡椒喷雾）从一个机器人的载货区掉了下来，被另一个机器人碾碎，使得整个仓库里的人都必须撤离。医护人员在仓库外面治疗了7名工人，还有一位患者因呼吸问题被紧急送往医院。

除了失控的机器人，我们还被告知要注意过度劳累的问题。海报上写着“做好肌肉会酸痛的心理准备”。我们的一个培训师还开玩笑说，“如果你前一天晚上不用吃两片止痛药，那就是美好的一天”。墙上固定有一台药剂分配机器，上面贴着标签叫“小医师”，它提供免费的无商标止痛药。而如果你想要有品牌的药品，比如一瓶“五小时能量”的饮料，你可以去休息室购买。

我们被领着参观了整幢建筑。墙上挂着壁画，上面画着亚马逊仓库的吉祥物—— 一个名叫“佩西：一个特别的家伙”的胖乎乎的橙色卡通人物——以及奥威尔式的口号，包括“问题就是财富”和“变化是大敌，节拍时间是关键”。（“生产节拍”是一个商业术语，指的是“一名工人产出单位产量所需的必要时间”，它被用于控制工作节奏。）一张巨大的时间表显示，在 11 月里，直到目前为止，每天至少发生过一起与安全有关的“事故”。我们的培训师指出了一面“耻辱之墙”，上面有一些不光彩的工人的匿名档案，每个人都有一张剪贴画：头部的黑色轮廓上用红色字母写着“已被逮捕”或“已被解雇”。一名工人偷了苹果手机，将手机偷偷藏在钢制鞋头的靴子里带出仓库；另一名工人则被抓到偷吃本该上架的商品（档案上显示，被偷吃的食品价格正好是 17.46 美元）。严格控制就是这里的制度，公司要求我们走在地板上标有绿色胶带的路径上，如果有人抄了近路，就会被责骂。有一次，我停下手中的活去上洗手间，洗手间里有一张图表，上面有颜色从淡黄色到恐怖的深褐色的调色板。它让我在调色板上找出我的尿液所对应的颜色，然后建议我多喝水。

我经常被失控的手持型扫描仪折磨

我在仓库待了一个星期，认知被剧烈地颠覆。每次开始上班之前，一名发色金黄、梳着马尾的20多岁的经理会尖声向我们这支绝大多数是老年人的队伍打招呼：“你们好——露营者！”她的助手则带着我们做准备运动。我扫描了许多商品的条形码，从假阳具到史密斯威森牌枪支表面贴纸（有粒状和橡胶纹理两种图案可供选择），再到AMC影院的25美元礼品卡（它们总共有146张，每一张都必须单独扫描）。

有一次，基瓦机器人带着一个货架朝我们的站点走来，同时飘过来一缕令人恶心的香水味，不久后，“一缕”浓郁成了“一团”，机器人离我们越近，香水味就越浓郁。不知为何，这香味让我想起了……大学？货架停在我面前后，我看到了18盒广藿香熏香等着我扫描。它们散发出的味道刺激着我的大脑，我只好堵住自己的嘴和鼻子，做完这项工作，然后按了一个按钮把这个机器人送走。它的右边还乖巧地等着3个机器人，如富有耐心的金毛寻回犬一样。那个发臭的架子离开以后，一个气味清新很多的新货架滑了进来。但是5分钟以后，那个带着广藿香熏香的机器人又回来了。我重新快速扫描它上面的东西之后，它再次离开，可5分钟之后它又回来了。我无法确定：这是不是人类比机器人聪明的证据？还是说这个机器人一遍又一遍地光顾我，让我做无谓的数量统计，是因为它能从3个结果中选出最好的？我第三次扫描完物品，把它送走，然后我就下班了。我和同事们一起离开，他们都能从我身上闻出熏香的味道。“周末夜狂热！”牧师基思说。

第二天是我上班的最后一天，又和基瓦斯一起工作了几个小时。我试图让自己保持平静，进入到冥想状态。另一位CamperForce员工——一位白发苍苍的70多岁老妇人告诉我她已经快忍不住，要辞职了，原因是那些机器人太令人发狂了。基瓦斯一直把同一个货架带来让她扫描，这个场景和我昨天的经历非常相似。那个架子来她这里 3 次之后，开始跑到在 25 英尺之外的另一个站点上班的她丈夫那儿去。他总共见了那个架子 6 次。她在外面的休息室里把这件事告诉了我，那时候我们正一起走过一名神情愉快的清洁员身边，她正在打扫储物柜。老妇人说完她的故事后就盯着那名清洁工问："她是怎么弄到那份工作的？我宁愿做那个！我宁愿去打扫厕所！"

到了凌晨时分，一位经理要我去扫描"破损物品处"的东西——破损的商品都会被丢到那里，可是我的手持型扫描仪的读出器却坚持显示我该去开叉车。（我根本不知道该怎么开叉车。）那位经理也不知道该怎么办，我们一次又一次重启这个扫描器。最后，我把它丢到了破损物品处。盘点了几个小时的变形易拉罐、破损外包装和一个叫作"屁股 / 脸蛋毛巾"的新奇礼物之后，我下班了。

我走过 3 个 CamperFoce 员工身边，他们也在扫描器给出的古怪命令下落败，无精打采地坐在货架站点外面，后背靠在墙上。是时候辞职了，但我还没决定具体该怎么做。一个不太合适的冲动冒了出来。经理们曾告诉所有人一个能够被瞬间解雇的办法。不如我毫无顾忌地猛冲进基瓦区域？这个星期早些时候我就妄想过，如果我冲下昏暗的过道，避开忙碌的基瓦斯，好似我在做无产阶级的日常跑酷的话，会发生什么？大赦队要花多长时间才能追上我？他们抓到我之后又会怎么样？（但比这更离奇的事情发生了。不久之后，我听说两个热恋的员工在基瓦区域幽会，被发现后就被辞退了。）

可我是来这里收集故事的，而不是来上演一场《勇敢的心》的，而且我不想失去笔记。我的笔记被小心地记在后袋里的一本便笺本上。此外，我还悄悄地用钢笔里藏着的录音机来记录音频，还用一个外形像遥控钥匙的照相机拍摄了视频。这两个装置都和我的 ID 卡一起挂在胸前的绳索上。

我走进仓库出口的安保站，把绳索连同上面挂着的东西一起放进用来装钥匙和零钱的运输安全管理局制式篮子里，把它沿着斜坡滑给保安，自己则走过了金属探测器。我紧张地站在原地，而她几乎没看篮子里的东西就把它们还给了我，然后抬起眉毛看着我，好像在说“你还等什么？”所以我和她道了一句“晚安”就走了。

Nomadland
第十章

『无』字打头的那个词

琳达住进挤挤客栈的几个星期后，拉冯独自在待圣迭戈隐形露营。最近几个月，她过得非常艰难，这让她有些士气消沉。她以前的家——一辆名叫“拉冯”的红褐色 2003 年产通用 Safari 车在参加完车轮流浪者聚会之后发生了故障，把她困在了埃伦伯格，她身上的钱不够修车。这辆车以前就发生过好几次故障，更糟糕的是，虽然这辆车现在已经毫无用处，但她还是有好几千美元车贷要还。于是，她决定待在原地，等待社会保障金入账。洛丽，也就是那名和自己儿子生活在一辆雪佛兰 Tahoe 里的女性，会载拉冯去购置必需品。此外，另一个新旅伴也慰藉了她：一只名叫“斯考特”的喧闹小狗。它最近才出生，妈妈是洛丽养的狗。

拉冯在这辆动弹不得的车里生活了近一个半月。在这期间，气温飙升，邻居们一个接一个离开。最终，她终于攒够了钱把自己的破车拖到了修车店，而那里的人说修好发动机需要 3000 美元。她没有这么多钱。在遛斯考特的时候，拉冯在一个二手停车场里看到了一辆接近全新的十二座雪佛兰城市快线（Express）厢车。一位职员从办公室里出来，说虽然她的信用记录不好，但他依旧能帮她申请到一笔贷款。这并不意外，最近几年中，次级车贷业务猛涨。

拉冯对贷款要求不太满意，可她又能怎么办呢？“如果我不照做，我就无家可归了。”她之后透露说。她把自己的新家命名为“拉冯二号”。

这是一次令人不快的经历，因为它与那个可怕的词擦肩而过：无家可归。绝大多数流浪者对待这个词如同对待传染病，唯恐避之不及。毕竟，他们只是“无房可归”，“无家可归”的是另一些人。

但即便她已经来到了圣迭戈，拉冯依旧觉得这个词在她的心头萦绕不去。她在自己的博客“完整冰片”里这样说：

> 如果你人在城里却住在车里，人们就会觉得你无家可归。
>
> 而一旦别人觉得你无家可归，你自己也会开始觉得自己无家可归。
>
> 于是你开始躲藏在人群之中……开始做一切让你看起来“正常”的事……
>
> 所以，当你发现一个明显无家可归的老男人每天早上都将他的垃圾藏进你车子旁的灌木丛中，一边对你微笑，一边跟你打招呼，好像认识你一样，这时，你会恍然不知所措。
>
> 因为你发现自己已经成为日益增长的流浪群体中的一员，而你和街上那些无房无车、流离失所的人并没有太大的不同。

几天之后，拉冯又写了一篇饱含愧疚之情的自白文，解释自己最近一直依靠着发薪日贷款生活，每月 255 美元，利息为 45 美元，目前距离还款期限已不到一周。她很沮丧，也很羞愧。她在车轮流浪者聚会交到的朋友萨米尔——他正和自己的吉娃娃犬皮可先生一起旅行——很快评论说：

我亲爱的妹妹，我真希望自己能在你身边给你一个拥抱。我想让你知道，你并不是唯一一个陷入如此窘境的人。我还记得，自己曾和皮可先生一起坐在科罗拉多州多洛雷斯镇的森林里，离发薪日还有8天，但仪表盘上的汽油指针已接近零，车上的食物只够吃5天，水则只够2天。

……接受自己的贫穷以及接受你在别人眼中也许真的很穷的事实是很困难的。我们遇见了这种刺激且有创造性的生活方式，它也的确新鲜刺激。但事实是，绝大多数人选择这种生活方式是因为财务窘迫……以下是你的哥哥萨米尔给你的一些建议……离开加利福尼亚州，离开给你打上“无家可归”标签的圣迭戈。记住，当你在沙漠上或森林里时，你是在露营……到沙漠或森林来，与那些爱你、关心你的同伴一起生活吧。

爱你的哥哥，萨米尔

萨米尔和拉冯并不幼稚。他们明白，从法律上看，他们确实是无家可归的人。但谁能在“无家可归”这个词带来的重压下生活呢？这个词已有了引申义，成为一个严峻的威胁。它在你的耳边轻声低语：流亡者、堕落者、一无所有者，抑或如拉冯在自己的博客里所说的——社会贱民。

“一开始，我很在意人们如何看待我住在车里这件事，”在一次采访中，萨米尔曾对我说，“我不想被定义为‘无家可归’的人。”因为这个词会令他难堪。还有一次，他去和妹妹一起过斋月，可她却把他赶出了家门，说他是“无家可归的流浪汉”，会带坏他的侄子侄女。“我以为我的家人会对我好些。”说完，他沉默了一会儿，然后接着说，“我们如何定义自己是很重要的。如果你在路上跑，却认为自己无家可归，或者给自己贴上其他的负面标签，你会遭殃的。保罗·鲍尔斯曾写过一本书叫《遮蔽的天空》。里面，他阐述了‘旅游者’和‘旅行者’的区别。”说到这里，他停顿了一下，然后说，“我是个‘旅行者’。”鲍勃·韦尔斯在自己的书中明确区分“车居者”和“无家可归之人”。他认为车居者清楚这个社会的秩序已然崩坏且日渐陈腐，所以拒绝与它同流合污。不管他们选择这样的生活方式是自愿的还是被迫的，他们都接纳了它。另一方面，他解释道：“无家可归的人也有可能住在车上，但并非因为他们厌恶社会法则。不，他们有一个目标，那就是有朝一日能回到那些法则的

琳达在车轮流浪者聚会交到的朋友——萨米尔和他的吉娃娃犬皮可先生

暴政之下，因为那里使他们感到舒适与安全。”

也就是说，能够选择自己的命运是非常重要的。我一次又一次地听到这个论题——不管选项是多是少，关键是有选择。幽灵舞者——雅虎论坛上车居者小组的管理员，在一次采访中这样对我解释这个命题：“经济一蹶不振，而你面前摆着一个选择——要么自由，要么无家可归。”

社会污名只是整个问题中的一部分。那些流浪者可能遭到比恶言恶语更为严重的打击。最近几年，美国给了那些不生活在传统砖瓦房里的人史无前例的重压。2016 年，《纽约时报》报道了以下内容：

> 全国各地正兴起建立切实法律来将无家可归定义为犯罪的运动。佛罗里达州的奥兰多、加利福尼亚州的圣克鲁兹、新罕布什尔州的曼彻斯特等城市都拥护了这项运动。全国无家可归与贫困法律中心曾调查了全美 187 个主要城市，发现至 2014 年年底，已有 100 多个城市将“坐在路边”这一行为定义为犯罪，较 2011 年上涨了 43%。同时，禁止人们在车里过夜的城市数量也从 2011 年的 37 个急遽上升到了 2014 年的 81 个。中产阶级化运动中的强制取缔活动正在促使纽约、圣弗朗西斯科、洛杉矶、华盛顿和火奴鲁鲁等城市转型，使其住房成本更为高昂，无家可归者越来越多。

这些法律使得贫困凌驾于人民之上。它们对流浪者说：“你的车可以待在这里，但你不能。”对于这个运动是否意味着一次公民价值的黑暗转型，全国各地的团体都认为这很大程度上不容置辩。

这种现象并非城市特有，公共土地上也已发生了“经济侧写”。护林员们如若发现货车或房车，便会盘问露营者的家庭住址。任何长期流浪者都会收到一张罚单，并以“将森林用以长期居住”为由遭到驱逐。这时，如果你车上贴着一张夸尔特赛特的露营许可贴纸，就露馅了。同时,《政治家日报》报道说，林务局最近正在开发一个手机 App，让居民们用以举报疑似长期露营点的所在地。

人们对车轮流浪者的否定态度也不是什么新鲜事了。早在 20 世纪 30 年代的中后期，由于拖挂式房屋的普及率飙升，媒体便抓着住在拖挂式房屋里的住民不放，认为他们对中产阶级道德造成的威胁正日益增大。他们是一种可移动的危险、不速之客、揩油者、疾病传播者、流浪者、漂泊者、游手好闲者、寄生虫和懒骨头。

“美国充斥着各种税赋，而汽车吉卜赛人为社会服务付的钱比一般公民少得多。”1937 年,《纽约时报》的编委会抱怨道。

“那些四处流浪的人如非法擅住的居民一般四处短暂栖居，如天上的飞机不落地扎根，不交税，创造出一种新型的移动贫民窟。到底谁应当对此负责？”同在 1937 年,《财富》杂志质问道。

而制造商卡拉凡挂车公司则戏谑地将自己公司的商品之一、全长 11 英尺、市价 425 美元的经济型拖车式活动屋型号命名为“逃税人”来讽刺《财富》杂志的观点。

但 20 世纪 30 年代的活动屋热潮过去了，绝大多数的信徒重新回归复苏的经济当中。不过我采访过的许多现代流浪者都说他们不会再回去了。他们不准备再次被困在主流房屋里，这意味着他们中的许多人必须时不时地东躲西藏，直到死亡。

拉冯在圣迭戈隐形露营的那个春天，她曾听到过一次“敲门声”。后果本来可能会更为糟糕，但幸亏那位敲门的努涅斯警官很友善。他说自己只是来确认她还活着、没有在制毒。拉冯知道自己很幸运，因为她的车很新很干净，她的狗很可爱，并且自己是个白人。努涅斯警官没给她开传票，但他记下了她的名字、车牌号以及“拉冯二号”的样式和车型。这意味着她的伪装已经被戳破，她很快就得再次启程了。

Nomadland
第十一章

回家

离开得克萨斯州 CamperForce 项目之后，再过两个星期就是感恩节。我给琳达打电话介绍了自己的近况，并祝她度过一个愉快的假期。

但我听到了一些坏消息。她住在米申维耶霍市的家人正面临着被驱逐的窘境。她女婿一年前因为眩晕症和偏头痛被迫辞去办公室工作，从那时开始，他每个月都能收到短期残疾补助，但现在，这项补助已经停发了。他们付不起房租，所以琳达把自己停放在仓库里的旧房车给了他们。（夏天时她差一点儿就能卖掉它了，但最后还是落空。）她很高兴他们能使用那辆 28 英尺长的 El Dorado 房车，但又担心它无法容纳两个成年人、3 个青少年以及 4 条狗。他们的计划是：琳达的女儿奥德拉和女婿科林睡在卧室里，外孙朱利安睡在驾驶室顶上的阁楼里，外孙女加比和乔丹睡在伸展出的小餐室里，狗就爱睡哪儿睡哪儿。

这家人打算搬空这座占地面积 2000 平方英尺的房子及附带车库，贱卖所有财产。“把东西搬出来一看，就跟电视上的囤积狂差不多。”琳达说。奥德拉给了两个十几岁的孩子每人一个收纳箱，他们想留着的所有东西都必须放进去。琳达帮他们组织了一场巨大的庭院旧货出售会，出售的东西包括好几箱衣服和书、滑水板和床架，连衣裙整整齐齐地挂在草坪边缘的一面墙上。朱利安，一位才华横溢的音乐家，抛售了绝大多数的音乐设备，包括他心爱的手风琴。乔丹，一位有抱负的化妆师，放弃了衣柜里的大量衣服。（“她到现在还没接受这件事。”琳达冷淡地说。）两星期后，他们赚了1000美元。几个顾客看见了停在车库里的挤挤客栈，便去问它的价钱。对于他们表现出的兴趣，琳达感到很高兴，但她告诉他们那是非卖品。

虽然琳达尽量乐观地看待这场灾难，但还是疲倦不堪。“我越来越累，”她对我说，“虽然我依旧在帮忙，但慢慢降低了速度。”不过感恩节晚餐设在了现已空空如也的房子里。她说，好市多和劳尔夫超市的火鸡已经卖完了，但即便只有火腿，一家人也吃得很开心。

12月底，琳达再次和我通话。她告诉我拉冯来米申维耶霍市帮她将家人安置进了房车里。琳达已经准备好重新上路。她无法和家人一起过万圣节了，这让他们很难过，奥德拉还哭了。

琳达和拉冯驱车去了板城，也就是索尔顿湖旁边那片巨大的非法居留者聚集地。她们早就听说过这个地方，想去看一看。她们到那里的时候天色已晚，看不清四周，所以就停车睡觉去了，第二天早上看见满地都是垃圾。她们一起开着拉冯的车去寻找环境更好的营地。拉冯在Facebook上认识的一位朋友也在板城，于是拉冯和琳达就去找她。会合之后，这位朋友平淡地对她们说，她们昨晚睡的地方“瘾君子横行”。琳达的心沉了下来。她的挤挤客栈和吉普车还停在那边。万一有人闯进去怎么办？于是她们飞快地开车回去检查。琳达的家没事，但那不自在的感觉仍在。于是她和拉冯立刻离开，去和驻扎在埃伦伯格的车轮流浪者聚会团体重新会合。

神经紧绷了几个星期之后，与朋友叙旧的感觉很好。琳达和拉冯打算待在这里，并一起租了个邮政信箱。（琳达说，她们俩各自刷信用卡平摊了费用，并说最好不要向拉冯借钱，因为你借了，她就不肯让你还，但是她却很乐于分享："她社保金到了之后，如果有人来借50美元，她会直接送他。"）推心置腹地讨论了一番低收入生活的耻辱之后，两人便各自在自己的Facebook主页上分享了库尔特·冯内古特在《五号屠场》里的一段话：

> 美国是地球上最富有的国家，但它的人民却大多贫穷。美国穷人总被怂恿憎恨自己……其他国家的穷人都有故事，他们非常聪明、品行高尚，因此比有钱有势的人更值得尊敬。可美国的穷人没有这样的故事。他们嘲弄自己，颂扬富人。

一天晚上，拉冯找不到自己放在车里的钱包了。在狭小的空间里弄丢东西的概率高到令人惊讶，她的一些朋友将这种现象戏称为"车居者的黑洞"。拉冯放弃寻找，转身去了挤挤客栈找琳达，后者请她吃巧克力。（"我爱琳达。她就是我穷极一生寻找的理想友人——没有偏见，没有心计，我跟她之间只是单纯的友谊，充满了爱和支持。此外，她还会请我吃东西。"拉冯之后在博客里写道。）不久，拉冯突然感到一些担忧，于是立刻回到了自己的车边。正如她所担心的那样，她把自己锁在了车外，钥匙插在驾驶座的点火开关上，她的狗斯考特还在车里。她和琳达试图撬开车窗，但没能成功，于是她们去找鲍勃帮忙，但鲍勃也不知道该怎么办。最后，她们给美国汽车协会打了电话，但调度员不肯派人来道路坎坷崎岖的乡下。反正斯考特在里面有水喝也有东西吃，她们打算等天亮了再想办法。拉冯借住在挤挤客栈，睡在琳达身旁的一张小睡垫上。琳达录下了她的打鼾声。第二天早上，她们找了消防队员来解救出斯考特，然后琳达把她昨晚录下的打鼾声放给拉冯听，说："听着就像小猫咕噜咕噜叫一样。"可怜的斯考特在车里到处乱拉，所以那天绝大部分时间，拉冯都在自助洗衣店里度过。

平安夜，几十个人前来参加百乐餐，琳达第一次见到了沙琳·斯万基。肯德尔，那位在车轮流浪者聚会上为人理发的美容师，用一种艺术装置——雪人岩基来逗笑朋友，其实只是个安了胡萝卜鼻子的石头堆罢了。拉冯和几个朋友讨论着去洛斯阿尔戈多内斯的计划。（琳达也想去，但她必须先申请护照，而这意味着她要先去更新在今年6月已经过期的驾照，把上面的地址更换成当前在埃伦伯格租赁的邮政信箱。）

在圣诞节那天早晨，肯德尔和丈夫开始分发礼物——装饰着蝴蝶结的一包包湿巾及糖果，而同时，琳达为拉冯做了一顿特别早餐：蔓越莓酱南瓜薄煎饼。这是依照斯万基的建议做成的调制品。

拉冯和琳达互相称呼彼此为"永远的好朋友"

琳达在 12 月的那通电话里和我说了许多新闻，比如她花 30 美元买了一个一氧化碳浓度探测器，却把它掉进了尿桶里；最近，她读完了辛蒂·罗波的同名自传；夸尔特赛特的长期访客区里，一位车居者和他的两只猫勉强逃脱了一场火灾，但家园和财产都被焚烧殆尽。

琳达问我去不去几个星期后举行的 2016 年车轮流浪者聚会。她在 2014 年，也就是遇到我的那一场之后就再没去过，但今年会去。我告诉她说我一定去。

———

黑夜里驱车在米切尔矿区道路上，我看到远处亮起一对频闪闪光灯。那是琳达摆出来的危急信号灯，以便我在夜晚能够找到车轮流浪者聚会的会场。我停下海伦的时候已经是晚上 10 点，但琳达还是跑出来收回信号灯，并和我打招呼。我们走进了她的挤挤客栈，她倒了一杯水给我。有一个信号灯亮着强光，迟迟不肯熄灭。我打趣道："把它丢到冰箱去。"她居然真的照做了。

我到那里时已经是 1 月中旬，车轮流浪者聚会的会程已经过半。这次聚会的开头有些慢热，因为大雨把流浪者们困在了自己家里，阻碍了他们出门社交。随着天气渐渐好转，与会流浪者的数目不久就增长到了两年前琳达第一次参加的那场聚会的 4 倍。聚会结束之后，鲍勃估计有 250 多人来参加了聚会。一些老参会者和一些第一次来的人离开了，因为觉得这场聚会变大了太多。为了平衡空前巨大的参会人数，一位流浪者为下一次强力球彩票开了个奖池，其中 15 亿美元的头奖是彩票历史上的最大奖品。

许多以前开办过的旧讲座再次开办，此外也有许多新活动，包括一堂关于如何在小型车里生活的讲座，因为住在小型车里比住在货车里更经济、更不引人注目。这堂讲座的主讲人中有一个名叫戴维·斯旺森的66岁男人。他以前是职业陶艺家，后来手腕得了关节炎，现在靠社保残障补贴生活。18个月以前，他找到一辆报废后又被抢修好的2006款丰田普锐斯轿车。他花6000美元买下了它，然后住了进去。

“对我来说，下厨和睡觉是最重要的两件事，它们让我觉得自己是个退休了的老头，正在愉快地探险，”戴维对听众们说，“我正在用我的双眼丈量全世界！我很快乐！只要我有一张舒适的床，只要我还能下厨做饭，我就不觉得自己无家可归，而如果没有它们，我确实是无家可归的人。”

戴维给大家展示自己是如何将副驾驶座改装成一个结实的台子的。他从自己以前的工作台上锯下一条2英寸长的柚木平板，制成这个台子。他曾经在那个工作台上做了几千个陶器。现在，他在上面放了一个电磁炉，将它连接上车载逆变器，使用车载电池来做饭。到了晚上，这个台子又会成为摆放充气露营床垫和睡袋的平台。为了保护隐私及遮挡光线，他做了一个两头带小孔的黑色窗帘，将小孔挂上窗户两边的钩子，遮住窗户。为了创造额外空间，他定做了一个帐篷，当后备厢打开时，帐篷就和后备厢门连接在一起。

他还介绍了住在普锐斯里最显著的好处——它本质上是一台有车轮的发电机。在睡觉的时候，他仍然可以依靠车载电池来运行车上的冷暖气系统，发动机每小时会自动启动一两次来给冷暖气系统充电。

戴维说，熟悉了这辆车之后，住在里面很舒适。“如果我早上去星巴克门口蹭他们的Wi-Fi，不等我走进去排队就能泡好咖啡。”他笑着说。接着，关于夜晚的娱乐活动，他又说：“坐在驾驶座上，把平板电脑用尼龙扣粘在遮阳板上，把座椅靠背往后放，就能看一晚上的电影。”

这次小型汽车讲座的几天后，车轮流浪者聚会又迎来了另一个首次举办的新活动：社区才艺表演。琳达点燃蜡烛，套上棕色纸袋，然后用石头压住，在临时舞台周围创造出一排自制舞台脚灯，暖色的灯光闪闪烁烁。活动在日落后开始。现场有音乐—— 一名流浪者有节奏地敲着非洲鼓；一名演奏着西藏颂钵[1]；还有一名吉他演奏者柔声低吟着瓶装火箭乐队的歌，歌词唱道：“几千美元的车，不值一钱，不妨把那几千块钱烧了它”；这里还有喜剧——大到一只章鱼向一根风笛求爱的故事，小到一句简单的俏皮话，比如“露营是一种让你看似无家可归的昂贵方法”。一名上身赤裸的柔术表演者展示了他的绝技：双手在背后合掌，然后让自己双臂脱臼，将其从背后举上头顶再绕到身体前方。一名空手道大师徒手将一块木板劈成两半。一个吵闹的醉酒者一直妨碍别人，对着一只抱着舞者腿的狗大喊：“胡利奥！胡利奥！”听众们向他投去轻蔑的目光，但他毫不在意，于是大家只好对他发出嘘声，示意他安静，再把他的狗拉下舞台。

现场洋溢着欢乐的气氛，但底下的暗流却比我以前感受到的更为阴暗。在一次讲座上，鲍勃提到了意在收紧驾驶证安全准则的《真实身份法案》。以前，流浪者们可以拿当地邮件转发服务公司给的地址作为

[1] 原本是僧人当作食器的器具，慢慢地有许多僧人将它用来静心冥想。通过敲击或摩擦，声音振动传递到内心深处，从而达到放松身心、释放压力的效果。——编者注

家庭住址使用，但现在，很多车辆管理局的办事员们会上网确认每个地址，如果网络显示这是个公司地址，他们就会要求当事人提供确切的居住地址。这项法案的目的在于根除恐怖主义，但它也让流浪者的日子过得更加艰难，迫使他们伪造信息——声称自己住在儿女或朋友家里，或者直接借用路上见到的处于对外销售状态的房产的地址。

“政府想让你住在房子里，”鲍勃警告听众，“他们知道我们在干什么，随时都在收紧缰绳。”

那段时间里，我一直在疑惑：这些人以后会怎么样呢？特别是，琳达是否还痴迷于建造地球之船呢？几个月前，她曾提到自己再次转移了搜索范围——去了加利福尼亚州位于科罗拉多河附近的维达尔，但在聚会上，她没怎么提这件事。于是我去问她，可她的语气里没什么热情。不久前，她在米申维耶霍市清理东西的时候丢掉了一部分关于地球之船的书。

那几年中，我时常听到流浪者们讨论共同出资买一块土地让大家共享，但这些计划从来没能成为现实。我知道的人中，有几个结束了旅居生活，回去依赖自己的成年子女，有的子女让他们和自己住，有的则为他们租了公寓。不过，不是所有人都有子女，此外，孩子们也有自己的债务。有些子女连自己都只能勉强养活，更别提接济他们的父母了。

我曾听说得克萨斯州有一所接收无法再继续开车的房车居民的福利院，叫作“逃亡者福利中心”。它是利文斯顿镇一家名叫“彩虹之端”的房车停车场的附属机构。（这家机构的常见问题解答页面上写着一个冷酷的问题：“听说‘福利院’就是你老死的地方，这是真的吗？”）流浪者们可以在那里定居，住在自己的房车里。然而，那里的一个定居车位每月需要 850 多美元的租金。可选的成人护理服务还要每星期额外花 200 美元，这对我认识的绝大多数人来说都是难以负担的。

我听到的故事中，有一些非常可怕。艾丽斯，就是那个和一只会说话的鹦鹉住在一起的流浪者，对我详细讲述了这样一件事：她的朋友罗恩，在距离夸尔特赛特 36 公里处一家沃尔玛超市停车场里露营时，活活喝酒把自己喝死了。她说，他死了一个月后才有人发现了他的尸体。《以赛亚书》58 章项目的志愿者贝姬·希尔曾提到一位 80 岁的老人曾在他们教堂住了 3 个月，而这位老人最后却死在了埃伦伯格附近沙漠里自己的房车里。“他没有可以求助的人。”贝姬悲痛地说。

我在 4 年前曾采访过的一名 CamperForce 员工在那年 2 月死去了，她叫帕蒂·迪彼诺。我认识她时，她 57 岁，在堪萨斯州科菲维尔镇的亚马逊仓库里当夜班工人，通宵往货架上装载商品。她邀请我去她的 1993 年产福特 Montera 房车里聊天。

帕蒂告诉我她在丹佛一家建筑公司当了 15 年的会计，可公司在 2009 年倒闭，她也随之下岗。几乎同时，她因离婚失去了房子。于是，帕蒂搬进了她的房车里居住，试图找到一份全职工作。她确信 30 年的行政办公经验会在找工作时派上用场，于是在接下来的几年中投出了数千份电子简历。但对一名失业的 50 多岁女人来说，就业市场是冷酷的。直到最后，她也没有找到工作。

帕蒂给我倒了杯黑咖啡。她谈论了萨米——她喜爱的一只 5 磅重的吉娃娃犬，谈论了在夸尔特赛特度过的时光，谈论了自己打算申请探险世界游乐场的工作。她和我讲了个笑话：“会计员永远不会消亡，只会做不平报表。”她和我谈论了她的爱好——织膝毯，来抚慰在阿富汗战场上失去手脚、余生只能坐在轮椅上的老兵。（她有一个女儿是海军退伍军人，会帮帕蒂将这些膝毡分发到加利福尼亚州的一个基地去。）

帕蒂在亚马逊工作时，每小时赚 10.50 美元，她对此很满意，但不想把赚来的钱花在亚马逊身上。“我对别人说，‘不要去沃尔玛，不要在亚马逊公司买东西。去街上的大叔大妈那里买，这样就会重创大人物的钱包，’”她说，“我们坐在这里，越来越穷，富人却在越来越富。”

帕蒂不想余生都漂泊在路上，她梦想有一个固定的居所。“我想要找到的地方类似学校。地方政府给老年人提供场地，让我们自己动手建造花园，自己制造沼气、燃料之类，”她说，“我还会有一个厨房，我就能做饭了！人们不知道我们有多足智多谋。我们有花园，然后怎么着？我们能够将食物装进密封罐中保存，因为我们中的有些人知道该怎么将食物密封进罐头里。几年前我们学过。”

帕蒂死的时候 60 岁。从我收集到的信息来看，她一直在接受放射治疗来对抗癌症。在她的 Facebook 主页上，她的一位朋友发布了一份纪念悼词，让我感动到几乎流泪：

> 你终于摆脱了债务的纠缠，住进了永恒的家园，不用再在沙漠或堪萨斯州挨冻了，不用再挤在狭窄的空间里生活。就像我挂电话时经常说的：我爱你，帕蒂。我们会深深地缅怀你。

我曾有一次问西尔维安妮，她的长期打算是什么。“我想我会永远保持现状，”她对我说，“我才不在乎《末路狂花》里的那些东西，我唯一能做的就是开着车冲过断崖。”

我也问了艾丽斯同样的问题。“来沙漠里找我的尸体，”她回答，“用石头掩埋我，让我离开这个世界。”

而鲍勃对他的垂暮之年则有一个更为实际的计划：“我会挖一条很大很长的沟，然后去买一辆便宜的校车，一边完全填掉，车顶也填掉，留下的一边车窗面向南方。一辆退役的报废校车只要 500 美元就能买到，很结实，能挺一辈子。”等到他无法再这样生活，他打算漫步走进荒原，然后一枪打死自己。“我的长期医保方案就是沙漠里一堆暴晒褪色的白骨。”他说。

那样荒凉的终局还暗示了一个更为重要的信息：鲍勃对于文明的未来并不乐观。他认为即将到来的自然及经济灾难将摧毁人类社会。他预计未来会有一场大衰退，它会“使大萧条看起来像公园里的惬意午后”。

当鲍勃考量这个过度拥挤的星球的命运时，他网站上的一些读者在担忧车居热潮正被过度普及。他们希望鲍勃和其他传道者停止谈论这种生存方式，因为他们担心这样会引来过多的关注，令流浪者们难以保持低调，而且很可能引来警方的镇压行动。

———

有一天下午，我开着车去夸尔特赛特的一家墨西哥卷饼小摊，店主是一个自称“脾气暴躁的外国佬”的男人。他早在一年多前就在转让这个小摊，但直到现在都没人来买。我点了份玉米煎饼，他对我说他想写一部关于来夸尔特赛特等死的老人的剧本。我吃了一惊，他告诉我这个小镇去年有五六个人自杀死亡。“这里什么也没有。”他苍凉地总结道。我拿着自己的食物走了。

回到车轮流浪者聚会之后，我和去年认识的66岁男人——彼得·福克斯聊天。一年前，他还是个房车居民实习生，参加去年的车轮流浪者聚会时，他租了一辆大众 Westafalia 露营车。他在圣弗朗西斯科的出租车行业工作了28年，当过出租车司机、调度员、出租车许可证[1]所有人以及经理，但最终被 Uber 挤出了行业。“依靠平凡人繁荣的共享经济到来了，”他阴郁地宣布，“那个时候，我没办法再同时负担房租和伙食费。”他曾想卖掉自己的出租车牌照，本以为它能带来税后14万美元的收入来供自己退休，但出售必须经由市政府中介，且社会对出租车牌照的需求很低，他就一直待在等待列表之上。半年前，他搬进了一辆白色的福特 E350 十二座货车中，给它取名“鹈鹕”。（“因为鹈鹕飞得很慢很低。”他解释道。）车里有一座象头神的小雕像，它是印度神话中的破除障碍之神。

彼得想找份临时工，所以我们共乘一辆车去了“大帐篷秀”。我看着他走向一位正在招募露营场管理员的招聘官说：“我被迫退休了，现在很需要钱。”于是我便走开了，让他一个人面对面试。之后，我们在城里快速吃了点儿东西后便准备回营地。“每天晚上这个时候，我就会想起这不是度假也不是旅行，”他对我说，“这是那个。”

几天之后，我们一起坐在他的货车外的一块防水布上聊天。“我还是时悲时喜。”他说。我们讨论了未来。“那些老到没法露营或住在车里

[1] 相当于出租车运营许可证，以前是很有投资价值的东西之一，一度价格高昂，但 Uber 等网约车软件的热潮使其价格一直在下降。——译者注

彼得在自己的货车边搭了一个露天厨房，平时在里面做饭或煮咖啡

的人最后会去哪儿？”他沉思着说。他说他很感谢车轮流浪者聚会里的一位注册护士，因为她帮他处理了手上的感染。他想，如果有流动医护人员或路边医疗站来服务流浪人群就好了，特别是国家公园或其他人们聚集的免费场所。他还想，如果有人能创立一家非营利机构来服务老年房车居民就太棒了。也许会有人创建类似的机构？他想用约翰·普莱的一首歌的名字为它命名——“那边的人，你好”（Hello in There）基金。我没有听过那首歌，所以他拿出了吉他和活页乐谱弹了起来。到了副歌部分，彼得的歌声也洪亮了起来，内容是老人为了缓解寂寞而渴望人际交往的温暖和人与人之间的联系。

“你对未来有什么打算？”我问。

“别死，别老，”他说，“我不知道，”接着，他又补充道，“实在不行，我的侄子侄女答应会接纳我。”

车轮流浪者聚会的尾声，流浪者们用亚马逊公司的包装箱做了一辆纸板货车，每个人都在上面签了字。那天晚上，他们将那辆纸板货车丢进了营火里。他们把这个新仪式叫作“燃烧货车”，并给马尔维娜·雷诺兹（Malvina Reynolds）在1962年为郊区发展创作的讽刺歌《小盒子》（*Little Boxes*）重新填词歌唱，以纪念这一刻。

沙漠里的小货车们
破铜烂铁做的小货车们
沙漠里的小货车们
小货车们各不相同

有一辆白色的，还有一辆白色的
一辆白色的和一辆五彩缤纷的
它们都用破铜烂铁制成
各有独一无二的个性

那里的人们都是车轮上的流浪者
他们是世上最友好的人
他们不被世俗所束缚

他们各有独一无二的个性

我们很友好
我们是家人
我们喜欢聚在一起
在沙漠里，在沙漠里
在那地形单调的沙漠里……
我们没有大帐篷
没有澡堂，没有中央舞台
但我们有篝火坑来交朋友
我们都用破铜烂铁制成
思维却各不相同

流浪者们享受了这场仪式，并承诺将其定为一年一度的传统。有人建议，明年的小货车就用胶合板做吧，这样它就能烧得更长久一些。

———

琳达接到了家人的报告。她的外孙、外孙女现在住在房车旁的帐篷里。在一次大暴风雨中，帐篷的防御顶棚被吹翻，差点儿淹死里面的孩子。此外，雨水还从帐篷底下流了进来。琳达的其中一位外孙女试图用吸尘器抽干地板上的水，令其保持整洁，却没发现将帐篷布料里的颗粒全吸了出来，令布料布满一个个小洞。他们只好用防水胶带堵住小洞。

琳达说，他们尽了全力。

同时，琳达也遇到一些新的挑战。她和我说，夜晚开车的时候，她会在视野中心看到一个黑点。我们一起从城里回来，正沿着斯卡丹沃什行驶时，她发现吉普车上的仪表盘不亮了。“没速度计我还怎么开？”她说，“总是不让我称心如意。”

她和拉冯一直在找春天的露营工作。琳达本以为自己铁定能在加州土地管理公司拿到一份露营场管理员的工作。可在我准备离开车轮流浪者聚会的时候，她接到了一通电话，对方说她的那份工作被取消了。

我本以为自己的采访项目会在此结束——琳达回到车轮流浪者聚会，在那个亲如家庭的群体里，重新开始她人生的那件大事——季节性周期流浪。在她和几个流浪者一起拔营去往埃伦伯格的几个星期里，她和新认识的人之间的关系更加深厚了。然而，她得了严重的支气管炎，躺在挤挤客栈里，身体虚弱得做不了饭。这时，她的线下朋友带着食物造访：水煮蛋、西红柿、香肠。我在一年前也见过类似的看护行为，那时，一个名叫贝丝的流浪者从她的货车（名叫“野兽”）走出来时摔断了左手臂。她的“驾族”中的两个人设置起了他们所谓的“恢复帐篷”，帮她做了许多没法靠一只手完成的工作，比如系鞋带甚至解胸罩，直到她能够继续上路。

几个月后，琳达在电话里告诉了我一件令我很惊讶的事：她找到了用来建造地球之船的土地。

她在克雷格列表网站上看到了一则推销广告，出售亚利桑那州边境小镇道格拉斯附近的一块 5 英亩的土地，位于奇瓦瓦沙漠西部边缘、墨西哥国境北部 9 英里处。首次参加完车轮流浪者聚会时，琳达曾在这块区域竭力寻找过合适的土地。那个时候，她确信这个地方太过偏僻，但现在她的想法改变了。“时间一直在流逝，”她说，“我的身体还能支撑多久？够来完成这件事吗？如果你为自己建造了一个家却没机会住进去，那就太浪费了。”我问她会不会害怕孤单。“我的许多朋友会在那条路上来来去去。他们会来看我的，”琳达指的是自己的流浪者同伴，“我觉得自己住在那里会感到孤单。”

琳达看中的那块地皮，其位置很偏远。在那个地方，土地面积超过 4 英亩以上的所有者可以不用遵守城镇建筑规范。换句话说，那里是地球之船发明者迈克·雷诺兹所称的“自由小区域”之一，没有繁文缛节，实验性建筑可以繁荣兴盛。那里海拔 4200 英尺，这意味着夏季不会太过闷热，即使高温使人不适，周围的山上也有露营场，可以去那儿当管理员。

“未被开发的空旷土地，便于合法获取，没有电力、水井或污染。”克雷格列表网站上的广告这样宣称，还附了一张照片，里面是一片广袤无边的沙漠，视野内再无其他房屋。此外，这则广告也承认了一些缺点。通往这块土地的道路上豆科灌木蔓生，其中一条路经过一条干涸的峡谷，但大暴雨时很可能引发山洪。

最终，低廉的售价打动了琳达。卖家出价 2500 美元，以小额分期付款的形式支付：首付 200 美元，以后每月付 200 美元，免息，直到全部金额偿付完毕。一年前在圣贝纳迪诺山脉做露营场管理员的时候，琳达曾聚精会神地阅读一本自助书籍。书的作者是一位创业者，书名叫《实现构想：如何克服想象力和现实之间的障碍》。我曾问她为什么读这本书。她说书本来是要送给女婿的，但他好像没兴趣，所以就自己研读了。“我有一项停滞不前的项目：我的地球之船，”她平淡地说，“我的‘障碍’是什么？钱。但它真的是障碍吗？”她停了下来，若有所思地吸了一口烟。顿了一会儿后再次开口，说她可以在车轮流浪者聚会上宣布自己的买地计划，也许伙伴们会帮助她。“想来我的地里待着吗？房租是每天一个装满泥土的轮胎，”她大笑着说，“当然，等他们到了那里，我会叫他们给更多的轮胎填满土。”

琳达看见克雷格列表上的那则广告时，她正在距离广告里那块地

一条通往琳达的地产的道路在沙漠中延伸至矮树丛深处，直至消失在地平线上

12 小时以上车程的红杉国家森林公园里当露营场管理员。（她后来又被加州土地管理公司录用了，因为在她本来的岗位取消之后，其他地方又开放了一个岗位。）她无法亲自过去看那块地皮，所以她找到估税员网站，转到科奇斯县，然后输入土地地号，网站上就显示出土地所在地的经纬度。她将坐标输入地图查询网站，看到了一张卫星图。那块地在图里是驼色的，四处点缀着茂密的丛林，干涸的沟壑横穿其中，好似巨大手掌上的褶皱。

付了首付款之后，琳达在 Facebook 上宣布，自己已经买了那块地。

“太棒了！！！实现你的愿望吧！”阿什，琳达在亚马逊 CamperForce 项目里认识的房车居民写道，“需要建筑工人就叫我们！”

“好棒！好棒！好棒！我好羡慕！我们一定会去拜访你，帮你建房子的！”另一个流浪者温迪说。她和自己的男友及小狗一起住在一间“车轮上的小屋子”，也就是退役校车里，并在车上安装了干式厕所和一个柴火灶。

琳达打算干完这份露营场管理员的工作之后就去看一看那块地，然后再去下一份工作的地点——亚马逊公司报到。她的露营场管理员同事—— 一名来自车轮流浪者聚会的房车居民加里已经和她成为好朋友，并且想看一看她买的地。加里也计划在亚马逊公司工作。虽然琳达对于发展一段情侣关系非常犹豫，但加里好像很喜欢她。

我问她们我能不能跟着去？琳达同意了。于是我订了去凤凰城的机票。到了 7 月中旬，正当我启程之前，他们告诉我行程有变。加里得了轻度中风，所以他和琳达决定与在弗拉格斯塔夫扎营的车轮流浪者聚会团体待在一起，寻求他们的庇护，好让加里痊愈。他们决定推迟这次行动。除了加里的健康原因之外，琳达还担心那里的气温太高。她本以为那里的气温应该只有 27 摄氏度左右，天气预报却说有将近 40 摄氏度，而她吉普车上的空调坏了。另外，亚马逊给他们的开工日期很早——8 月 1 日，他们要去肯塔基州康博斯维尔的仓库报到，加入 CamperForce，那里工人数量增长到了 500 多名。他们打算慢慢横穿美国，避免在太阳底下开车。“去不了那块地让我很烦恼。”琳达说，她的声音听起来很累。

不过我还是决定去，毕竟机票已经订好了。而且，琳达的那 5 英亩地周围没有围栏，谁想去都能去。此外，我觉得拜访那片土地能够解答一些令我心神不宁的问题。琳达在脑海里勾画好的未来真的能在一片什么都没有的荒原上实现吗？还是说这只是不可能实现的梦？

7 月中旬的一个夜晚，亚马逊正值季风季节，我乘坐的飞机降落在了凤凰城。下机期间，大家的手机，包括我的，都齐声响起了紧急事件警报声。国家气象局发布警报，说有一场沙尘暴正在逼近。这样的沙尘暴也叫“哈布沙暴”，许多亚利桑那人对此很气愤，坚决抗议使用源自阿拉伯语的气象术语。“当地电视新闻人员现在将这种沙尘暴称作哈布沙暴，这让我感觉受到了侮辱，”一名来自亚利桑那州吉尔伯特的居民写给《亚利桑那共和报》的信中说，“这已经成为亚利桑那州的一种常态了，可他们有没有想过久战归来的战士们回到亚利桑那却听到中东词语是什么心情？”

出了航站楼，空气犹如电吹风吹出的风一样又闷又热。渐趋黑暗的天空中弥漫着细砂粒，为柏油路面上的白光染上一层浑浊的光晕。

我租了一辆丰田卡罗拉轿车（海伦此时正停在东海岸的家里），调整好它的后视镜。恰好，琳达给我发短信说她到了埃尔里诺，刚安顿好自己。埃尔里诺是俄克拉何马市郊，位于她上一站停靠的新墨西哥州图克姆卡里市以东 350 英里处。琳达想安排一下，便于我们第二天联系。

琳达依旧非常渴望看看自己的土地，但直到 1 月份，也就是亚马逊的工作结束之前，她都没法实现这个愿望。所以，我们想到了另一个计划。在道格拉斯镇过夜之后，我就开车驶进偏远的沙漠，尽量靠近琳达的 5 英亩地，然后带着笔记本电脑和智能手机下车走路前行，依靠 GPS 来寻找土地四角的标志。如果手机信号足够，我就直接给琳达发直播视频，这样她就可以看到我这边的景色，像一个远程飞行员操作着一架低科技 / 原始的人力火星车，指示我找到任何她想要探索的东西。

由于亚利桑那州不实行夏令时，我们好不容易弄清两人之间的时间差，然后约好第二天我方时间 1 点、对方时间 3 点的时候开始执行计划。对于这次替代访问，琳达的声音已经表达出了她的兴奋。

“在道格拉斯的时候，有机会的话去加兹登饭店看看，”她敦促道，“它还残留有这块地区因铜矿而兴盛时所建造的大理石柱子和蒂凡尼彩色玻璃。”接着，她发短信说：“你在开车吗？”

“没有。”我说。车已经停好了——我不会在开车的时候发短信。

“很好，”她继续说，“道格拉斯镇上有一间沃尔玛超市，一定要买够水。”

水、防晒霜以及一顶帽子。确认完毕。

“如果你的车陷进泥土里了……我可以找卖我地的那个人帮帮忙，”

她说，接着又修正了一下自己的想法，“别陷进去。”

“如果路面太泥泞，我会直接把车停在大马路上，自己走进去。”我对她说。她似乎对此很满意。

“好的，做好准备，明天联系，”她写道，“你这个疯女人，没想到你真的要这么做。”最后，她终于对我说：“晚安。”

9点，天气晴朗，四下无风。我开车沿着10号州际公路驶出凤凰城，驶向东南方，凌晨时分到达道格拉斯。第二天早上，我去估税网站的科奇斯县页面拉出琳达那块长方形地皮的卫星图像，在谷歌地图上找到同一块区域，并用虚拟大头针标出那块地皮的四角，保存好之后，这些大头针就变成了金色的小星星。沙漠里出现了一个长方形星座，而我所在的 GPS 定位点则以一个蓝点的形式显示在地图上，位于长方形星座西南方向 8.5 英里处。

上午 10 点左右，天气炎热。我喝完一瓶水，出发行驶在烈日之下。我的第一站是道格拉斯的主干道——G 大道。琳达说的那个历史悠久的华丽酒店就在这条街上。然而，它周围却是各种各样的空建筑，油漆剥落，外墙褪色，窗户被胶合板遮掩着，人行道上一片荒芜。很难想象这里曾经是亚利桑那州最大的镇。道格拉斯镇建立于 1901 年，当时是附近铜矿的矿石冶炼中心，并兴盛了几十年。然而时过境迁，小镇没落。20 世纪后半段，美国人认识到空气污染对人体健康和自然环境的威胁，促成了 1963 年《清洁空气法案》的建立及扩充。但是当地的冶炼厂——菲尔普斯道奇公司旗下的道格拉斯精炼厂成功回避了这项联邦标准，直到 20 世纪 80 年代。那时候，它已经是美国制造业里最大的二氧化硫排放者，每天排放 950 多吨导致酸雨的污染物质。它排出的烟雾太浓，当地的一名医生甚至因为担心沉重的呼吸所带来的影响而不鼓励病人们进行锻炼。“情况严重时，你会觉得肺里黏糊糊的。”附近的咖啡店老板比斯比在准备举家迁往其他地区时对美联社说。

环境保护署勒令菲尔普斯道奇公司给精炼厂安装价值5亿的排放控制设备，公司选择关闭这个冶炼厂。1987年1月中旬，4个工人炼出了最后一批铜。高耸烟囱上的大片废气停止翻腾，飘荡在山谷中的雾霾消散不见。没有人怀念旧时浓烈刺鼻的空气，但失去的并非只有污染，还有347个工作岗位以及1000多万元工资，这相当于当地经济总量的1/4。这激怒了道格拉斯的居民。“我希望他们能把那些促使冶炼厂关闭的家伙弄到俄罗斯和加拿大去，”一名康胜啤酒批发商的员工对《波士顿环球报》说，“照我看，这都是共产主义的错。”

道格拉斯的前景仍旧在断崖式下降。2015年夏天，这个小镇上唯一一家医院关闭，小镇又流失了70个工作岗位。道格拉斯和谢拉维斯塔——从前也是冶炼厂小镇——的城区最近当选“全美衰退最快的城市”第4位。2010年至2015年，道格拉斯的人口流失情况比密歇根州弗林特市、俄亥俄州扬斯敦市这两座锈铁地带标志性城市的都会地区更为迅疾。

我走下G大道，到处都能看见小镇全盛期与现在的落差。加兹登饭店对面耸立着具有百年历史的布罗菲大楼。它以前是商业中心，新古典主义的美观外表上饰有装饰性盾牌、卵锚纹线饰以及齿状飞檐，给那些用木板隔出的店面增添了一丝奇怪的庄严感。在北部的一个街区，一家早已无人光顾的大剧院入口遮篷上写着不完整的“正在放映”[1]。1919年大剧院刚建成开放时，支持者们称这个有1600个座位的电影院是“圣弗朗西斯科和洛杉矶之间最好的剧院”，吹捧诸如管风琴之类的娱乐设施可以为无声电影、茶室和糖果店伴奏。除了上映电影之外，大剧院也招待金吉·罗杰斯、约翰·菲力浦·苏萨等演艺人员。但到了20世纪中期，电视机的崛起导致了电影院的急速衰弱，这家大剧院也在1958年关闭。之后，大剧院的房顶坍塌，树木在废墟之中萌芽、生长。20世纪80年代初期，保护主义者以1美元的价格买下了它，但修复它却需要950万美元左右，所以它仍旧没能复苏。到了2000年之后，这座被遗弃的剧院至少找到了一个定位：万圣节鬼屋。为了筹措资金修复大剧院，志愿者们创造了一个传统，每年举办一次，那就是将剧院内部布置成恐怖场景，包括一个真实的殡仪馆制造的尸体防腐实验室，并找来一群高中生扮演《宠物坟场》[2]的恐怖场景。

虽然道格拉斯的传奇过去令琳达着迷，但这个小镇的衰退对她来说并非悲剧。对于预算有限的实验性土地主来说，衰退使得他们的事业得以延续下去。这里便宜的房地产吸引了一些企业家和艺术家，比如罗伯特·乌里韦，一位来自曼哈顿的移居者，他在道格拉斯开了间咖啡厅，4年之后会被选为市长；哈罗德·布兰克，一名来自伯克利的电影制作人，现正在道格拉斯建造艺术汽车世界——展示改装非常有创造性的车辆的博物馆。此外还有卡瑟德尔—— 一辆拥有彩色玻璃窗和

---

[1] 原文“NOW SHO ING”，应该是“NOW SHOWING”，中间那个字母“W”掉了。——译者注

[2] 1989年由玛丽·莱姆伯特执导的美国恐怖电影，由戴尔·米德基夫、弗雷德·格温等主演。——编者注

哥特尖顶的灵车；以及马驹车，满满当当地装饰了 1045 匹马匹。后者是由一名酗酒的越南兽医创造的，在康复期间，他每次想喝酒就往车上贴一只马。

当然，这个小镇里也有挑战。琳达在调查她的新家时遇到了一些不好的预兆。“由于道格拉斯位于墨西哥国境线上，所以毒品走私问题比较严重。”她在付完首付不久后对我说。这个消息是从有关道格拉斯的书里看到的，琳达补充道，但她不知道这些字句是多久以前写的，所以，也许现在情况已经有所好转了？

在看有关非法交易问题的书时，琳达得知了这个小镇最为著名的缉毒行动。1990 年，警方在国境地下发现了一条长达 300 英尺的地道。它被锡那罗亚贩毒集团用来偷运可卡因，内部用混凝土加固，所处深度相当于地下 3 层，入口在阿瓜普列塔的一幢房子里，被很好地隐藏了起来。打开一个水龙头就会激活液压升降机，由此吊起一张台球桌，连带它底下的一块厚板，这样，下地道的梯子就露了出来。地道里面有 5 英尺高，设有空调，亮有电灯，还有一个排水泵用来防止泛洪。两条金属轨道上载着一架台车，可以从隧道这头径直滑到位于道格拉斯地下的另一头，停在一个 2000 平方英尺的仓库里，对外则伪装成一处货车清洗站。这里还有一个滑轮起重装置来将一捆捆可卡因吊上地面，工人们会将它们装上正在等待的牵引式挂车运走。警察们对这条绰号为“可卡因小径”的地道倍感惊讶，说它“像是从詹姆斯·邦德的电影里走出来的”。锡那罗亚贩毒集团头子华金·古斯曼，绰号“矮子（El Chapo）”，更是热情洋溢地宣称他的手下“真是挖了条厉害的地道”。

琳达对此着迷，但所有这些事都没能阻止她在这块区域定居。“一位前边境巡警写过，那些泄露情报给警方的人被杀掉，那些‘线人’，”她平淡地说，“对，这个毒枭会杀死线人。而我的想法却是，好吧，我不会和这当中的任何人打交道的。”挂断电话之后，我在想，琳达说这些话是不是为了让自己放心，或者令我放心？或者两者都有。不管怎样，道格拉斯正好在国境线上，在这一点上她丝毫没有夸张。大剧院南边 12 个街区的地方，这个小镇（以及这个国家）的领地扩张被两道平行的围栏阻挡，中间是一条水泥通道，看上去就像一条干涸的护城河。（联邦承包商使用的官方名字是“道格拉斯国际壕沟”。）第一条围栏，也就是位于护城河美国一岸的围栏，用粗大的金属丝网制成，并被刷成不引人注目的沙漠黄。第二条围栏面向墨西哥，是官方隔离墙，它看着很像监狱电影里走出来的东西。一个高达 8 英尺的系船柱式钢铁铸造物赫然耸立着，在人们的视野之外及地表之下持续工作。它埋在地下的部分也有 6 到 8 英尺，用来威慑挖掘者。它的金属柱是黑色的，锈迹斑斑，两两间隔 4 英寸整齐排列着。从间隙中可以窥见道格拉斯的姐妹城市——墨西哥的阿瓜普列塔，它的土地面积将近道格拉斯的 5 倍，是一个工业大都市。许多市民在边境加工厂，也就是外商独资的加工出口工厂工作，从汽车零件到医药用品、遮光帘、电子产品、衣着服饰，什么都做。

琳达的书对于走私活动的说法也是对的。毒贩子一个晚上赚的就能比边境工厂工人一个月赚的还多。所以，边境巡警经常能在道格拉斯边关的入境车辆中，从其后顶盖侧板或备用轮胎中找出一包包大麻（在更稀有的情况中，里面是冰毒、海洛因或可卡因）。在最近的缉毒行动中，他们抓到了一个 16 岁的墨西哥男孩，他使用一根座位安全带来翻越道格拉斯的边境围栏，垂降下来。他的任务是回收装了 90 磅大麻的粗麻袋。这个粗麻袋已经被人从阿瓜普列塔丢过了边境围栏，然后男孩将它们拖进业已停在附近的逃跑车辆里。有人答应给他 400 美元来做这件事。在老家，他在一家边境工厂里做车辆同步带，每周工资是 42 美元，这些钱还要养活他的母亲和 9 个兄弟姐妹。

边境警官还遇到过更奇怪的事，比如一个非法商贩自制了一条高空索道来运输毒品，好似悬在高空的小缆车。另一个创造力强的走私者带着 55 磅大麻试图通过下水道进入道格拉斯。警察们打开检修孔，发现他戴着一个潜水氧气瓶和面罩，穿着黑紫相间的潜水服。见到警察后，他丢下潜水装备和大麻，慌忙回头跑向阿瓜普列塔。在国境线上的另一些地方，甚至还有借助远程遥控的超轻型飞机将大麻运过边境隔离墙的故事（其中的一架无人机不小心将一袋 25 磅重的毒品掉在了亚利桑那州诺加莱斯城的一个车棚上）。

———

我出发前去访问琳达的土地时，时间已经过午。我驱车进入萨尔弗斯普林斯谷。这片干旱的土地与索诺兰沙漠和奇瓦瓦沙漠接壤，于亚利桑那州东北部绵延将近 100 英里后进入墨西哥北部。其后半部分路程两旁绵延着 6 条山脉：西边是德拉沽山脉和米尔山脉，东边则是奇里卡华山脉、史威斯赫姆山脉、佩德雷戈沙山脉和波里拉山脉。琳达的地产在波里拉山脉山脚下。她对我说，北边的奇里卡华山脉里有露营管理员工作，那里是科罗拉多国家森林公园的一部分。

我穿过好似无穷无尽的灌木丛林地，其中很大一部分是无人居住的。道路前方好似有一个水塘闪闪发亮，但这只是高温形成的海市蜃楼，一旦靠近就无影无踪。路旁有一块生锈的广告牌，上面写着“自由贸易政策：毒品来，亿万走”。偶尔有牧场里的矮房在丛林中显现，有些好似已废弃好久——本是门窗的地方如今只剩下一个洞，从翘曲的屋面板下可以窥见屋顶的椽子。路的左边出现了一座放满丝绢花的白色小神龛，远处孤孤单单地停着一辆新型房车，深远而寂寥，如同《绝命毒师》[1]里的一个定场镜头。

开车走错了几次路之后，我终于找到了一条往东的崎岖路，就是克雷格网站的那则广告里说的那条通往琳达地产的路。这时已经是下午 1 点，所以我给琳达发短信说我的进度比计划落后了 10 分钟。而她的回复则立刻就来了：我准备好了。

这条路很窄且凹凸不平，但略带红色的泥土被夯得很结实，这一点非常幸运，因为仲夏的大雨总是把不够结实的泥土路面弄得泥泞不堪。我紧张又兴奋，可能因此而把车开得有点儿快。我心里想，如果我在那里发现了些不好的事怎么办？琳达不喜欢她看见的东西又怎么办？汽车颠颠簸簸地前行，惊起栖息于路两旁茂密灌木里的飞鸟。一只尾巴黑色的长耳大野兔横冲过这条路，耳朵大得惊人。很快，眼前出现了一个十字路口，有一对正式路标指出它的位置。这是我在这里看到的第一对路标，在这片没有辅路的野外显得太过正式，甚至有些奇怪了。我拐上另一条泥土路，往前开了半英里。左边出现了一条被豆科灌木占领的道路

[1] 由美国 AMC 电视台原创制作，亚当·伯恩斯坦、米歇尔·麦克拉伦执导的犯罪类电视连续剧。——编者注

遗迹，已经完全没有了路的样子。一条被晒得褪色的粉色标记带挂在灌木上摇摇晃晃。

我看了眼手机里的地图，蓝色的GPS定位点正好在长方形星座所标示的琳达地产旁边。手机信号很强，我把笔记本电脑连上手机热点，然后给琳达发去了视频邀请。第一次呼叫无人接听，于是我再试一次，她接了起来。她在微笑，玫瑰色两用眼镜后的眼角露出笑纹。我等着她那声熟悉的三音节问候。

“你——好——啊——！”琳达大声说，但视频却开始卡顿，一跳一跳地定格在不同的静止画面上，好似翻页动画里的书页。“你信号不好。”她说，但是音频很清晰，通话连接也没有断开，所以我们决定这样试一试。我将摄像头朝向前方，然后在小道上往东走。“我看见云了！”琳达大声说。我的摄像头朝向太过偏上，所以屏幕上一直是头顶上天空的旋转画面。于是我将视角向下沉，琳达就看到了一张仰视我的鼻孔的图片。最后，我终于搞定了摄像头的角度。

“哇！这就是那条路？”她不可置信地说，然后补充说，她的5英亩地周围应该有PVC塑料管标出的长方形的4个角，问我有没有看到。我说目前还没有。我已经看到的有：干燥的泛红泥土和山谷远端米尔山脉的轮廓。“风景真好啊，对吧？！”琳达惊叹地说，然后便转头冲一个镜头外的人大叫，“加里，过来坐下看看！”

“我不能坐。”一个稍显低沉的声音说。

“那就靠在树上。”琳达回答。

一个戴着黑色塑料框眼镜的老男人出现了，脸悬在琳达的肩膀上，皱着眉头凝视着屏幕，头上的灰色头发稀稀疏疏，脸上的表情亲切却带有好奇心。

“那边天气是多云啊，”他接着说，“你看那些草！”对于他的玩笑，琳达笑了起来，加里也跟着咧嘴笑了。“你可能需要一架乘坐式割草机。”他面无表情地说。

视线远处出现了一根白色的杆子，像块小碎片一样插出了地面。“看见 PCV 管了吗？”我问。

“没有！”琳达回答。她前倾着身体，眯眼盯着屏幕。我继续走。她让我注意安全。“注意脚下，”她说，“一定要确保脚下没有蛇。”在琳达和加里工作的红杉森林公园里，附近经常出现响尾蛇，琳达知道，我这边也有响尾蛇出没。

最后，我们终于有了进展。5 英尺长的 PVC 塑料管被插在一根小岩柱和一根钢桩旁边。“噢！我看见了，”琳达激动地说，“你的 GPS 上怎么显示的？”代表我在这片沙漠里的位置的蓝点正好与琳达地产上东北角的五角星重合了。“就是这个！”我说。琳达大大松了口气。“你想去哪儿？”我问，“你想去哪儿我就去哪儿。”

琳达想看河谷，也就是那条径直通过琳达地产西北角的河床。卖家曾对她说，其他潜在买家看了看这条小裂缝就走开了。但琳达觉得它也许是一项资产，可以在沙漠暴雨中收集雨水。“我想收集‘更多水’，你懂的。”琳达之后解释道。

在走向河谷的途中，我一直和琳达你来我往地说笑。我像拿着探测棒一样，拿着笔记本电脑朝向正前方。“如果你比我先看到蛇，一定要告诉我！”我恳求说。琳达在知道网络信号不好导致画面断断续续后，和我开着玩笑：“你也不先看看这网络延迟之类的破事。”我们又谈论了他们所在地区的天气。他们还在去肯塔基州的路上，目前在密苏里州乔普林市以西不远。天气晴朗但潮湿。“我整个人都湿答答的！”琳达说。在我们视频通话之前，她飞驰到44号州际公路上一个拥有众多遮阳树的休息站，就算是在难熬的西部夏季里，在那里也能舒适地度过。[她后来解释道，“飞驰”的意思是在挤挤客栈里以每小时62英里（将近每小时100公里）的速度飞奔，再快一点挤挤客栈就会晃得太厉害。]

我绕过一个非常活跃的蚁丘，然后将摄像头朝向它，给琳达看。“噢——好可爱的蚂蚁！”她评论道。接着，她和加里问了我土地的黏稠度，加里想知道地里的岩石多不多。“不太多，但有。”我说。琳达想知道泥土是含沙量高、颗粒状的还是粉末状的、细腻的。她想装地下冷却管—— 一种天然的气候控制装置，需要将管道埋在距离地表6到8英尺深的土壤里，因为那里的温度会下降到13摄氏度左右。琳达想用它来循环家里及温室的空气。将这个装置放到地下需要挖很多的泥土。

“泥土很容易碎，”我抓起一把干燥粗糙的泥土亮给他们看，然后张开手掌，看着它们从指缝间漏到地上，“看，它们从我手上漏下去了吧！”

“这应该很好挖，”加里回答，“这是个很大的优点。”琳达也同意，“感觉挖地装冷却管道很简单。啊，真好。哇。”

“我们”继续前往河谷，琳达则欣赏着四周的植被。夏季的雨水已让沙漠里的植物鲜活起来，甚至能算得上茂盛。雅致的黄色花朵挂在三齿拉瑞阿光亮的叶子之间。有白刺的金合欢上点缀着布满花粉的小马勃菌。丝兰刚刚结束了一个开花周期，每张复叶顶部都伸出一根枯萎的茎，连接着一朵业已干瘪的花。我们路过一棵神秘的仙人掌，四处伸出的“掌心”如同带刺的触手。这个仙人掌上面长满了红色结状果实，让我联想到仙人果，但琳达知道不是。“仙人果的叶子是扁平的，是仙人掌科下的另一种植物，”她说，接着补充道，“不过应该可以吃。”（后来我知道了这是昙花，也叫午夜女王，夜间开花，每年只有一次。）

我走错了路，纠正过来之后，那个干涸河床就出现在了眼前。“这真的是河谷，还是只是条壕沟？”琳达问，“它有多深？”我将笔记本电脑放在岸边，摄像头对准河谷，然后爬了下去，这样她就能亲眼看到这个河谷的深度了。在一些地方，河岸的高度在我臀部附近，其他地方可深至我肩膀附近，估计有三四英尺深。

“通过我地皮的那部分都这么深吗？”她问。“不。”我解释说，它只在地皮的西北角隔了一个三角形，而且还不算很大。和其他角落一样，这个角也用 PVC 管标出来了。我爬出河谷去找它。这一次，琳达马上就看到了那根标记管子。“哦，在那里，看！”她大声说，“耶——！”

之后，我回头向着第一个标记走去。“你觉得怎么样？”我问琳达。

“比我想象中好，”她说，然后赞美了高山全景以及泥土的质量，“我还以为会像埃伦伯格那里有那么多石头呢，竟然没有。”她指的是离开车轮流浪者聚会后曾路过的碎石阶地。那个地方看起来就像月球表面，植物也很少。琳达很高兴这块地皮已被合理地调查过，并清晰地标出了边界。“太实惠了！”她说，“价格还这么低，天哪！”

认识琳达之后的 3 年半里，她总是给我看她最喜欢的地球之船——鹦鹉螺号。它的平面图是根据斐波那契数列做的。我想象了它伫立在这块土地上的样子，倾斜的砖墙模仿周围群山的轮廓。“我正在想象你的地球之船。”我对她说。

“建在那里会很漂亮，不是吗？”琳达开心地回应我。她打算结束亚马逊的工作，等天气凉爽一些之后再来这里露营。她想，一旦她亲眼见到了这块土地，就能决定该把自己的家园建在哪个位置了。“我只要在那里坐上一会儿，就能知道建在哪里最好。”她说。

过去的半个小时，我一直在走路，在阴暗的天空下说话。尽管气温有点儿高，阴天还是让一切变得没那么难熬。可现在太阳出来了，荒原就成了一口热锅。笔记本电脑上闪烁起了温度警告——它无法在如此炎热的环境下工作。与琳达的通信画面卡住不动，接着连接就断了。旅程结束。

我花了很多时间思考，这块地对琳达来说到底意味着什么？对于实现梦想，这里有切实可见的进展，她能够如愿在这里建造一些别人拿不走的东西、完全属于她的东西、一些比她寿命更久的东西。看见屏幕里的她与加里在一起，整件事又加了一个维度。虽然她很有感召力，但琳达令我震撼的总是她的独来独往。当然，她有家人也有挚友，但在亲近他们的同时，她也在拼命保持着独立。可现在有新的人站在了她身边，她的未来到底会怎样呢？加里会过来和琳达一起定居吗？琳达的街坊邻里到底是谁？在这穷乡僻壤，她有谁可以依靠？

我在这里没有遇到过其他人，所以我喝了许多水，再次坐进车里，出发寻找有人居住的地方。

第一个线索是马群。琳达的地产西南 1 英里的地方，有 3 匹马站在被漆成绿色的门后，狐疑地看着我的车靠近，然后缓缓离开。门上有一块牌子写着“禁止擅入：违者将追究法律责任”。门被9个生锈的弹孔穿透，还有一个新近增加的弹孔，穿洞后露出来的那一圈金属还没有生锈。一枚黄色的20毫米口径的枪弹的弹壳躺在附近的泥土里，已经被压扁了。

一阵微风拂过茂密的树丛，带动树叶沙沙作响，也带来另一种介于刮擦声和嘎吱声之间的声响。声音似乎来自西边100码处的一座A字形棚屋。屋顶上一张松动的波浪形金属屋面板瓦被风吹得上下抖动，发出咔咔的声音。我第一次感觉到有些人可能不想被找到。在这里，让别人受惊可能是一个严重的错误，所以我一边慢慢靠近，一边如同迷路的旅客一样大叫：“有人吗？”没有回应。

这间棚屋是由胶合板、细铁丝围栏和金属屋面拼接而成的。一块蓝色的碎油布摇摇晃晃地悬挂着，遮住墙体上的一个洞。室内的泥土地上放着一条小长椅，再无其他东西。棚屋附近的荒地放着一堆堆碎石，暗示着人力的干预。除此之外，这里还有几个泰迪熊、一个双柄蒸煮锅、一只高跟鞋、衣架、空罐子、陶瓷大杯子以及一盒芝加哥乐队的磁带。我在想，这些物品的主人是谁？为什么匆匆把它们留在这里？（之后，我读到了关于边境沙漠里的垃圾的文章，其中许多垃圾是精疲力竭的移民丢下的。有时候，那些步行入境的移民若要挤上会将他们偷偷送走的拥挤车辆，就必须先削减自己的行李。）

我回到车上继续往前开，看见了更多人类的痕迹。从这间棚屋沿着一条泥土路往北开半英里，我看到了一小块地皮上建了几间平顶棚屋、一条用废旧货板做成的畜栏、两个球状温室——也许是菜园？——以及一辆撑开了引擎盖的轿车，外围则绕了一圈带刺的铁丝网。回头开回东边之后，我找到了一幢先前错过的建筑，它位于琳达的地皮西南方向大约不到 1 英里的地方。我停车的时候，小围场上的一只毛驴大声叫唤了起来。此外还有一间外观被漂成骨白色的旅行拖车，旁边则有一个移动厕所。我再次大声打招呼，可依旧没有人回应。

卫星地图显示南边更远一点儿的地方有一家大牧场。我循着地图前去，见到肉牛栖息在散乱的牧豆树下。再往前开，不远处就出现了一间房，但是路况却变得很差。开了一小段上坡路后，路面开始下坡直到最低点，那里有一个倒映着天空的水塘。我试图将车从水塘边开过，但那里的泥土太软。很快，我驾驶的丰田卡罗拉前轮陷进了泥土里。我试着倒车，可轮胎只在原地打转，飞溅的土块撒满了这辆租来的白色车辆。

我想起了琳达的警告：别陷进泥土里。

车里的手机信号很弱，所以我下车爬上了旁边的护坡道，给美国汽车协会打电话，前 5 次都没接通，第 6 次终于通了，可对方却说不在泥土路上服务。下一步，我打电话给了纳利汽车检修站—— 一家父子创立的拖车公司。对方问我能不能等，我说："当然可以"。浓云正在东南方聚集，徒步去往牧场里的矮房，拖车公司的主人朗尼正外出工作，问我能否等他的回电。这似乎是个好主意。靠近矮房之后，寂静被一声刺耳的狗吠声打破。十几只狗在地上乱跑，有些可以随便走动，有些则被关在围栏中。最小的是一只黑白相间的小奶狗，仿佛自封的大使摇摇晃晃地跟在我后面小跑。前院里有一个焊接装备、一把除草机和一个装满了大石头的马桶。我走到门前，大喊一声"有人吗"，但依旧没有人回应。

在我走回汽车的途中，电话响了。朗尼说他正在赶来。很快，一辆平板式拖车出现在了牛群曾休息的地方。我爬上护坡道，像个孤岛漂流者一样使劲挥舞双手。

朗尼和他的儿子小朗尼看到了积雨云，所以飞速赶了过来。牧场的一部分处于河漫滩里。有一辆 UPS 公司的卡车曾在雨季被困在这里。司机给朗尼打电话求救时说洪水已经漫过了他的车轮。事情到了这份儿上已无计可施，只能等待洪水退去，土地再次干燥。

小朗尼在卡罗拉的后保险杠上钩上了牵引索。我给卡罗拉挂上空挡，然后朝小朗尼竖起大拇指。陷在泥里的车开始向后退出泥坑，这时，一辆酒红色四轮皮卡车到达了这条沟的另一边。一个戴着破旧的黑色棒球帽、穿着牧马人牌牛仔裤的男人下车，叉着腰观察这边。我坐在驾驶座上，羞愧地对他招招手。

“那个地方比较危险。”这个男人观察着四周说。他的胡子是红色的，皮肤则像微熟的烤牛肉，脸上有雀斑。车出了泥坑后，我向朗尼父子付了钱——80 美元拖车费、20 美元小费，然后毫不吝惜地感谢了他们。开皮卡车的男人说自己是牧场主管。“你一个人来的？”他问。我感到有些不自在，但除了坦白实情以外，我找不到什么貌似可信的借口。所以，我提到了琳达，然后问他在这里的生活是什么样的。这位主管告诉我，他养了 50 头布兰格斯菜牛——婆罗门牛和安格斯牛的杂交种，主要用作肉牛，并且抗旱。他已经在这里生活了 26 年，并说这里一般比较安静，但有时候“毒骡”会背着沉重的背包横穿这里，最好避开他们，他已经开过两次枪了，还在自己的皮卡车里备了一把 AR-15 步枪。

拉出来的租车脏得很滑稽，驾驶座下的搁脚空间有 1 英寸厚的泥巴，我脚上的运动鞋踩下踏板时还会嘎吱作响。我刚刚离开的土地上空挂上了一道彩虹，感觉它很俗气——大自然的讽刺？但我还是下车拍了张照。

回到道格拉斯镇中心，我把车停在加兹登饭店门前，大步走进了大厅。巨大的琥珀色空间正如琳达所说，非常豪华，有意大利风格的石柱、宏伟的大理石楼梯，还有皮沙发。（“坐在上面就好像进了一个受过高等教育的海盗的贼窝。”《洛杉矶时报》的一位记者曾经这样写过。）琳达和我说的蒂凡尼玻璃窗是夹层上的 42 英尺壁饰。打了背光的窗格用不同颜色的旋涡描绘了一幅沙漠景象——棕褐色的泥土、地平线上紫色的山峰、盛开的绿色丝兰。它仿佛是由宝石所呈现的琳达地产之幻影。我漫步走进塞戈维亚厅——少有人迹的酒店餐厅，并点了一盘 7 美元的辣酱玉米卷饼和一杯墨西哥啤酒。蒂凡尼玻璃画好似强光过后眼睛里留下的余像，久久萦绕在我的脑海里。我想看到琳达踏进画里那幅美化了的原野：一座坐落在西南方的伊甸园。整个下午我都在抵挡担心之情的侵袭，然而现在我已孤身一人，只与脑中的想法做伴，所以它们蠢蠢欲动。

再开两天的车，琳达和加里就能到达肯塔基州的康博斯维尔。他们将在那里度过接下来的 5 个月，在亚马逊仓库里每晚通宵工作 10 个小时。对琳达来说，做这份工作是为了挣钱，好开始建造自己的家。她已经下定了决心，但我却觉得，这块地太过偏僻，夏季温度太高，还有带着武器的毒骡、骤发的洪水以及响尾蛇。我不禁疑虑，这个计划是否太过疯狂？从琳达告诉我她的梦想那天起，我前前后后仔细考虑了 3 年，也曾有过疑虑。但大多数时候，我会信任电影《X 档案》里福克斯·穆德的口头禅——“我想要相信”。

不久后，我将自己知晓的那块土地的信息，不管好的坏的，都写下来寄给琳达，并坦陈了我的担忧。我还通过电子邮件给她发了一份地图，再附上了她的地产的照片及其周边环境。对于第一份信息，她没有给我回复，但在亚马逊公司给我回了信，告诉我她看到那些照片有多高兴。“我经常看它们，梦想着自己能去到那里，”琳达说，“我讨厌这份破工作，但这些照片能让我继续坚持下去。再过 15 个星期，我就自由了。”

同时，其他忧虑也在我心中聚集了起来。琳达的身体能承受住建筑工作的艰苦吗？我回想起她在内华达州芬利城的亚马逊公司工作中的残酷情形，她因为眩晕而被送上救护车的场景，以及她因为长期使用手持式条形码扫描仪而罹患的反复性动作损伤。她的手腕花了 3 年时间才治好。万一她再次受伤怎么办呢？亚马逊公司已经采用了更为轻量的条形码扫描仪——也许这会使情况有所好转。我还担心她的工作会让她精疲力竭。虽然她一开始是被指派为上架工，负责将商品摆上货架，但上了一段时间班后，她对我说她的主管正在考虑把她和其他 CamperForce 工人调到更艰苦的工作岗位上，也就是负责从货架上拣出订单所需的商品。她说，去年有一位拣货员工作时戴了运动手环，根据它的记录来看，佩戴者一天中走了 18 英里，上了 44 级台阶。

就算琳达撑到了最后，她存的钱够她开始建造地球之船吗？她上一次为CamperForce工作时，基本时薪是11.50美元，另有夜班和加班补贴。现在，基本时薪降到了 10.75 美元。（第一次来 CamperForce 工作时，琳达在芬利城的仓库上班，那里的工资比其他一些仓库要高，但是芬利城的仓库已经在 2015 年关闭了。）

此外，我还担心她的斗志。她第一次在亚马逊度过旺季时，已经近距离观察过了美国人买的各种垃圾并感到很恶心，那次经历打消了她的所有幻想。在她离开仓库之后，亚马逊公司的业绩却依旧在增长。在她离开大房车、住进小小的拖挂式房屋之后，琳达还读了关于极简主义和小房子运动的书籍，因此对于消费文化以及人们在短暂生命中囤积了多少没用的东西这两点，她已经做了许许多多的思考。那么，这些思考究竟会将她导向何方呢?

琳达依旧在与它们做斗争。几天后，她开始在肯塔基州工作，然后便会将下面这段文字发布在 Facebook 上，并同时直接发了一份给我:

> 有些人问我，为什么你想要找一个地方定居? 那是因为我想退出激烈的竞争，支持本地商业，只买美国人制造的东西。我想停止购买我不需要的东西来让我讨厌的人钦佩我。目前，我正在一个巨大的仓库里为一家大型网络供应商工作。这里的商品都是世界上某些没有童工保护法的地方生产出来的垃圾，工人们每天工作 14 到 16 个小时，公司还不提供餐食和上厕所的时间。这个 100 万平方英尺的大仓库里堆满了商品，不出一个月它们就会出现在垃圾填埋场中。这家公司有几百个这样的仓库。我们在其他国家饲养奴隶，比如中国、印度、墨西哥以及其他任何拥有廉价劳动力的第三世界国家。而我们自己的经济便是建立在他们的辛苦劳作之上。我们不必目睹他们的劳苦，却能够享受他们的劳动成果。这家美国企业大概是全世界最大的奴隶主。

发送了这段话之后，她又接着写：

> 我知道这样说很偏激，但这就是我在工作时脑子里想到的东西。那个仓库里没有实质性的东西。他们把贷款买他们垃圾的买家变成奴隶，令他们不得不待在自己憎恶的岗位上赚钱还债。在那里真的很令人沮丧。

琳达还说她正在对付“道德问题”。“如何对自己赚到的钱感到光荣，用它们来完成我的计划？手上的钱不知道它们从哪里来，我明白的。除了这样做以外，我还有什么方法来在我需要钱的时候弄到钱？生命短暂啊。”

最后一句里，她总结了自己的心情：“就好像一个银行抢劫犯为了退休而干最后一票。”

但我在道格拉斯的时候，琳达还没有对我说出这些想法。我小口吃着盘子里的辣酱玉米卷饼，思考着接下来会发生什么。出发上路时已是夕阳时分，我沿着 191 号高速公路往北开。一整天都似下不下的雨点最终也没能落下来，云朵已经飘到了西边米尔山脉的头顶上，天空在它们和山峰之间裂开了一条缝。今天的最后一缕日光从缝隙中落下，将山变成海螺壳的粉红和橘黄色，然后褪成深红色。开了 20 英里以后，我左转继续沿着米尔山脉的北部边缘行驶。天已尽黑。北边的德拉沽山顶上闪过一道道闪电。

我经过墓碑镇——“这个小镇太顽强了，根本死不了”——在本森城的德士古公司停下来。燃油泵上面，顶棚上的灯亮起堪比艳阳的剧烈强光，飞蛾和甲虫如同醉酒一般在灯下盘旋飞舞，仿佛一场昆虫迪斯科。我的手机“叮”的响了一声，是琳达发来的短信。“你回到城里了吗？”她问。我说回了。她告诉我，我们在沙漠里失去联系后，她和加里前往肯塔基的进度又推进了70英里，他们现在停在密苏里州的斯普林菲尔德过夜。“我们一天开了300公里，”她说，“加里累坏了，天气也很糟糕。”

“太好了，你们离肯塔基越来越近了！”我回复，然后我就放弃发短信，直接给她打了电话。我们的话题又转回了她买的那块地。

“它很美，”琳达说，“你抓起泥土的那个时候，我心里就在想，‘好泥土啊！’。”接着，她又对我说了一些加里的事。“他真的很喜欢我，”琳达说，“而且他和我一样，也干过很多活！”然后，她详细地阐述道：“加里在放射科工作过，管理过一间杂货店，还在建筑业工作过。他很聪明，记性很好，字也写得很漂亮。他还很会算数，脑袋里总是做着许多乱七八糟的计算题。”

我问：“他愿意帮你造地球之船吗？”“我不知道他想不想定居下来，”她沉思着说，“但他说我的计划很优秀，我没有做不切实际的空想。我的计划并非只是妄想，而是切实可行的。”琳达接着说，不管他们之间如何发展，她都不会在沙漠那块地的地产证上写上加里的名字。毕竟，“定居”只是她的梦想。

当务之急是赶到肯塔基州，一直撑到圣诞节。她已经能够看见亚马逊公司的另一面了：拿到钱，离开，心里盘算好使用这些钱的计划，然后去亚利桑那州，在自己的地产上露营。亲自抓起一抔土放在自己的手中看它从指缝漏下，计划着未来的打算。这些想象的场景令她撑过长时间的驾驶，也大概只有这样才能让她坚持过亚马逊公司的通宵夜班了——要说有什么能帮她支撑过亚马逊仓库的通宵夜班，那就是这个了。这是她那片属于自己的家园的吸引力。她花了那么多年准备，她已经准备好将压抑在心中的想法付诸实现了。

“我好高兴、高兴、高兴！”她对我说，“我都等不及了，好想快点儿到那里去破土动工。”

挂断电话后，天色已晚，琳达明天依旧要开一整天的车。

椰壳里的章鱼

Nomadland

尾声

那是美国的初冬，暴风雪乘着急流如画笔一般横扫北美大陆，由东到西都一片雪白。

加利福尼亚州圣贝纳迪诺的高山上，大雪席卷过杰弗瑞松树林，落在汉娜平原空荡荡的露营地里，落在寂静的石膏板工厂和内华达州恩派尔小镇里空无一人的房屋上，又如一张毛毯覆盖在北达科他州沉睡的甜菜地，呼啸过肯塔基州亚马逊公司的仓库和它附近的房车停车场，那里住着亚马逊 CamperForce 的员工。

但索诺兰沙漠里的一个小镇里此时却艳阳高照，下午的温度竟攀升至约 21 摄氏度。每年前往夸尔特赛特的迁徙大潮已经开始，数万名流浪者从四面八方蜂拥而入。他们围着夜晚的篝火重聚，诉说着这行将结束的一年里的故事，同时盘算着下一年的计划。

沙琳·斯万基回到了夸尔特赛特。因工作时不小心弄断了 3 根肋骨，整个早秋时节，她都在科罗拉多的落基山脉扎营，在那里庆祝了 72 岁生日。在自己那没有暖气的车里挣扎着度过了几个寒冷夜晚之后，她撑开了一个弹出式帐篷，紧紧裹住自己睡觉的床，好让自己安心入眠。她的下一个挑战是徒步走完全长 800 英里的亚利桑那州步道，并已经为此展开训练。

西尔维安妮的露营地在斯万基附近。白天，她在镇里的珠宝世界—— 一家卖水晶和珠宝的批发商店做收银员。某天晚上，在一家卡拉 OK 参加百乐餐时，她壮起胆子在 20 多人的掌声与欢呼声中唱响了自己的赞歌——《公路女王》。现在，她正准备奔赴自己 7 年以来的第一场约会，去和自己在公园管理站里认识的一名帅气的房车旅行者共进晚餐。

拉冯·埃利斯在立岩地区待了两个星期，跟着抗议者们反对北达科他州建设输油管道，然后回到了埃伦伯格。在沙漠的寂静里，她克服写作的瓶颈，完成了一篇名叫《红色羽毛圣诞树》的短小的童年回忆录，并在亚马逊上架。（书的致谢文中说，“琳达·梅从不怀疑这本书会出版”。）接着，她去墨西哥的洛斯阿尔戈多内斯买了一副廉价眼镜。而对于未来，她有一个构想：去新墨西哥州的陶斯镇买一块地，在上面永久地停上一辆老旧的校车，这样，她就有了一个家，可以供她在四处驱车旅行的间隙栖居。

鲍勃·韦尔斯也在埃伦伯格，准备主持一次规模空前的车轮流浪者聚会。这场聚会为期两个星期，预计有几百人参加，因此他制定了新规则：禁止播放吵闹的音乐、禁止放出未拴绳的犬类。他还取消了传统的聚餐，因为他觉得要喂养的嘴巴太多，太难组织。（那时的他毫不知晓：今年将有超过 500 个汽车旅行者来参加这场活动，而其中有许多人都是被他发布在 YouTube 上的宣传视频吸引来的。）

还有更多的流浪者将要到达这里，其中一个就是戴维·斯旺森。对于要回去参加车轮流浪者聚会，他兴致勃勃。去年参会的时候，他邀请流浪者们参观了他的车。目前，他正停靠在得克萨斯州的帕德雷岛，而在发给我的一则 Facebook 信息里，他将那里描述为“流浪者的天堂”，因为在那里，法律允许一切汽车和帐篷在海滩边露营。接着，他问我："你会去 2017 年的车轮流浪者聚会吗？"

我在键盘上敲打出我的遗憾："前 3 次我都去了，但这次去不了，太遗憾了。"我告诉戴维，我正在努力完成自己一直在写的书。

"努力咬文嚼字吧，"他开心地回复我，"接着忙！"

但戴维的问题在我的心中凿出了一个空洞。连续 3 年，我记录着流浪者，而这次聚会我却不去，心中有些不是滋味。所以我对自己重复提醒纪实文学的基本原则：故事会继续向着未来延伸，而你，却总要在某个时点撤离。

不过对于最后这部分，我的观点是错误的，因为故事跟着我回了家。在布鲁克林，到处都是车轮上的小房子。我总是会见到它们。

我在波尔丘地区的公寓附近的一条小巷里可以随意停车，那里有一辆银色高顶福特露营车，后视镜上则挂着用于消灾的供品—— 一个用于阻止恶毒眼光的大奖章。窗户被染成暗色，近似黑色，窗后还降着百叶窗来遮挡视线。

从我妹妹在贝德福·斯都维森区的房子出发，走一小段路后就能看到商业卡车停车场对面停着一辆老旧房车。驾驶室后面拉着私密遮帘，吸热的箔制保温材料挡住了上层卧铺边的玻璃窗，悬挂在车后的备用轮胎附近有一个洞，这里原本应该是窗户，但现在被垃圾袋和管道胶布封住了。

更多的露营车，有时也会有一辆房车，会停在展望公园的边缘。它们聚集在高纳斯和皇冠高地的低矮仓库中，这样就没有邻居会去向警察投诉了。这些移动家园随处可见——在某种意义上构成一个隐藏在大庭广众之下的无形城市。

冬天的第一场雪降下的那天晚上，我去了红钩区——布鲁克林最后的一片滨水工业区。后街小巷里很昏暗，还摆着一排五颜六色、各种各样的作业车辆，包括承包商的火车、配送车、美食车、多功能挂车等等。这给居住在城市里的露营者们提供了很好的掩护，让他们得以混迹于各种各样的车辆之中。不久之后，我就开始在那里见到它们了：一辆形状酷似罐装火腿的老旧旅行挂车；一辆雪佛兰 Astro 货车，车上的私密窗帘出卖了它，舷窗则用塑料薄膜和美国国旗挡着；一辆经过改装的客车，窗户上装的是有色玻璃，轮毂盖是活泼的红色，丙烷炉被焊在了后保险杠上以在汽车熄火后供暖；此外还有许多新型号的露营车，窗户上都遮着窗帘。

其中最为壮观的轮上房屋是一辆短小的黄色校车。它的窗户上覆盖着金属薄片，令人完全无法窥视车内。一个铝制框固定着整齐排成一列的太阳能板，站在地上的人很难察觉它们。车前挡风玻璃挂着窗帘，且内壁上挂着水珠——这一事实又让这辆隐形停放的车露馅了。这辆车面朝着东河停着，从这里望去，自由女神像一览无余。

作为记者，我很想上去敲门，但我突然回想起自己以前隐形停车时的记忆，回想起在紧闭的车窗窗帘后生活的感受。一个陌生人的脚步会让你的心跳骤然加速。

所以，我转身走了。

没想到能在布鲁克林遇到这么多流浪者，这让我大为震惊，但这个采访项目已不是第一次震撼我的心灵了。在采访活动中途，我得知自己早在前几年就见过斯万基的小儿子—— 一位来自西雅图的软件工程师。后来，拉冯和我都意识到了她的一个好朋友嫁给了我在布鲁克林的一位记者同事。这两次偶然都让我感到惊愕：这概率得多低啊？

可能也没那么低。毕竟，几百万美国人都正在与传统中产阶级生活的衰亡命运做斗争。全国许多家庭的餐桌上放满了待支付的账单。灯一直亮到深夜。同样的计算一次又一次、一遍又一遍地在不同人手中重复进行，让人身心俱疲，有时还掺杂着泪水。拿到的工资得减去超市购物小票上的金额、减去医疗费、减去信用卡还款金额、减去学生贷款和车贷，然后再减去生活中最大的开销：房租。

在持续扩大的收支差别里有一个问题：在这个生活中，你愿意放弃掉哪些东西来让你能够继续生存下去？

绝大多数陷入这个困境的人最后都不会选择住在车里。他们的行为很像生物学家所称的“指示种”，也就是生态系统中有能力标示更大范围的改变的敏感物种。

跟流浪者一样，上百万的美国人被迫改变他们的生活，只是转变不像流浪者那样巨大而已。有很多方法能帮助你分析生存挑战：这个月你会刻意不吃饭吗？比起去看家庭医生，你更愿意去急诊室？逾期不交信用卡账单，祈祷这些债务不会跑到收账公司手上？迟迟不交电费和暖气费，却祈祷不会被断电或停止供暖？任由学生贷款或买车贷款的利息不断累积，希望自己有一天能找到途径来全部付清？

这些屈辱的行为强调了一个更大的问题：这些无法选择的选择题会在什么时候开始撕裂人们，甚至社会？

其实，它已经动手了。迫使人们熬夜工作来填补巨大消费缺口的原因并不是一个秘密。1% 的顶端居民的收入是 50% 的下游居民的 81 倍。身处收入阶梯下半部的美国成年人有 1 亿 1700 万左右，可他们的收入却从 20 世纪 70 年代起就没有再增加过。

这已经不是收入“差距”了，而是收入“鸿沟”，而每个人都将为这个持续扩大的“鸿沟”付出代价。

“不知怎么的，比起爱因斯坦大脑的重量和褶皱，我对另一个几乎肯定的事实有兴趣得多。那就是：在玉米地和血汗工厂里工作到死亡的人里，肯定有天赋能和爱因斯坦媲美的人。”已过世的作家史蒂芬·古尔德思考说。加剧的阶级差距令社会流动性接近于零，其结果实际上是一种阶级制度，不仅不道德，还非常浪费。剥夺大部分人的机会意味着抛弃大量才能和智慧储备，这已经被证实会抑制经济增长。

计算收入不平衡的公认方法是一个已沿用上百年的公式——基尼系数。对于全球各地的经济学家，连同世界银行、美国中央情报局以及总部设于巴黎的经济合作与发展组织来说，基尼系数都是黄金标准。它的作用令人震惊。目前，在所有发达国家当中，美国社会是最不平等的。美国社会的不平等程度与俄罗斯、阿根廷以及饱受战争蹂躏的刚果等社会相差无几。

然而，目前本已很糟的情况还可能愈加恶化。这让我想知道：未来的社会将扭曲甚至变异到什么程度呢？有多少人会被社会体系所压垮？又有多少人能逃离这个灾难？

我和琳达刚认识几天后，琳达看见我的右手上戴着一个章鱼形状的戒指。“你有见过实验室里的章鱼吗？它们好聪明啊！”她惊叹地说，“它们是逃脱大师！”

琳达向我描述了一个她在网上看到的视频：“一个水槽里放着食物，一只章鱼则单独待在另一个水槽里。于是，它就把自己挤进管道里，借此游到了放着食物的水槽。”于是，视频里的研究者们又做了更多的实验。“他们逐渐加大难度，”她说，“比如让章鱼必须先打开一个盖子才能缩进水管里。”

但不管难度多高，章鱼总是能顺利逃脱。

“有时候，人也能如此。”我说。

“是啊，如果你把我们养在盒子里的话。”琳达说，然后哈哈大笑。

那之后，当看到琳达在 Facebook 上分享其他视频链接的时候，我就常常想起这段对话。镜头里的章鱼跨越海底的前进方式是一种奇怪的曳步，而一段说明文字解答了这奇怪姿势背后的原因：章鱼身上有着一对两半的空椰壳。突然，它跳进了两个椰壳中间，将它们拉近自己以关上缝隙，然后继续自己的旅程。椰壳好似一个生了触角的保龄球，带着它向前滚去。

这只章鱼创造了一个工具，类似一种椰壳活动屋，可将其作为移动手段，也可用来自我保护。一位在印度尼西亚的潜水员用视频记录了这个瞬间。琳达评论说这是“史上最可爱、最聪明的章鱼”。

琳达又上路了。她在肯塔基州康博斯维尔市亚马逊仓库的工作结束了，于是开始艰苦跋涉前往西边。加里决定在亚马逊仓库多工作一段时间，所以这一次，琳达是独自上路，开着吉普车，后面拉着挤挤客栈，在冬日短暂的白昼和漫长的黑夜中前行。

她的第一个目的地是新墨西哥州的陶斯镇。她打算去那里看一看自己最喜欢的地球之船——鹦鹉螺号，并找一位建筑师咨询一下如何根据她的需求来修改地球之船的设计。之后，她就会去参加车轮流浪者聚会。聚会结束之后，她会开车前往亚利桑那州道格拉斯镇附近的沙漠里，去看看那块代表着她的未来的土地。

但在陶斯镇外，吉普车仪表盘上的引擎故障灯亮了起来。她听说这片区域马上会降下暴雪，为了避免在驾车穿过山脉时车子在恶劣天气中抛锚，她调整了自己的行程，直接前往道格拉斯。

她平安地到达了目的地。第一天晚上，即使黎明前的温度在零度以下，她还是在一家废弃的西夫韦超市的停车场里露营过夜。第二天，她在镇北游乐场里找到了一个停车费打折的房车停车场。一对从蒙大拿来的情侣的车就停在她隔壁的位置上。这对情侣住的车是 17 英尺长清风牌拖挂式活动房屋，只不过里面的装潢已经被拆空了。它曾见证过更美好的日子。

那天晚些时候，我和琳达通过电话。她告诉我，除了放弃去陶斯镇的计划之外，她从肯塔基州的回归之旅很顺利。“天气太好了！”她说，“这段时间我只遇到过 3 滴雨。”然而这次旅程只持续了 3 天。她依旧住在房车停车场里，停车费一晚要15美元。在旅程中，她一直依靠婴儿湿巾来清洁身体，而今天她洗了澡。“我一直坐在挂车里休息了个够。”她说着，满足地叹了口气。

她造访了她的那5英亩地。去年春天，她在克雷格网站上看到这块地的照片，夏天里则看到过手机里的视频，现在，它终于出现在她眼前了。这块地是真实的、有形的，是一片她已踏足的土地。她坚持说自己甚至在那里听到了响尾蛇的声音。“很漂亮。”她说。

现在，未来好似近在眼前。“我66岁了，”她平淡地说，“我需要加快速度。我希望某一天自己能够放松放松，享受生活。”

细节如决堤之水奔涌而至。琳达说她只用26美元买了一个4000瓦的便携式发电机——便宜了不止一半。“天哪，我有电了！”她开心地大叫。虽然发动机工作时的噪声跟吸尘器一样大，但琳达不在乎。它产生的电比她的一个45瓦太阳能板里流出来的小电流要强多了。

琳达描述了自己如何在附近找到便宜且能装大桶水的送水服务。（虽然地球之船有储水箱来收集雨水，但可能不够用，而且她在建造期间也需要水来满足自己的日常需求。）她谈论了调查土地的事——在挖截水沟来支持永续农业之前，她需要先了解这里的海拔高度。明天，她会去政府的建筑部门了解一些限制——她必须将房屋建在离马路多远的地方——以及其他的规划详情。

“我已经在他们的网站上了解到，在没有土地平整许可的情况下，你最多可以平整出1英亩的土地，”她说，“反正我心里也就只想平整这么多。”

琳达打算参加完车轮流浪者聚会后就开始建房。加里已经同意到时候和她一起回来，拉冯也要来。他们会一起着手建造一个温室来种植有机作物。有了温室之后，干活时若受到风雨的影响，他们就有了可以躲避的地方。

琳达几乎能感到她的家就在自己眼前，画在她的三孔活页本里的图片仿佛已经成为现实。她想象了那么多年的地球之船终于要在荒原里被建造起来。她用自己坚定的双手，借助胜似家人的朋友们的帮助，将它建造完成。待它完工之时——它一定会完工的——它就会成为他们的避风港。它有可再生系统来提供食物、水源、电力、暖气和冷气，在成为一个家的同时，也会成为一个生灵、一个和谐存在于荒原上的有机体。它会比他们活得更长久。

几星期后就是新年，而琳达设想的那个未来会在新年开始运转。琳达已经计划好了第一步：挖土。她找了一个挖掘机司机。他要价每小时 35 美元，不另收其他汽油或通勤费用。“一旦他的屁股接触到挖掘机坐垫，付费时间就开始了。”她高兴地说。她和他谈了谈，预约了 1 月末的一天。

她对我说，这项工程应该需要 8 个小时，步骤如下：

首先，由司机操纵挖掘机清理掉通向这里的道路上疯长的植物，为她的土地开辟一条通道。接着再挖出一条私人车道，好腾出一个空间停放挤挤客栈。

然后，挖掘机开始打造主建筑工地：伸展出机械臂，降下铲斗，顶端的锯齿紧紧掘进地面，一次又一次，好似它正在用力撕扯强壮的沙漠灌丛。而它所触碰的所有东西都会结出成果——奇形怪状的灌木丛、坚硬的仙人掌、沉重的石头……这些挡在琳达未来前面的障碍都会被一个一个清理掉。

很快，这项工作就完成了。挖掘机走后，琳达走进那片已变得平整、空旷的空间。这块地已经准备好了——1 英亩的完美空间，能在上面建造东西。

致 谢

如果你在 3 年中跨越 1.5 万英里，你在途中会遇到很多很多人。没有他们的善良就没有这本书。对于我在路上遇到的所有乐于分享智慧、冷笑话、营火、咖啡的人，以及所有在故乡支持我、令这场旅行成真的人，我真诚地感谢你们。

我最由衷的感激之情要献给琳达・梅。信任一个人并讲出自己的故事并不是一件容易的事，更何况我还断断续续在你身边待了 3 年，在你女儿家外面露营，还跟在你的露营场维护车后面一边小跑一边摆弄平板电脑。我希望琳达的适应力——以及她的智慧和宽大的胸怀——能够像感动我一样感动他人。

有几百名流浪者花了时间与我相处，并留下了痕迹。显然人数众多，我无法尽数列出。但我特别感谢拉冯・埃利斯、西尔维安妮・德尔马斯、鲍勃・韦尔斯、沙琳・斯万基、艾丽斯・戈登堡、彼得・福克斯、幽灵舞者、芭芭拉・斯托特和查克・斯托特夫妇、洛伊丝・米德尔顿、菲尔・得皮尔和罗宾・得皮尔、加里・法伦、洛伊丝・米德尔顿、戴维・罗德里克、艾尔・克里斯坦森、劳・布罗奇蒂、珍・德奇、阿什・哈格、文森特・莫斯曼、戴维・斯旺森、迈克・瓦伦蒂诺、凯特・瓦伦蒂诺、亚历克斯・瓦伦蒂诺，当然还有神秘男子唐・惠勒。

感谢哥伦比亚大学新闻学院给了我热情的支持，特别是我的同事鲁斯·帕德瓦和戴维·豪伊杜。洛克菲勒基金会让我在百乐宫待了一个月，那是由派拉尔·派拉西亚和克劳迪娅·朱奇辛勤打造的梦幻之地。在那里，我的朋友们分享了友情、真知灼见，以及自发举办了舞会。另外还要感激摄影师托德·格雷。他在正确的时间问了正确的问题（还帮我拍照片）。

哈珀集团的詹姆斯·马库斯是第一个信任这个故事的人，他是人类尊严的模范。此外还有我在《哈珀》杂志发表文章时的伙伴，包括朱利亚·梅卢奇、沙龙·J. 赖利，以及为我的文章提供照片的天才摄影师迈克斯·惠特克。《国家杂志》的莉奇·拉特纳和萨拉·伦纳德，《基督教科学箴言报》的克拉拉·杰曼尼，以及来自“经济困难申报工程”的阿莉莎·夸特。他们都曾在本书撰写过程中提供了有用的帮助。

乔伊·哈里斯，我的代理人，同时是我严厉的指导者，从一开始就因为深刻的共情而“获得”了这个项目。诺顿公司的编辑阿兰·梅森则沉稳地将其整合成书。亚当·里德、阿什利·帕特里克、凯尔·拉德勒和劳拉·戈尔丁也帮了很大的忙。

迈克尔·埃文斯、罗伯特·科普夫斯坦、卡伦·科普夫斯坦、杰里·赫希、斯特拉·卢与斯图·莱文给了我和海伦庇护所（字面意义上的）。安·丘萨克在我出发时候送了我一个补给包，里面有各种各样的小玩意，比如消炎软膏、爱尔兰春天香皂，还放了一面小小的美国国旗。亚利桑那州道格拉斯镇纳利汽车检修站的朗尼和小朗尼将我租的车子拉出了泥坑。阿伦、比尔与堪萨斯州哈钦森城康克林汽修店的一流机械师队伍即使过了下班时间也仍旧为我修理交流发电机。

感谢我的家人：爸爸罗恩在我开着海伦回东部的绝大部分路程中担

任我的副驾驶员；妈妈苏珊（很快就要成为“布鲁德博士”了）很早就开始教我写作；妹妹梅根热情又可爱，是我归家的最大期待；狗狗迈克斯（又名“扭屁股的小笨狗”）在我伏案写作的漫长夜晚中依偎在我身边。

我很幸运，身边有这么多人组成我的交际社区，或者说是“逻辑家族”，包括道格拉斯·沃尔克、丽贝卡·菲廷、克里斯·泰勒、杰斯·泰勒·沃尔夫、卡罗琳·米勒、乔希·亨特与洛温·亨特、萨拉·范、克里斯·哈克特、萨拉·麦克米伦、多萝西·崔诺夫斯基、埃莉诺·洛文斯基、马琳·克里扎、朱莉亚·索利斯、约翰·劳、克里斯托·帕西亚基斯、罗伯特·库特拉夫、罗布·施米特、史泰茜、戴维·戴特、毕安娜·费德里科、内特·史密斯、莱雅·杜坎、迈克尔、埃伦·泰勒、克拉克·麦卡斯兰、玛莎·普拉克尔特、巴里斯、谢尔·凯门、艾娃·罗兹、詹姆斯·马斯特朗格洛、尼安比·珀森·杰克逊、阿梅莉亚·克莱因、安东尼·特兰古奇，以及我非常惦念的戴维·卡尔。我还非常感谢我所属的团体：马达加斯加机构、火红莲花女孩、照明村庄、29 小时音乐人以及黑过道。

朱莉亚·莫伯格（也可以叫她“冲浪者朱莉亚”）帮我保持心态平衡。她太好了，对于她的帮助，我受之有愧。这本书是献给我最好的朋友戴尔·马哈里吉的。在过去的 14 年中，不管何时何地，我的电话他永远会接听。

我们是典型的现代家庭。

附　录

本书中的部分采访最初出现于笔者在2014年8月发表于《哈珀》杂志的文章《退休的终结：当你无法负担停下工作时》里。

文中那些人的年龄计算是基于他们的故事发展，而非本书出版的时间。除了唐·惠勒以及我在甜菜收获节与CamperForce工作时认识的人之外，这本书里提到的所有人名都是他们在现实中的真实姓名。

第一章

2015年5月，我和琳达·梅一起前往圣贝纳迪诺国家森林公园里的汉娜平原露营场，记录她在那里的工作生活，所以这一章内容多发生这个时间之前。

1 **美国地质调查局网站上关于圣贝纳迪诺山脉的介绍：**https://geomaps.wr.usgs.gov/archive/socal/geology/transverse_ranges/san_bernardino_mtns。

2 **圣贝纳迪诺山脉仍在长高：**《案例研究：圣贝纳迪诺山脉与城市社区接口：历史、当代与未来》，保罗·W.比尔曼—莱特尔著，收录于瑞士施普林格出版社2015年出版、穆尼尔·厄兹蒂尔克等人主编的《气候变化对高海拔生态系统的影响》一书第 292—293 页。

3 **老式车 Hunter Compact II 广告宣传册**：下载于一家旧房车资源网站：http://www.fiberglassrv.com/forums/downloads//ec_tmp/CompactII-Brochure.pdf。

4 **加州土地管理公司宣传册与美国土地与休闲公司的横幅广告**：2014—2016 年期间多次前往亚利桑那州夸尔特赛特城参加年度夸尔特赛特体育、休假与房车秀活动时看见。

5 **最低工资水平工人的租房短板**：《臂展之外 2016：低收入租客没有避难所》，黛安娜·延特尔等著，由位于华盛顿特区的“全国低收入住房联盟”于 2016 年发行。

网络资源：http://nlihc.org/sites/default/files/oor/OOR_2016.pdf。

6 **1/6 的美国家庭将大部分收入用于获取住房**：《2016 年全国住房状态》，马西娅·费纳尔德主编，哈佛大学住房联合研究中心于 2016 年发表。正文引用其第 31 页内容。

网络资源：http://nlihc.org/sites/default/files/oor/OOR_2016.pdf。

7 **欧特加公路的危险性**：《驾驶一种致命的恐龙》，作者：丹·韦克尔，2001 年 8 月 11 日发表于《洛杉矶时报》A1 版。

8 **“水泥浆”不吸引人**：《水泥浆湾通往历史》，作者：约翰·麦金尼，1999 年 7 月 25 日发表于《洛杉矶时报》第 8 页。

9 **巴特勒山火吞没了 1.4 万英亩以上的森林**：加州消防局事件记录，2007 年 9 月 21 日。

10 西尔维安妮的博客：西尔维安妮的漫游：宇宙变革推动者的冒险之旅：https://silviannewanders.wordpress.com。

11《公路之王》歌词：西尔维安妮 · K. 德尔马斯作词，在取得作者同意后登载于本书中。

12 “一整套东西”：《流浪四十年：路上诗歌》，兰迪 · 瓦伊宁著，Kindle 编辑版，作者自费于 2015 年出版。

13 琳达看的书：《丛林女性：在阿迪朗达克荒野独自生存》，安妮·拉巴斯蒂尔，企鹅出版社于 1991 年出版；《实现构想：如何克服想象和现实之间的障碍》，斯科特 · 贝尔斯基著，Portfolio 出版社于 2012 年出版。

14 关于露营打工族夫妻格雷格 · 比利亚洛沃斯和凯茜 · 比利亚洛沃斯的文章：《老年工作者也受加州劳动法保护》，作者：简 · 芒迪，2014 年 7 月 6 日发表于 http://www.lawyersandsettlements.com/articles/california_labor_law/interview_california-labor-law-43-19945.html。

当我在 Facebook 的网站上找格雷格 · 比利亚洛沃斯确认时，他承认自己就是文章中的那个人，并发来站内短信：“这个问题非常普遍，但大多数露营场管理员只是默不作声地做完无报酬的额外工作。我在两个露营场工作过，可这两家不同的公司对待此类事件的处理方法却是一样的。我不再做露营场管理员了。我喜欢来露营的客人，但不喜欢老板。”

15 加州土地管理公司页面下的差评：https://www.yelp.com/biz/california-land-management-palo-alto。

16 加州土地管理公司董事长埃里克·马特(Eric Mart)的回信：于2016年收信，信中内容包括：

> 不管什么理由，在“打卡时间”之外免费加班是违反公司规定的。所有违反这项规定的员工都会面临纪律处分，直至终止雇用合同……
>
> 公司成立36年以来，我们着手调查了许多员工投诉，可调查结果却经常显示员工所说的情况与实际情况不符。但是，如果我们确实找到了滥用职权的证据，我们一定会对那名管理员采取纠正措施。
>
> 在夏季高峰期中，我们雇用的员工超过450名，并且每年的老员工回流率很高。如果我们的人事姑息了您所说的那种情况，这样高的老员工回流率是不可能发生的。

第二章

1 **美国邮政局拒绝将“赌场”作为镇名的申请**：《日间内华达：拉斯维加斯附近的其他游览胜地》，作者：弗兰克·阿列克山德罗维奇，发表于1990年6月17日《伊利里亚纪事电讯报》E11版。

2 **丹尼斯·威弗的纪录片**：《丹尼斯·威弗的地球之船》，导演：菲尔·斯卡帕西，发行方：Robert Weaver Enterprises，上映时间：1990年。

3 **杰·雷诺开的关于威弗的地球之船的玩笑**：《演员用别人的垃圾建造珍宝》，美联社，于1989年11月28日登载于《科罗拉多泉公报电报》B8 版。

4 威弗的地球之船所花费的建造费用:《地球父亲》(Father Earth),作者:帕特里夏·利·布朗,1993 年 1 月 10 日发表于《纽约时报》A1 版。

5 新西兰人布赖恩·格布的地球之船:http://gubbsearthship.com。

6 西雅图的"地球小艇":《地球之船!》,作者:萨拉·伯纳德,于 2015 年 8 月 12 日发表于《西雅图周刊》第 9 页。

7 迈克·雷诺兹对天堂之门的看法:《地球之船与过去相融的未来》,作者:马莎·门多萨,美联社,于 1997 年 5 月 18 日发表于《洛杉矶时报》第 1 页。

8 记录雷诺兹的奋斗事迹的纪录片:《垃圾勇士》,导演:奥利弗·霍奇,发行方:Open Eye Media,上映时间:2007 年。

9 雷诺兹网站上的声明:《名为经济的猛兽》:http://earthship.com/a-brief-history-of-earthships;《经济是一场游戏》:http://earthship.com/Designs/earthship-village-ecologies。

10 老年妇女与贫困:《国家快照:妇女与家庭中的贫困 2015》,作者:贾丝明·特克尔、凯特琳·洛厄尔,由全国女性法律中心于 2016 年发布。网络资源:http://nwlc.org/wpcontent/uploads/2016/09/Poverty-Snapshot-Factsheet-2016.pdf。

11 美国女性获得的社会保障金比男性少:《情况说明书:女性与社会保障》,作者:琼·恩特马赫、凯瑟琳·加拉格尔·罗宾斯,由全国女性法律中心于 2015 年发布。网络资源如下:http://nwlc.org/

wp_content/uploads/2015/08/socialsecuritykeyfactsfactsheetfeb2015update.pdf。

12 **性别工资差距**：《性别工资差距 2015》，阿里安·赫格维希、阿莎·杜蒙提兰著，由女性政策研究所于 2016 年发表。网络资源：http://www.iwpr.org/publications/pubs/thegender-wage-gap-2015-annual-earnings-differences-by-genderrace-and-ethnicity。

13 **女性平均比男性多活 5 年**：《美国死亡率 2015》，作者：徐家全（音译）等，由美国卫生统计中心疾病预防控制中心于 2016 年发布。网络资源：https://www.cdc.gov/nchs/data/databriefs/db267.pdf。

第三章

本章中关于内华达州恩派尔镇的大部分记述原本出自笔者在 2011 年 6 月 13 日刊登于《基督教科学箴言报》（杂志 / 印刷版）的文章《最后的公司镇》，载于杂志的第 33 页。

1 **《隔山有眼》**：经典电影《隔山有眼》，导演：韦斯·克拉文。发行方：Vanguard，上映日期：1977 年。翻拍版《隔山有眼》，导演：亚历山大·阿嘉，发行方：福克斯探照灯影业，上映日期：2006 年。

2 **将恩派尔比作切尔诺贝利**：《石膏矿：恩派尔镇已售出》，作者：詹妮·凯恩，2016 年 6 月 4 日发表于《雷诺新闻报》A5 版。

3 **没喝完的咖啡和没翻页的日历**：《恩派尔矿业有限公司仅计划重建鬼镇的部分区域》，作者：詹妮·凯恩，2016 年 8 月 24 日发表于《雷诺新闻报》A4 版。

4 谷歌街景地图：在我写这句话时，谷歌地图依旧没有更新街景，在如下地址中仍旧可以看到恩派尔镇的一名居民正在给草坪洒水：https://www.google.com/maps/@40.572901,-119.34298,3a,75y,340.84h,74.5t/data=!3m6!1e1!3m4!1sNxq0MbTKOKuCSPq0olMttQ!2e0!7i3328!8i1664。

5 超过 15 英里：《亚马逊 CamperForce 项目》宣传视频，由用户 AmazonFulfillment 在 2013 年 7 月 19 日发布。https://youtu.be/jT1D1RsW1bQ。

6 “经济大衰退时代的穷苦流浪工”：http://lovable-liberal.blogspot.com/2013/08/grapes-of-workamping.html；

“美国难民”：http://unlawflcombatnt.proboards.com/thread/9293；

“富人漂泊者”：http://earlystart.blogs.cnn.com/2012/12/12/workampers-fillingtemporary-jobs-for-amazon-com-cnns-casey-wian-reports-onthese-affluent-homeless；

“现代水果流浪汉”：http://unionperspectives.blogspot.com/2012/02/workampers-are-new-iww-wobblies.html。

7 露营打工工作分类广告：《露营打工族新闻》官方网站：http://workamper.com。

“车轮上的工作者”网站：http://www.work-for-rvers-and-campers.com。

8 烟花工作：《露营打工族新闻》，2013 年 7/8 月，第 33 页。

9 故事王国主题公园招聘广告：《露营打工族新闻》，2015 年 11/12

月，第 36 页。

10 佐治亚州农场广告：《露营打工族新闻》，2013 年 9/10 月，第 20 页。

11 招募“志愿者”开水上巴士的广告：《露营打工族新闻》，2013 年 9/10 月，第 17 页。

12 “全天候旅行”的人在南达科他州居留所要满足的规定：http://dps.sd.gov/licensing/driver_licensing/obtain_a_license.aspx。

13 休闲资源管理公司招聘：《工作到 70 多岁：婴儿潮一代的新常态》，作者：克里斯丁・马丁，2014 年 10 月 17 日发表于美国半岛新闻：http://america.aljazeera.com/watch/shows/real-money-with-alivelshi/2014/10/Workampers-retirement-babyboomers.html。

14 美国露营场公司招聘；《露营打工族新闻》公布的公司会员数：《露营打工：旅途中的季节性临时工作》，梅丽萨－普瑞蒂著，发表于《美国退休者协会简报》，2014 年 12 月。

15 广受欢迎的居车生活：《现在的孩子们在做什么》，作者：埃里克・斯皮兹纳戈尔，《纽约时报》，2011 年 11 月 6 日，第 9 页。

16 CamperForce 推荐人奖金 125 美元：亚马逊 CamperForce 推荐表，2015；2012 年奖金是 75 美元：《亚马逊公司 CamperFoce 时事通讯》，2012 年 5 月，第 5 页。

17 CamperForce 老员工的建议：《亚马逊公司 CamperFoce 时事通讯》，2012 年 6 月，第 2—5 页。

18 内华达州芬利城的“艰苦时代舞蹈”：《亚马逊公司 CamperFoce 时事通讯》，2012 年 4 月，第 3 页。

19 **美洲山核桃创业**：《亚马逊公司 CamperFoce 时事通讯》，2012 年 3 月，第 3 页。

20 **亚马逊招聘介绍资料**：https://www.scribd.com/document/133679509/CamperForce-Recruiting-Handout。

21 **不太情感化的激励因素**：《亚马逊公司的底线：钱》，《露营打工族新闻》，2014 年 7/8 月号，第 31—34 页。

22 **派车接送潜在员工**：《亚马逊公司 CamperFoce 时事通讯》，2013 年 7 月，第 1 页。

23 **紧急救治中心**：后来，工人们在 Facebook 上讨论亚马逊公司的内部医疗服务时，生气的工人们把它称为"紧急救治中心"。

24 **CamperForce 管理员对老年员工的看法**："《露营打工族新闻》亚马逊 CamperForce 工作研讨会"：http://www.youtube.com/watch?v=STC3funa1Gg（2013 年 3 月 21 日上传）。

25 **网上评论者对亚马逊公司借由聘用老年员工而享受税收优惠这一行为的看法**：http://talesfromtherampage.com/amazon。

26 **甜菜收获季的招募人员对老年员工的看法**："《露营打工族新闻》迅疾甜菜收获节工作研讨会"：https://www.youtube.com/watch?v=cbJtFHJHf_M（2014 年 2 月 26 日上传）。

27 **美国老人就业情况**：美国劳工部下的劳工统计局进行的现时人口调查中的"劳动力统计""65 岁以上"人员失业率数据：https://data.bls.gov/timeseries/LNU02000097。

28 **当代美国人害怕失去财产**：《开拓未来：挑战性的退休后收入观

念》，北美安联人寿保险有限公司，2010 年。

29 人们对“退休”的看法：《退休观念细分调查 2013》，作者：S. 卡蒂·布朗，《美国退休者协会简报》，华盛顿特区，2013 年。

30 关于威廉·奥斯勒的社论：《40 岁的老男人》，1905 年 2 月 24 日于《纽约时报》刊载。

31 不受欢迎的小说《固定寿命》：《重读安东尼·特罗洛普》，作者：戴维·洛奇，2012 年 12 月 15 日发表于《卫报》第 16 页。

32 养老金制度提倡者阐述的观点：《美国老年依赖状况：对养老金运动的一次全面调查》，李·韦林·斯奎尔著，美国麦克米兰公司于 1912 年出版。正文参考内容在其第 28—29 页。

33 科罗拉多州和俄亥俄州的救济院：《美国的救济院及其收容者》，哈里·C. 埃文斯著，麋鹿忠诚共济会于 1926 年出版，正文参考内容在其第 13 页、29 页。

34 垄断行业——救济院：《80 岁时的社会保障：经验教训》，作者：南希·奥尔特曼，2015 年 8 月 18 日发表于《赫芬顿邮报》。

35 老年美国人无法自给自足：《历史背景与社保发展：前社保时期》，美国社会保障管理局。网上资源：https://www.ssa.gov/history/briefhistory3.html。

36 风险转移：《风险大转移：美国工作、家庭、医疗保健、退休所受到的侮辱及反击方法》，雅各布·S. 哈克著，牛津大学出版社于 2006 年出版。正文参考部分在第 5—6 页。

37 社会保障金是 65 岁及以上美国人收入的最大单一来源：《情况说

明书：社会保障系统》，美国社会保障局，网址：https://www.ssa.gov/news/press/factsheets/basicfact- alt.pdf。

38 **从“三脚凳”到“弹簧单高跷”**：《退休弹簧单高跷》，作者：埃米莉·布兰登，《美国新闻与世界报道》，2009年2月5日，仅有电子版：http://money.usnews.com/money/blogs/planning-toretire/2009/02/05/the-retirement- pogo-stick。

39 **每天5美元的食品支出预算**：《我们荒诞的退休之路》，作者：特雷莎·吉拉杜奇，2012年7月22日发表于《纽约时报》SR5版。

40 **前参议员艾伦·辛普森对社会保障系统的看法**：《奥巴马政府债务专家组共同主席言论引起剧烈争议》，作者：珍妮·萨哈蒂，CNNMoney.com，2010年8月25日。http://money.cnn.com/2010/08/25/news/economy/alan_simpson_fiscal_commission。

第四章

鲍勃·韦尔斯的传记信息来源于笔者与他的见面交谈、连续3年去车轮流浪者聚会参加他的讲座以及浏览他的网站：http://CheapRVLiving.com（此网站的早期版本通过Wayback Machine得以浏览。工具地址：http://archive.org/web/。）

1 **“也许你前世是一个吉卜赛人”**：https://web.archive.org/web/20130114225344/http://cheaprvliving.com。

2 **阿拉斯加大地震**：1964年3月27日发生的9.2级大地震及其引发

的海啸。http://earthquake.usgs.gov/earthquakes/events/alaska1964。

3 **迪纳利小学、安克雷奇国际机场控制塔、彭尼公司大楼所受损伤：**《1964 年阿拉斯加大地震：工程》，国家科学研究委员会于 1973 年出版。正文参考内容在其第 310 页、第 416—418 页、第 823 页。《1964 年 3 月 27 日阿拉斯加大地震：实地调查与重建工作》，华莱士·R. 汉森等著，美国地质调查局于 1966 年出版，正文参考内容在其第 83 页。

4 **鲍勃对被迫车居的看法：**《你对生活的憧憬是什么？》：https://web.archive.org/web/20120728075840/http://cheaprvlivingblog.com/2012/07/whats-your-vision-for-your-life。

5 **鲍勃对靠经济衰退提升访客量的 CheapRVLiving.com 和日益瓦解的社会契约的看法：**《在不景气的经济中蒸蒸日上》https://web.archive.org/web/20121223110050/http://cheaprvlivingblog.com/2012/09/thriving-in-a-bad-economy。

6 **20 世纪 30 年代中期的旅居挂车热潮：**《飞驰的别墅：美国旅居挂车的兴起与消亡》，戴维·A. 索伯格著，执政官出版社，1991 年。

7 **住在旅居挂车里的生活：**《二十万辆旅居挂车》，《财富》，1937 年 3 月，第 220 页。

8 **“逃离税赋和房租”：**《拖车住房——它们将要去向何方？》，菲利普·H. 史密斯著，汽车工业出版社，1936 年 11 月 14 日，第 680 页。

9 **罗杰·沃德·巴布森和他的旅居挂车预言：**《旅居挂车生活似于国家有利，它们帮助家庭而非取代家庭》，作者：克莱德·R. 米勒，于 1936 年 12 月 20 日发表于《纽约时报》N2 版。

10 **一种新的生活方式**:《旅居挂车里的吉卜赛人(第一部分)》，作者：康拉德·贝尔科维奇,《哈珀》杂志，1937 年 5 月，第 621 页。

11 **150 万到 200 万辆旅居挂车**:《飞驰的别墅：美国旅居挂车的兴起与消亡》，戴维·A. 索伯格著，执政官出版社，1991 年，第 181 页。

12 **对旅居挂车主义看法不一的争论者**:《飞驰的别墅：美国旅居挂车的兴起与消亡》，戴维·A. 索伯格著，执政官出版社，1991 年，第 2 页，第 60—61 页。

13 **鲍勃关于制订预算的看法**:《我的钱都去哪儿了？》http://www.cheaprvliving.com/blog/where-does-my-money-go。

14 **特鲁珀·丹**: http://www.cheaprvliving.com/survivalist- truckdweller。

15 **沙琳·斯万基**: http://www.cheaprvliving.com/inspiring-vandweller-charlenes-story。

16 **Lance5g 的介绍**: https://groups.yahoo.com/neo/groups/liveinyourvan/conversations/messages/2。

17 **幽灵舞者谈论自己依靠临时搭建的设备上网**: https://groups.yahoo.com/neo/groups/vandwellers/conversat ions/messages/156516。

18 **“房车住民：住在你的车里 2”雅虎小组**: https://groups.yahoo.com/neo/groups/VanDwellers。

19 **“车居生活创始人”**: http://swankiewheels.blogspot.com/2012/01/ghost-dance-arrived-at-rtr-today.html。

20 “房车住民：住在你的车里” Facebook 小组：https://www.facebook.com/groups/Vandwellers/files。

21 房车住民的 Reddit 页面：https://www.reddit.com/r/vandwellers/。

22 沃尔玛停车场混战：《挑起沃尔玛混战的家庭表演》，作者：吉姆·沃尔什，2015 年 3 月 25 日发表于《亚利桑那共和报》A8 版；《卡顿伍德沃尔玛超市现已禁止在其停车场露营》，作者：乔恩·哈钦森，2015 年 3 月 27 日发表于《沃德独立报》。网络资源：https://www.verdenews.com/news/2015/mar/27/camping-ban-now-enforced-at-cottonwood-walmart-st/。

23 “笨蛋们” 摧毁了在沃尔玛停车场停车过夜的权利：http://rvdailyreport.com/opinion/opinion-will-walmart-camping-become-thing-of-the-past。

24 “移动面包鱼肉” 创始人对沃尔玛居住权的看法：《与奥斯汀的“沃尔玛真正的人民”见面》，吉米·马斯，KUT 90.5 FM，2016 年 5 月 26 日：http://kut.org/post/meet-austins-real-people-walmart。

25 “沃尔玛过夜停车场定位器”：http://www.allstays.com/apps/walmart.htm。

26 泰奥加和乔治的冒险之旅：http://blog.vagabonderssupreme.net。

27 “漂泊脱衣舞女” 博客地址：https://rvsueandcrew.com。

28 “房车苏和她的犬队友”：老文章：https://rvsueandcrew.com/；新文章：http://rvsueandcrew.net。

29 “吉姆博旅程”：https://jimbosjourneys.com。

第五章

1 **亚马逊小镇**：据我所知，这个用来指代这个短暂的 CamperForce 定居地词语第一次出现是在下面这篇文章的标题里：《欢迎来到亚马逊小镇》，吴斯图著，于 2011 年 12 月 20 日刊登于《华尔街日报》B1 版。

2 **攀岩锚点**：《攀岩锚点松动会造成什么后果？》，作者：谢尔比·卡彭特，Outside 网站 2015 年 11 月 4 日。https://www.outsideonline.com/2031641/what-happens-when-climbing-bolts-go-bad。

3 **因引起森林大火而被起诉的猎手**：《男子因引起加州森林大火而被起诉》，美联社，2015 年 8 月 8 日。

4 **"CamperForce：友谊的价值"**：《亚马逊公司 CamperForce 时事通讯》，2013 年 6 月，第 1 页。

5 **"准备在 2013 年创造历史吧！"**：《亚马逊公司 CamperForce 时事通讯》，2013 年 3 月，第 1 页。

6 **"在亚马逊 CamperForce 项目工作的前五周会发生什么"**：《亚马逊公司 CamperForce 时事通讯》，2013 年 4 月，第 1 页。

7 **一些关于亚马逊仓库的经过仔细研究的资料**：来自我在路透社的专栏文章《员工 6000 的亚马逊到底传递了什么？》，发表于 2015 年 6 月 17 日，网上资源：http://blogs.reuters.com/greatdebate/2015/06/17/with-6000-new-warehouse-jobs-what-is-amazon-really-delivering。

8 **一些关于亚马逊雇员状态跟踪系统的材料**：来自我的文章《我

们在看着你工作》，全国印刷版，发表于2015年6月15日，第28页。

9 **职业安全和健康署报告：**内华达州职业安全和健康署调查报告编号317326056（2013年10月7日）。作为对2016年5月依照记录公开法规定提出的申请，内华达州OSHA提供了此文件和另外一份报告作为回复。

10 **亚马逊工资案：**《公平说下班后接受安保扫描并非工作时间》，作者：理查德·沃尔夫，《今日美国》，2014年12月9日。网络资源：http://www.usatoday.com/story/news/nation/2014/12/09/supreme-court-amazon-workers-security-screening/20113221。

11 **OSHA调查静电休克情况：**内华达州职业安全和健康署调查报告编号315282491（2011年3月24日）和316230739（2012年2月7日）。

12 **克里斯·法力在小品里扮演的流浪者和励志演说家：**《马特·福利，励志演说家》，周末夜现场，全国广播公司（NBC），1993年5月8日。

13 **亚马逊旺季销售额新纪录：**《亚马逊金牌服务假日季节销售额再创新高》，美国商业资讯，2013年12月26日。

第六章

1 **“车轮上的伊甸园”：**《人各有异》，E.B.怀特著，《哈珀》杂志，1941年5月，第665页。

2 全年人口：根据2015年人口普及估计，为3626人。https://factfinder.census.gov/faces/nav/jsf/pages/community_facts.xhtml#。

3 流动铁匠的车造访夸尔特赛特：http://www.fulltime.hitchitch.com/dec2010-1.html；铁匠乔·瓦尚本人：http://joetheblacksmith.com。

4 “优惠上瘾”店真是“疯了”：https://www.yelp.com/biz/addicted-to-deals-quartzsite。

5 读者绿洲书店的建筑风格：《走进沙漠集市——夸尔特赛特》，作者：比尔·格雷夫斯，《拖车式住房生活》，1999年11月，第118页。

6 书中对于传道士所说的话的引文：来源于笔者在2014年1月14日为了了解最后号角帐篷部门时所录的录音。

7 “老年人的春假”：http://obsirius.blogspot.com/2009/01/like-spring-break-for-seniors.html。

8 “穷人的棕榈泉市”：《避寒者狂野三人行》，作者：马克·谢弗，2004年2月22日发表于《亚利桑那共和报》第1页。

9 付180美元最长能停留7个月：《朋友如家人的地方》，作者：丹尼斯·戈弗雷，《我的公有土地：土地管理局》杂志，2015年春季，第26页。

10 沙漠里的社区标牌：http://littleadventuresjg.blogspot.com/2015/01/odds-and-ends-from-quartzsite.htm; http://www.misadventureranch.com/winter07.htm。

11 车轮上的孤独者团体的规定：《孤独者，但并不孤独！》，作者：小亨利·沃尔夫，《维多利亚倡导者报》，1988年4月17日，第2页。

这个团体的网站：http://www.lonersonwheels.com/membership-form.html。

12 当地人开裸体主义者的玩笑："夸尔特赛特唠叨人" Facebook 小组里的评论，2016 年 12 月 8 日。

13 "更为奇异、非常疯狂"：《身穿聚酯衣的雪雀的飞行之旅》，作者：尼古拉斯·伍兹沃斯，1997 年 3 月 8 日发表于《金融时报》第 19 页。

14 泰森堡，夸尔特赛特，哈吉 · 阿里：《WPA 亚利桑那导游：大峡谷之州》，联邦作家规划著，三一大学出版社，2013 年，第 361 页。

15 追忆泰森维尔斯：《消失了的亚利桑那：追忆一个英国女人的军旅生活》，玛莎 · 萨默海斯著，J.B. 利平科特出版社，1908 年，第 138—139 页。

16 从图森到洛杉矶的骆驼邮政：《骆驼兵团的短暂一生》，作者：肯尼思 · 韦斯布罗德，2012 年 12 月 27 日发表于《纽约时报》，网络资源：http://opinionator.blogs.nytimes.com/2012/12/27/the-short-life-of-the-camel-corps。

17 只剩下 11 个家庭：《蝎子漫步，雪雀云集的地方》，作者：彼得·T. 基尔伯恩，2003 年 2 月 10 日发表于《纽约时报》A1 版。

18 夸尔特赛特跳蚤市场的起源：《保持古怪》，2011 年 4 月 16 日发表于《洛杉矶时报》第 1 页。

19 大聚会：http://www.qiaarizona.org/Grand-Gathering.html。

20 与蓝鸟牌高端客车一起拍照：http://www.wanderlodgeownersgroup.com/forums/showpost.php?p=193151&postcount=126。

第七章

1 乔德一家在尼德尔斯：《愤怒的葡萄》，约翰·斯坦贝克著，纽约维京出版社，1939 年。

2 车轮流浪者聚会邀请函：http://web.archive.org/web/20140112194330/http://www.cheaprvliving.com/gatherings。

3 公路勇士式未来：http://www.cheaprvliving.com/tribe/report-winter-rtr-january-2014/#comment-10786。

4 艾尔·克里斯滕森的钢铁帐篷：http://rollingsteeltent.blogspot.com/2014/01/someone-asked-my-story-fool.html。

5 鲍勃的书：《如何在轿车、货车或房车里生活……以及如何摆脱债务，上路旅行，并找到真正的自由》，创作空间独立出版平台，2014 年，第 43 页。

6 "敲门声"：沙琳·斯万基在自己 Facebook 主页的发言，2015 年 8 月 13 日。

7 格伦·莫里赛特对洛斯阿尔戈多内斯城内四处播放的老鹰乐队歌曲的想法：http://tosimplifyold.blogspot.com/2014_01_01_archive.htm。

8 拉冯·埃利斯博客里记录第一次参加车轮流浪者聚会的情形：http://completeflake.com/looking-back。

9 就职于探险世界游乐场的露营打工者之死：执行编号 1154435 的视察任务之后，艾奥瓦州职业安全与健康管理局开了传票和处罚通知（2016 年 8 月 16 日）；《上班仅六天便意外身亡的员工》，作者：凯文·哈迪，2016 年 6 月 14 日发表于《得梅因纪事报》A4 版。

10 拉冯对“道别”这件事的看法：http://completeflake.com/the-down-side-of-vandwelling-is-saying-goodbye。

第八章

1 快乐的新闻报道：《亚马逊的“露营打工族”处理假日订单》，作者：林恩·内亚里，在 2011 年 12 月 22 日于“总体看来新闻频道”上通过全国公共广播电台向人们放送。

2 拒绝抱怨：《远大前程——你需要转变一下态度吗？》，作者：杰米·霍尔·布鲁什纳克，《露营打工族新闻》，2013 年 9/10 月刊，第 7 页。

3 美国错觉：《生活更好的地方：一场不伤感的美国之旅》，詹姆斯·罗蒂著，雷纳尔与希区柯克出版社出版，1936 年，第 13 页。

4 逆境中的人群：《建在地狱中的天堂：在灾难中建立起来的特殊团体》，丽贝卡·索尔尼特著，纽约维京出版社，2009 年出版。

5 住在车里的第一晚：《如何在轿车、货车或房车里生活……以及如何摆脱债务，上路旅行，并找到真正的自由》，鲍勃·韦尔斯著，创作空间独立出版平台于 2014 年出版，正文参考在其第 88 页。

6 1/3 的人没有牙科保险：《谁有牙科保险》，全国牙科保险协会：http://www.nadp.org/Dental_Benefits_Basics/Dental_BB_1.aspx#_ftn1；扩展阅读：萨拉·斯马什对于贫困、污名以及牙不好的定义性论文很妙：《可怜的牙齿》，2014 年 10 月 23 日发表于 Aeon 网站，https://aeon.co/essays/there-is-no-shame-worse-than-poor-teeth-in-

a-rich-world。

7 流浪单人社交网：http://rvsingles.org。

8 亚马逊 CamperForce 的官方 Facebook 主页：https://www.facebook.com/amazoncamperforce。

9 “简陋生活”和特权：“白人喜欢的东西”博客，“#128 Camping（第128篇 露营）”，作者：克里斯琴·兰德，写于 2009 年 8 月 14 日。地址：https://stuffwhitepeoplelike.com/2009/08/14/128-camping。

第九章

1 卡车事故：《在这些甜菜卡车事故之中，许多人质疑明尼苏达州和北达科他州对农业运输司机的管理规范能力》，作者：萨拉·沃尔彭海因，2015 年 10 月 7 日发表于《大福克斯先驱报》。http://www.grandforksherald.com/news/business/3856308-amid-sugar-beet-truck-accidents-some-question-minnesota-north-dakota。

2 “节拍时间”的定义：https://ocw.mit.edu/courses/engineeringsystems-division/esd-60-lean-six-sigma-processes-summer-2004/lecture-notes/8_1assembly_op.pdf。

第十章

1 拉冯对觉得自己无家可归的情绪的看法：http://www.completeflake.com/what-vandwelling-is-really-like。

2 拉冯对贱民的看法：http://www.completeflake.com/second-chances。

3 鲍勃对“无家可归”的定义：《如何在轿车、货车或房车里生活……以及如何摆脱债务，上路旅行，并找到真正的自由》，鲍勃·韦尔斯著，创作空间独立出版平台于2014年出版，正文参考其第6—7页。

4 《纽约时报》对将无家可归定义为犯罪一事的看法：《你好！欢迎来到天堂，除非你无家可归》，作者：亚当·纳格尼，2016年6月3日发表于《纽约时报》。网络资源：https://www.nytimes.com/2016/06/04/us/hawaii-homeless-criminal-law-sitting-ban.html。

5 将森林用以长期居住：《有些人一辈子在外面露营》，作者：辛迪·科尔，《亚利桑那太阳日报》，2011年8月9日。网络资源：http://azdailysun.com/news/local/some-folks-camping-out-for-life/article_5623148e-2326-5ce2-97c2-2ce18b6cde82.html。

6 林务局正在开发手机App：《摧毁森林：长期露营会产生环境问题》，作者扎克·厄讷斯，2016年4月19日发表于《政治家》杂志D3版。

7 汽车吉卜赛人：《旅居挂车课》，社论，《纽约时报》，1937年5月4日，第24页。

8 移动贫民窟：《二十万辆旅居挂车》，《财富》杂志，1937年3月，第106页。

9 “逃税人”：《偏见》，1936年发表于《汽车工业》杂志，第654页。

10 拉冯收到了“敲门声”：http://completeflake.com/the-dreaded-knock。

第十一章

1 “美国是地球上最富有的国家”:《五号屠场》，库尔特·冯内古特著，戴尔出版社，1911 年，第 128—129 页。

2 拉冯眼中的琳达：http://completeflake.com/why-i-spent-the-day-at-the-laundromat-or-shit-happens。

3 15 亿美元的强力球彩票:《我们有了强力球赢家！》，查尔斯·赖利，萨拉·西得讷，和蒂娜·伯恩赛德，CNNMoney，2016 年 1 月 14 日。

http://money.cnn.com/2016/01/13/news/powerball-winner-lottery。

4 鲍勃对于未来的社会衰退的看法：http://www.cheaprvliving.com/budget/poverty-prepping- food-pantry。

5 哈布沙暴:《哈布沙暴在亚利桑那惹不满》，作者：马克·莱西，2011 年 7 月 22 日发表于《纽约时报》A11 版;《别把我们的沙尘暴叫成哈布沙暴》，作者：唐·扬斯，2011 年 7 月 16 日发表于《亚利桑那共和报》B4 版。

6 曾为亚利桑那州最大的镇的地方:《一个正在寻找未来的小镇》，作者：托马斯·帕尔默，《波士顿环球报》，1987 年 2 月 8 日，第 73 页。

7《清洁空气法案》的历史：https://www.epa.gov/clean-air-act-overview/evolution-clean-air-act。

8 冶炼厂造成的污染:《西部地区酸雨开始影响环境和政治》，作者：艾弗·彼得森，1985 年 3 月 30 日发表于《纽约时报》第 6 页;《村镇的空气在铜矿冶炼厂排出的烟雾中上升》，作者：斯科特·麦卡特尼，1986 年 7 月 27 日发表在《洛杉矶时报》，第 2 页。

9 冶炼厂关闭：《一座危害环境的冶炼厂炼出了最后一批铜》，《纽约时报》，1987 年 1 月 15 日，A14 版。

10 怪罪共产主义者：《一个正在寻找未来的小镇》，作者托马斯·帕尔默，《波士顿环球报》，1987 年 2 月 8 日，第 73 页。

11 医院关门：《联邦医保基于安全考虑停止发给亚利桑那州科奇思区医院补贴，使其不得不关门停业》，作者：安东尼·布利诺，2015 年 7 月 29 日发表于《医疗保健财务新闻》。访问地址 :http://www.healthcarefinancenews.com/news/cochise-regional-hospital-arizona-closeafter-medicare-stops-reimbursements-over-safety。

12 “全美衰退最快的城市”第 4 位：《走着，走着，走了：全美衰退最快的城市》，作者：托马斯·C. 弗罗利希，《今日美国》，2016 年 4 月 8 日。线上资源：http://www.usatoday.com/story/money/2016/04/08/24-7-wallst-america-shrinking-cities-population-migration/82740600。

13 道格拉斯北部的大剧院：《给他们实现梦想的希望》，作者：邦妮·亨利，2008 年 6 月 19 日发表于《亚利桑那每日星报》，E1 版；《成功的闹鬼剧场》，作者：辛迪·黑丝特克，《道格拉斯调度新闻》2002 年 11 月 5 日。

http://www.douglasdispatch.com/news/haunted-theatre-asuccess/article_674369bc-6037-529a-8325-64394a4a8d6a.html；

《国家史迹名录》提名表，已在 1976 年 7 月 30 日输入并上交了。

http://focus.nps.gov/nrhp/GetAsset?assetID=684cabb7-8870-4872-bffc-b0492928ffb6。

14 **道格拉斯的新居民**：《艺术家们帮助道格拉斯描绘新未来》，作者：珀拉·特雷维索、路易斯·F. 卡拉斯科，2015 年 12 月 19 日发表于《亚利桑那每日星报》，A1 版。

15 **“矮子”的地道**：《警方发现通往美国的运毒地道》，美联社，《纽约时报》，1990 年 5 月 19 日，第 7 页；《地下帝国》，作者：蒙特·李尔，《纽约客》，2015 年 8 月 3 日，第 22 页；《道格拉斯的贩毒地道》，作者：亚当·希金博特姆，《彭博商业周刊》，2012 年 8 月 6—12 日，第 56 页。

16 **16 岁的走私犯**：《少年毒骡吓了一跳：政府决定视他们为成年进行起诉，而不是放他们走》，作者：奈杰尔·杜阿拉，于 2016 年 5 月 3 日发表于《洛杉矶时报》，A1 版。

17 **自制的高空索道**：《墙的那头：转而挑战崎岖的亚利桑那线》，作者：珀拉·特雷维索，2016 年 7 月 10 日发表在《亚利桑那每日星报》，F9 版。

18 **潜水走私犯**：《男子将 55 磅毒品落在了下水道里》，作者：德夫林·豪泽，2010 年 2 月 27 日发表于《亚利桑那每日星报》，A9 版；《富有创造性的毒品走私“什么都试一点”》，作者：布伦娜·戈斯，2011 年 9 月 28 日发表于《亚利桑那每日星报》，A1 版。

19 **无人机运毒时意外掉落一袋毒品**：《一袋从天而降的大麻能对道格拉斯做什么》，作者：埃尔切·伊扎迪，2015 年 9 月 28 发表在《华盛顿邮报》上。网络资源：https://www.washingtonpost.com/news/

post-nation/wp/2015/09/28/what-a-marijuana-bundle-dropped-from-the-sky-can-do-to-a-dog-house。

20 **海盗的贼窝**:《文化遗产酒店:4个历史悠久的亚利桑那州酒店里宛如时间停止,以及那些有情趣的古怪东西及来自老西部的人们》,作者:劳伦斯·W.奇克,1992年1月5日发表于《洛杉矶时报》,L1版。

尾声

1 **车轮流浪者聚会的新规则**:http://www.cheaprvliving.com/blog/rubbertramp-rendezvous- schedule-2017。

2 **1%的顶端居民的收入是50%的下游居民的81倍**:《经济分红更大了,可一半美国人分到手的量却变小了》,2016年12月6日发表于《纽约时报》。线上地址为:https://www.nytimes.com/2016/12/06/business/economy/a-bigger-economic-pie-but-a-smaller-slice-for-half-ofthe-us.html。

3 **爱因斯坦的大脑**:《大帽子小心眼》,作者:史蒂芬·杰伊·古尔德,《新科学家》,1979年3月8日,第777页。

4 **抑制经济增长**:《不平等正以三种方式搅乱每个人的人生》,作者:肖恩·麦克埃尔威,《沙龙》杂志,2015年4月3日。http://www.salon.com/2015/04/03/3_ways_inequality_is_making_life_worse_for_everyone。

5 **在所有发达国家中,美国社会是最不平等的**:《不平等程度排行榜更新》,经济协作与发展公司,2016年11月。https://www.oecd.

org/social/OECD2016-Income-Inequality- Update.pdf。

6 比较各个国家的不平等程度：http://www.indexmundi.com/facts/indicators/SI.POV.GINI/rankings。

7 椰壳里的章鱼：https://www.facebook.com/LADbible/videos/2969897786390725。

—— 无依之地 ——

FONGHONG
凤凰联动出品